铁路突发事件应急管理研究

王富章　主编

中　国　铁　道　出　版　社

2010年·北 京

内 容 简 介

本书以中国铁路应急管理理论研究和应急平台的建设为主线，比较系统、全面地介绍了中国铁路应急管理的相关理论与实践内容。

全书共分为七个章节。第一章扼要地描述了中国铁路及铁路突发事件概况。第二章详细分析国内外铁路应急管理现状。第三章深入分析中国铁路应急预案体系。第四章详细介绍突发事件风险评估体系。第五章具体介绍中国铁路应急资源保障体系。第六章结合铁路应急平台建设的实践，详细描述应急平台建设。第七章在多个突发事件案例的基础上，详细分析应急管理全过程的各个环节。

全书内容选材适当，应急管理理论由浅入深，充分结合应急管理工作实践 。可供铁路各级应急管理人员参考，为其他部门的应急管理工作提供理论与实践依据，也可作为大中专院校相关专业教学的辅助教材。

图书在版编目(CIP)数据

铁路突发事件应急管理研究/王富章主编．—北京：中国铁道出版社，2010.9

ISBN 978-7-113-11712-2

Ⅰ.铁… Ⅱ.王… Ⅲ.铁路运输－紧急事件－公共管理－中国 Ⅳ.①F532

中国版本图书馆 CIP 数据核字(2010)第 165726 号

书　　名：铁路突发事件应急管理研究
作　　者：王富章　主编

责任编辑：黄　燕　王　健　　**电话：**010-51873044
封面设计：郑春鹏
责任校对：张玉华
责任印制：陆　宁

出版发行：中国铁道出版社（100054，北京市西城区右安门西街 8 号）
网　　址：http：//www.tdpress.com
印　　刷：北京捷迅佳彩印刷有限公司
版　　次：2010 年 9 月第 1 版　2010 年 9 月第 1 次印刷
开　　本：787 mm×1 092 mm　1/16　印张：16.5　字数：295 千
书　　号：ISBN 978-7-113-11712-2
定　　价：60.00 元

编委会

前　　言

进入21世纪以来，各类自然灾害频繁发生，事故灾难、公共卫生事件、社会安全事件时有发生，造成了巨大的人身伤害和经济损失，如何科学有效地应对突发事件已成为世界各国政府和人民关注的焦点问题。在应对突发事件的过程中，各国逐渐意识到建立健全突发事件应急管理体制、机制和法制，在完备的应急预案指导下，尽可能避免突发事件的发生，或最大限度地减少事件损失，是应对各类突发事件的必由之路。

铁路是我国重要的基础设施和大众化交通工具，加强铁路应急管理、提升铁路突发事件应对能力对于促进铁路和谐、可持续发展具有重要意义。在多年的实践工作中，铁路应急管理人员注意总结行业应急管理实践经验，编写了一些既包括应急管理理论，又涵盖应急管理实践的论著，《铁路突发事件应急管理》就是其中一部。该书将成为指导铁路部门应急管理工作的实践手册，也为其他部门提供了管理实例。

本书内容共分为七章。第一章概述，描述了中国铁路概况，详细介绍了中国铁路突发事件的分类、分级标准以及铁路应急管理的内容、面临的形势、学科架构和重点问题。第二章详细分析了国内外铁路部门应急管理现状，主要是德国、日本、法国、韩国、美国、西班牙和英国等国家的情况，为进一步推进我国铁路应急管理工作提供了借鉴。第三章介绍了中国铁路应急预案的编制与管理情况。第四章详细地介绍了突发事件的风险评估体系，并以奥运期间铁路突发事件风险评估为实例，阐述为了有效预防及应对突发事件的发生，建立高效实用的风险评估的意义。第五章从铁路应急资源的类型、布局与配置、调度与优化三个方面描述铁路应急资源保障体系。第六章结合铁路应急平台建设的实践，详细描述了应急平台的架构、系统设计、基础支撑系统等，同时也对搭建应急平台的场所设施作了描述，保障应急平台的安全技术措施和移动应急平台也是构建铁路应急平台不可忽视的内容。第七章列举了自然灾害类突发事件——汶川大地震的发生和应急处置过程，还重点列举了与铁路相关的事故灾难类突发事件——德国ICE重大脱轨事故、日本尼崎高速铁路事故、韩国大邱地铁火灾、英吉利海峡海底隧道火灾等事故发生的详细情况，以及各国政府与铁路部门的应急处置过程。

由于铁路应急管理工作所涉及的部门和专业知识广泛，并有待于随着信息与技术的发展不断完善，加上本书编者写作和实践的局限性，敬请专家、同行和读者对书中缺点和错误，批评指正。

编　者

2010 年 8 月，北京

目　录

第一章 概　述

1.1 中国铁路概况

中国是一个典型的大陆型国家，幅员辽阔，内陆深广，气候条件各异，客货运量需求巨大。铁路作为大运量、中长距离、全天候的主要交通模式，在中国国民经济发展中发挥着重要作用。据统计，全国铁路90%以上的货运运力用于保障关系国计民生的重点物资运输，全社会85%的木材、85%的原油、80%的钢铁及冶炼物资、60%的煤炭运输是由铁路完成的。在抗洪抢险、抗击低温雨雪冰冻灾害、抗震救灾和应对各类突发事件中，铁路在人员和物资运输中发挥了不可替代的作用。

自新中国成立以来，经过60年的发展，中国铁路现代化建设取得了重大进展。高速铁路、高原铁路、既有线提速、重载运输等技术迈入世界先进行列。截至2009年底，中国铁路运营总里程达8.6万公里，跃居世界第二位，铁路运输效率居世界第一，为经济社会发展作出了重要贡献。

长期以来，为解决铁路运力与需求的矛盾，铁路部门始终在探索扩充运输能力的有效方法。其中，提速就是方法之一。中国铁路自1997年开始，先后成功地实施了六次大提速。特别是2004年4月18日第五次提速，几大干线的部分地段线路基础达到时速200公里的要求，提速网络总里程达到16 500多公里，其中时速160公里及以上提速线路7 700多公里。2007年4月18日全国铁路实施第六次大面积提速，时速达到200公里以上，其中京哈、京沪、京广、胶济等提速干线部分区段达到时速250公里。

铁路为西部大开发、中部崛起、东北等老工业基地振兴、东部地区率先发展和社会主义新农村建设提供了有力支持。青藏铁路是世界铁路建设史上的一个伟大壮举。攻克了多年冻土、高寒缺氧、生态脆弱三大世界性难题，建成了世界一流的高原铁路，实现了青藏铁路安全平稳运营。

重载是世界铁路货物运输发展的方向，也是中国铁路扩充运输能力的重要措施。2003年以来，中国铁路依靠自主创新发展重载运输，在世界铁路重载运输舞台上抢占了制高点。在大秦铁路，采用大功率机车、大轴重货车、列车控制同步操纵等新技术，密集开行1万吨和2万吨重载列车，2009年煤炭运量达到

3.3 亿吨，是原设计能力的 3.3 倍，成为世界上年运量最高的铁路，创造了世界铁路重载运输的奇迹。同时，在京哈、京沪、京广、京九、陇海、沪昆等主要干线普遍开行 5 000 吨至 6 500 吨重载货物列车，其他干线列车牵引重量普遍提高，为货运量的不断增长提供了可靠保证。

按照 2004 年 1 月国务院常务会议讨论并原则通过的《中长期铁路网规划》和 2008 年国务院批准的《中长期铁路网规划》调整方案，到 2012 年，中国铁路营业里程将达到 11 万公里以上，其中新建高铁将达到 1.3 万公里，高铁网将初具规模，邻近省会城市将形成 1 至 2 小时交通圈、省会与周边城市形成半小时至 1 小时交通圈。北京到全国大部分省会城市将形成 8 小时以内交通圈。届时，中国铁路主要通道将实现客货分线运输，铁路"瓶颈"制约将基本缓解。在此基础上，再经过几年建设发展，到 2020 年中国铁路营业里程将达到 12 万公里以上，其中新建高铁将达到 1.6 万公里以上，加上其他新建铁路和既有线提速线路，中国铁路快速客运网将达到 5 万公里以上，连接所有省会城市和 50 万人口以上城市，覆盖全国 90%以上人口，铁路运输能力总体上能够适应经济社会发展需要，"人便其行、货畅其流"的目标将成为现实。

1.2 铁路突发事件

铁路是国家的重要基础设施、国民经济的大动脉和大众化的交通工具，对保障广大人民群众生命财产安全负有重要责任。中国铁路具有点多、线长、面广的特点，空间上跨越了全国范围内不同地质条件的各类区域，地震、暴雨、暴雪、台风等各种灾害和事故都有可能对铁路带来影响。同时，随着高速铁路、客运专线、重载铁路建设和运营的不断推进，新装备、新技术的不断采用，对高安全、高可靠性的需求变得日益迫切。因此，有效管理各类突发事件以便为公众提供优质、安全和可靠的交通运输是中国铁路面临的巨大挑战。铁路部门历来十分重视突发事件的应急处置工作，国务院关于加强应急管理工作的统一部署，全面加强铁路应急预案、应急体制、机制和法制的建设，铁路应对突发事件的能力明显增强。

突发事件是指"突然发生，造成或者可能造成重大人员伤亡、财产损失、生态环境破坏和严重社会危害，危及公共安全的紧急事件"。欧盟对突发事件的定义指"导致公共紧急状态的事件"，美国直接指突发事件为紧急事件。突发事件所引起的紧急状态需要具备以下特征：是现实的或者肯定要发生的；威胁到人民生命财产安全；影响了正常的社会秩序和生活节奏；必须通过特殊措施才能恢复秩序。

1.2.1 铁路突发事件分类

铁路突发事件主要分为自然灾害事件、事故灾难事件、公共卫生事件、群体性事件 4 大类,每一大类又包含多种不同的事件,如图 1-1 所示。

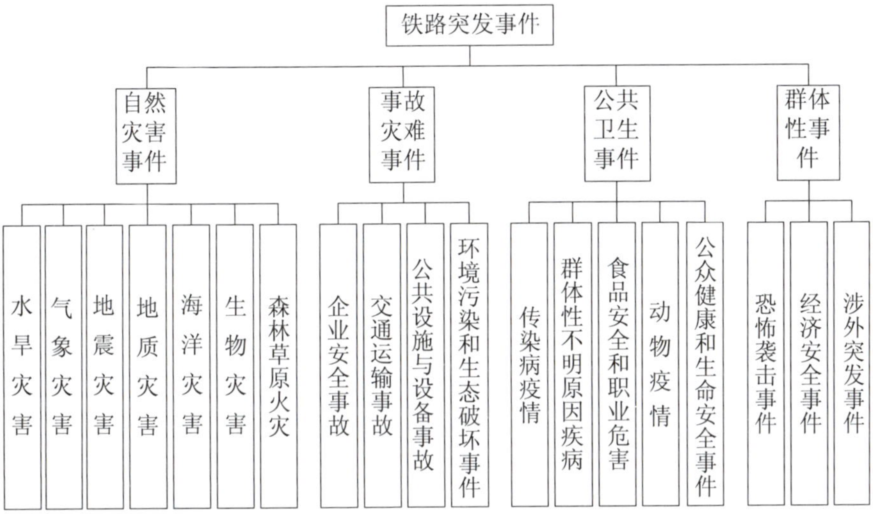

图 1-1 铁路突发事件分类图

1. 自然灾害事件

自然灾害主要包括干旱灾害、洪涝灾害、气象灾害、地震灾害、地质灾害、海灾害和森林草原火灾等。

自然灾害引发的铁路安全风险主要有高温天气、暴雨、大风、地震、沙尘、冰雹、雷电、大雾等。

2. 事故灾难事件

事故灾难主要包括工矿商贸等企业的各类安全事故,交通运输事故,公共设施和设备事故,环境污染和生态破坏事件等。

事故灾难引发的铁路安全风险主要有供水事故、排水事故、停电、电击、地下管线破裂、燃气事故、供热事故、车辆撞击、交通堵塞、推搡踩踏、运营事故、技术设备故障、火灾、建筑施工事故、房屋坍塌、危险化学品泄漏、危险化学品爆炸、电梯冲顶或蹲底、滑倒或绊倒、物体机械伤害、放射性物质伤害、噪声事故、污染排放严重超标、高处坠落等。

3. 公共卫生事件

公共卫生事件主要包括传染病疫情,群体性不明原因疾病,食品安全和职业危害,动物疫情,以及其他严重影响公众健康和生命安全的事件。

公共卫生事件引发的铁路安全风险主要有食物中毒,饮用水投毒,急性职业中毒,呼吸道传染病传播,接触性传染病传播,动物疫情传播等。

4. 群体性事件

群体性事件主要包括恐怖袭击事件,经济安全事件和涉外突发事件等。

群体性事件引发的铁路安全风险主要有恐怖袭击、人身伤害事件、财务失窃事件、涉外突发事件、群体性集会、公共场所滋事、人员摩擦斗殴、反动言论传播、谣言传播、邪教迷信活动等。

1.2.2 铁路突发事件分级

为了有效地处置各类突发公共事件,依据突发公共事件可能造成的危害程度、波及范围、影响力大小、人员及财产损失等情况,由高到低划分为特别重大(Ⅰ级)、重大(Ⅱ级)、较大(Ⅲ级)、一般(Ⅳ级)四个级别。以铁路交通事故为例,突发事件的四级判别标准如下:

Ⅰ级铁路交通事故的判别标准为符合下列情况之一者:

(1)造成 30 人以上死亡,或危及 30 人以上生命安全,或 100 人以上重伤。

(2)直接经济损失超过 1 亿元。

(3)繁忙干线客运列车脱轨 18 辆以上并中断铁路行车 48 小时以上。

(4)繁忙干线货运列车脱轨 60 辆以上并中断铁路行车 48 小时以上。

(5)国务院决定需要启动Ⅰ级应急响应的其他铁路交通事故。

Ⅱ级铁路交通事故的判别标准为符合下列情况之一者:

(1)造成 10 人以上、30 人以下死亡,或危及 10 人以上、30 人以下生命安全,或 50 人以上、100 人以下重伤。

(2)直接经济损失为 5 000 万元以上、1 亿元以下。

(3)客运列车脱轨 18 辆以上的。

(4)货运列车脱轨 60 辆以上的。

(5)客运列车脱轨 2 辆以上 18 辆以下,并中断繁忙干线铁路行车 24 小时以上或者中断其他线路铁路行车 48 小时以上。

(6)货运列车脱轨 6 辆以上 60 辆以下,并中断繁忙干线铁路行车 24 小时以上或者中断其他线路铁路行车 48 小时以上。

(7)铁道部决定需要启动Ⅱ级应急响应的其他铁路交通事故。

Ⅲ级铁路交通事故的判别标准为符合下列情况之一者:

(1)造成 3 人以上、10 人以下死亡,或危及 3 人以上、10 人以下生命安全,或 10 人以上、50 人以下重伤。

(2)直接经济损失为 1 000 万元以上、5 000 万元以下。

(3)客运列车脱轨 2 辆以上、18 辆以下的。

(4)货运列车脱轨 6 辆以上、60 辆以下的。

(5)中断繁忙干线铁路行车 6 小时以上的。

(6)中断其他线路铁路行车 10 小时以上的。

Ⅳ级铁路交通事故的判别标准为符合下列情况之一者：

(1)造成 3 人以下死亡。

(2)10 人以下重伤。

(3)直接经济损失 1 000 万元以下。

铁路交通事件等级判别具体如表 1-1 所示。

表 1-1 铁路交通事故等级判别表

级别 条件	Ⅰ级	Ⅱ级	Ⅲ级	Ⅳ级
死亡(危及生命安全)人数	造成 30 人以上死亡,或危及 30 人以上生命安全,或 100 人以上重伤。	造成 10 人以上、30 人以下死亡,或危及 10 人以上、30 人以下生命安全,或 50 人以上、100 人以下重伤。	造成 3 人以上、10 人以下死亡,或危及 3 人以上、10 人以下生命安全,或 10 人以上、50 人以下重伤。	造成 3 人以下死亡,10 人以下重伤。
直接经济损失	直接经济损失超过 1 亿元。	直接经济损失为 5 000万元以上、1 亿元以下。	直接经济损失为 1 000万元以上、5 000 万元以下。	直接经济损失 1 000 万元以下。
脱轨或中断行车时间	繁忙干线客运列车脱轨 18 辆以上并中断铁路行车 48 小时以上,繁忙干线货运列车脱轨 60 辆以上并中断铁路行车 48 小时以上。	客运列车脱轨 18 辆以上的,货运列车脱轨 60 辆以上的,客运列车脱轨 2 辆以上 18 辆以下,并中断繁忙干线铁路行车 24 小时以上或者中断其他线路铁路行车 48 小时以上,运列车脱轨 6 辆以上 60 辆以下,并中断繁忙干线铁路行车 24 小时以上或者中断其他线路铁路行车 48 小时以上。	客运列车脱轨 2 辆以上、18 辆以下的,货运列车脱轨 6 辆以上、60 辆以下的,中断繁忙干线铁路行车 6 小时以上的,中断其他线路铁路行车 10 小时以上的。	
其他	国务院决定需要启动Ⅰ级应急响应的其他铁路交通事故。	铁道部决定需要启动Ⅱ级应急响应的其他铁路交通事故。		

1.3 铁路应急管理

1.3.1 铁路应急管理内容

铁路应急管理是在应对铁路突发事件的过程中，为了降低铁路突发事件的危害，达到优化决策的目的，基于对铁路突发事件的原因、过程及后果进行分析，有效集成铁路内外部各方面的相关资源，对铁路突发事件进行有效预警、控制和处理的过程。从实质来讲，铁路应急管理就是对整个铁路突发事件生命周期的管理。总体来说，铁路应急管理是对铁路突发事件发生前、发生中和发生后的全部过程进行管理和监督。包括设置在铁道部、铁路局、站段三级的应急管理组织机构；针对各种突发事件制定的铁道部、铁路局、站段三级应急预案；应急管理中的信息处理、应急预警、应急响应、应急后期处置和各种保障措施；以及各类有关应急的宣传、培训和教育等，这些都属于应急管理的范畴。

应急管理的内容主要包括：事故分析、预测和预警，资源计划、组织、调配，事件的后期处理，应急体系的建设，法律制度的完善等。

铁路突发事件应急管理有几个主要过程，包括预防与应急准备、监测与预警、应急处置与救援、事后恢复与重建和法律责任等，如图 1-2 所示。

预防与应急准备是在突发事件发生前进行的一些预防措施和必要的应急准备活动，其内容包括：建立健全突发事件应急预案体系；统筹安排应对突发事件所必需的设备和基础设施，合理确定应急避难场所；对容易引发自然灾害、事故灾难和公共卫生事件的危险源、危险区域进行调查、登记、风险评估，定期进行检查、监控，采取安全防范措施；定期检测、维护应急救援设备、设施，使其处于良好状态，确保正常使用；建立健全突发事件应急管理培训制度；建立健全应急物资储备保障制度；建立健全应急通信保障体系；有计划的定期组织应急演练等。

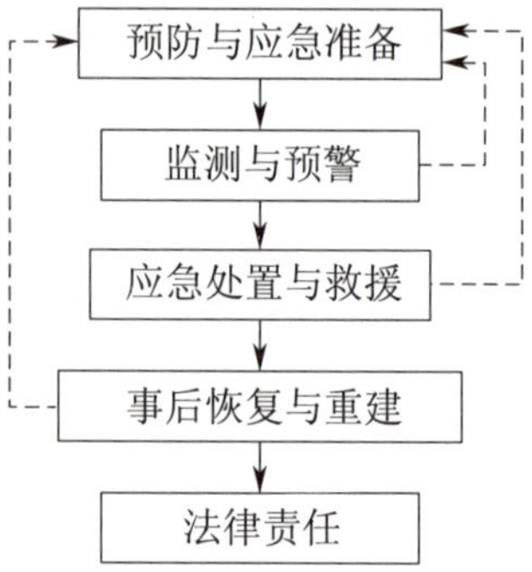

图 1-2 铁路突发事件应急管理流程

监测与预警是根据一些突发事件的特征，对可能出现的突发事件的相关信息进行收集、整理和分析，并根据分析结果进行设施的规划，给出警示。其目的是对可能发生的事件进行早发现、早处理，从而避免一些事件的发生或最大限度地降低事件带来的伤害和损失。它的内容包括：建立突发事件信息系统；收集突发事件信息；分析突发事件隐患和预警信息；建立健全突发事件监测制度；建立健全突发事件预警制度等。

应急处置与救援是应急管理的核心,它表现为对各种资源的组织和利用,在各种方案间进行选择决策。其具体内容包括:应急救援资源的调拨与调度;突发事件事故规模的控制;政府对企业或个人拥有的应急救援所需设备、设施、场地、交通工具和其他物资的征用;营救和救治受害人员,疏散、撤离、安置受到威胁的人员;事故现场救援秩序的维护等。

事后恢复与重建是在突发事件的威胁和危害得到控制或者消除后,对原有一些状态的恢复和对受灾地区的重建工作。其内容包括:对突发事件造成损失的评估;尽快恢复受灾地区的生产、生活、工作和社会秩序;制定重建计划;总结突发事件应急处置工作的经验教训,制定改进措施等。

法律责任是指突发事件结束后,对事件的相关部门、人员追究法律上的责任。其内容包括对突发事件发生前、发生中和发生后的一些相关部门、人员在突发事件的防范、处置或恢复工作过程中的一些违反法律规定的行为的处罚等。

另外,突发事件管理中的监测与预警、应急处置与救援和事后恢复与重建,都对突发事件的预防和应急准备工作起到了完善与补充的作用。突发事件结束后,总结突发事件处置过程中的经验与教训,完善突发事件预防和应急准备工作,最大程度上降低突发事件发生的概率和减低突发事件的损失。

1.3.2 铁路应急管理面临的形势

1.自然灾害方面

我国国土面积辽阔,地区自然条件差异很大,自然灾害呈种类多、频率高、区域性和季节性强等特点,是世界上自然灾害较为严重的国家之一,近年来自然灾害及衍生、次生灾害呈多发频发趋势。铁路具有全天候、跨区域的特点,各种自然灾害都可能对铁路运输造成不利影响。自然灾害对铁路运输的影响,主要有三个方面:一是气象灾害的影响。随着全球气候变暖,极端天气事件增多,造成的气象灾害损失将进一步加重,影响范围也将进一步扩大。夏季东南沿海地区的台风、冬季北方地区的暴风雪、西北地区尤其新疆地区的大风以及局部的强对流天气都可能对铁路运输产生不利影响。二是地质灾害的影响。汛期,我国局部地区降雨量仍将持续偏高,容易引发水淹线路、崩塌落石、倒树侵限等灾害,铁路防洪形势严峻。三是地震灾害的影响。我国部分地区地震灾害呈活跃趋势,而且突发性和破坏力强,防范难度大,并容易引发各种山体滑坡等次生、衍生灾害,对铁路运输安全畅通构成威胁。

2.事故灾难方面

铁路具有点多线长的特点,引发铁路交通事故的因素较多而且十分复杂,是防范事故灾难的重点领域。当前,我国铁路现代化正处在由量的积累到质的飞跃的关键阶段，运输安全工作面临新的考验。一是铁路新线交付运营比较集中、高速铁路运营里程大幅增加，大量新线尤其是高速铁路的交付运营，给铁路安全管理带来新的课题。二是铁路建设项目多、规模大，大量新建铁路与既有铁路线平行、衔接或交叉，保持铁路安全的任务非常艰巨。三是宏观经济保持较快增长态势，对铁路运输需求将不断扩大。在新增运输能力有限的情况下，仍然需要深化内涵扩大再生产，这将使繁忙干线的运输能力更加紧张，统筹处理安全和运输的关系，确保铁路安全的难度加大。同时，行人随意横穿线路、机动车抢越道口、牲畜上道等现象，也对铁路安全构成威胁。

3.公共卫生事件方面

铁路作为大众化的交通工具，人员高度集中，流动性强，是最易受到各种传染性疾病或疫情影响的部位，是控制疫情传播的关键环节。随着大规模铁路建设全面推进，部分高速铁路和新客站陆续投入运营，铁路网覆盖的区域将持续扩大，各类传染病通过铁路传播的渠道和可能性将有所增加，做好铁路卫生防疫工作的压力加大。

4.群体性事件方面

铁路作为公共交通工具，极易成为社会矛盾和敌对势力制造事端的目标，铁路公共安全面临的形势十分严峻。一是境内外敌对势力、民族分裂势力和恐怖分子以铁路为目标，进行破坏活动的可能性加大，铁路反恐、防爆、防破坏的任务十分艰巨。二是铁路沿线拆盗、割盗、掀盗、摆障等违法犯罪活动时刻威胁铁路行车安全。三是我国正处于工业化、信息化、城镇化、市场化、国际化深入发展的历史阶段，社会结构、社会组织形式、社会利益格局发生了深刻变化，社会矛盾多样高发，社会稳定形势十分严峻，以拦车断道、聚众上访形式出现的群体性事件增多，直接影响铁路安全和稳定。

1.4 铁路应急管理学科架构和研究重点

铁路应急管理是一个研究突发事件的现象及其发展规律的学科，是管理学的一个新的发展分支，其主要的基础学科包括管理学，运筹学，统计学，计算机技术，通信技术，系统工程，网络技术等。

运筹学和统计学为应急管理提供了数学方法指导，而计算机科学与技术、通信技术以及网络技术为应急管理信息系统提供了必要的信息支持。法律学为应急管理法制建设提供了法律依据。管理学、系统工程是以内部网作为信息基础设施构架，以信息广泛共享为目标，以数据仓库为数据组织和处理的形式，强调数据挖掘和多维数据分析，提供内部、外部的信息撷取的方法和途径，追求信息与管理的融合。在突发事件应急管理中，需要广泛地建立管理信息系统，有效地管理应急管理中所涉及的各类信息，实现信息共享，提高工作效率。

铁路应急管理的学科架构与处置流程如图 1-3 所示。

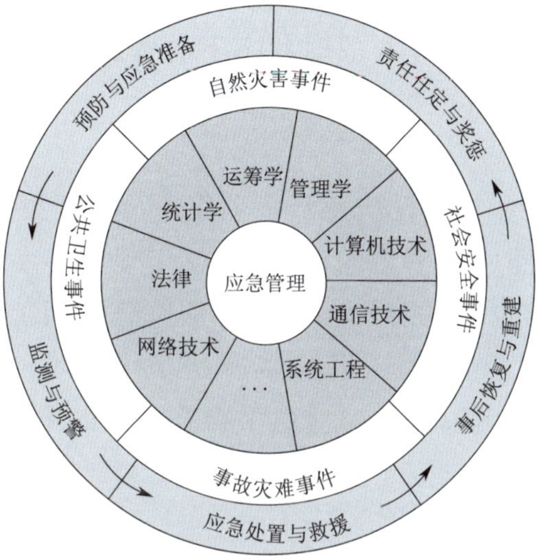

图 1-3 铁路应急管理学科架构与流程

铁路应急管理的研究重点包括深入分析国内外铁路应急管理现状，深入研究铁路突发事件应急预案、风险评估、资源保障体系，深入分析铁路应急平台体系建设及其关键技术。

1. 国内外铁路应急管理现状

在深入了解德国、日本、法国、韩国、美国、西班牙和英国的铁路应急管理现状基础上，分析各国的应急管理法律法规体系、制度框架及组织机构职能、应急过程中的监管机构、应急预案体系、事件分类分级、应急资源配置情况，描述各国铁路应急控制中心的分布情况，分析各国铁路应急管理中的优点，为中国铁路应急管理提供参考。

2. 铁路突发事件应急预案体系

深入分析中国铁路突发事件应急预案体系现状，阐述自铁路应急预案编制到演练、评估、管理、完善整个过程的相关内容，为进一步健全铁路应急预案体系，提高铁路应急预案的操作性打下基础。

3. 铁路突发事件评估体系

在深入了解风险评估的基础上，建立健全铁路突发事件风险评估体系，深入分析铁路突发事件风险承受能力与控制能力，实现铁路突发事件分级评价，提出风险控制措施与建议。选取典型活动期间铁路突发事件风险评估实例，研究铁路突发事件风险评估的重要性。

4.铁路应急资源保障体系

铁路应急资源保障体系是铁路突发事件应急管理中的重要基础内容。合理配置和调度铁路应急资源,能够促进铁路突发事件应急处置过程,防止事故过程中的次生、衍生灾害的发生。对现有的铁路应急资源进行科学详细的分类,并实现平时状态下的资源合理管理与战时状态下的资源快速调度,是应急资源保障体系最终要解决的问题。

5.铁路应急平台

信息化的应急平台,是协助应急指挥工作人员实现快速、智能化应急决策指挥的信息化手段。铁路应急平台的建立,不仅实现了突发事件处置过程中的辅助决策指挥工作,更实现了平时状态下的日常应急管理工作。设计合理的铁路应急平台体系架构,建立铁路应急指挥场所,合理运用平台关键技术实现平台的建设,并保障平台的安全性,是铁路应急平台要研究的重点。

第二章 国内外铁路突发事件应急管理现状

近年来，随着全球灾害性气候的增加、传染病流行范围及趋势的扩大、国际反恐形式的恶化，防范和抵御重特大灾害的发生，降低灾害所带来的损失，提高紧急救援和应急能力，已成为全人类共同面临的严峻考验，引起了世界各国对突发事件的高度关注，加大了各国政府及相关部门对突发事件的研究力度。为了更快更好地应付各类突发性事件，各国相继制定了应对措施。我国政府和铁路部门更是重视各种自然灾害类、事故灾难类、公共卫生类及群体性突发事件的发生，致力于在早期发现及控制各种突发事件，最大限度地减小其危害。本章将重点就国内外铁路突发事件应急管理现状作以介绍。

2.1 国外铁路突发事件应急管理现状

2.1.1 德国应急管理现状

1. 德国政府应急管理现状

德国处于温湿的西风带，属于西欧海洋性与东欧大陆性气候间的过渡性气候，是一个自然灾害频发的国家。每年的4月份是德国气候变化最无常的月份，暴雨、飓风、雪雹情况严重，经常发生的自然灾害有洪灾、酸雨、森林火灾、滑坡；经常发生的人为灾害有飞机失事、大型集会活动中的突发事件、危险品爆炸、有毒或放射性物质扩散、重大疫情以及异常天气灾害等。仅最近几年就发生过三次大规模洪水灾害，暴雪、飓风等自然灾害在德国也时有发生。德国在应对频繁灾害的过程中建立了预警、抢险、救灾、减灾等机制，积累了丰富的经验。

德国是一个联邦制国家。政府体系分为联邦政府、州政府、县(市)政府和乡镇政府四个层级。每个州都有自己的宪法，可以制定法律，尤其是关于教育、警察和地方行政管理的法律。县(市)政府和乡镇政府都属于地方政府实行地方自治。德国灾害管理的组织体系由政府组织和民间组织共同组成。政府组织包括警察、消防、紧急医疗救助中心、其他政府机构、军队等公共部门；民间组织包括各种志愿者组织，其中红十字会最大。所有组织的成员都要经过应急救助的特殊培训，如进行应急救援的心理、知识、技术、组织等方面的培训。

在德国，防灾救灾任务由联邦、各州和地方政府共同来执行。各级政府建立了相应的应急管理组织机构和运作程序，并且建立了先进的灾害信息管理系统、预警系统和救援系统，形成了德国防灾救灾应急管理体制。联邦政府只在德国基本法规定的某些领域（如领空监视、空袭警报、放射性监测和辐射微尘警报）承担相应的职责；各州政府主要管辖灾难控制和民事保护方面；地方政府主要负责紧急救援和处置。各级政府对各种灾害实施全过程的应急管理，并建立了一套先进的应急管理系统。

2004 年，德国成立了灾害管理的专门机构——联邦公民保护与灾害救助局，简称联邦公民保护局，归联邦政府内政部领导，主要负责自然灾害、事故灾难、传染病疫情等重大灾害的综合协调管理。联邦公民保护与灾害救助局预防灾害的主导思想是，使联邦和各州共同承担责任，将公民保护和灾害预防结合起来，共同应对和解决异常的危险和灾害。

联邦公民保护与灾害救助局设有两个灾害管理信息系统。

(1)德国灾害预防信息系统

这是一个开放的互联网平台，目前有 2 200 多个链接，集中向公众提供各种危机情况下如何采取防护措施的信息。另外，这个信息系统还有一个专供内部使用的应急信息平台，为决策者在民众保护和灾难救助上提供信息。在危险局面出现时，这一内部平台可以帮助决策者有效开展危机管理，大大减轻了决策层的风险评估和资源管理工作。

在灾害预防信息系统Ⅰ中，网站主页的顶端有一个所谓的“主信息集”，在左边还有一菜单按钮可以链接到其他网页或是其他功能上。它所提供的信息基本上被分为以下几类：国家的具体数据、组织和后勤、资源信息、可能发生的自然灾害的类型、其他类型的灾难、对以前事件和案例研究的经验总结等。除了主信息集提供的数据外，灾害预防信息系统Ⅰ门户网站的使用者还有各种自由选择权去搜索所需信息。

灾害预防信息系统Ⅱ是灾害预防信息系统Ⅰ实施的第二阶段，它作为一种信息和交流系统，其升级的目的是帮助联邦州政府的决策者在发生灾难或技术事故时更好地协调疏散队伍和救援队伍。与其他的援救队伍和州政府的灾难处理系统形成对比的是，灾害预防信息系统Ⅱ的目的在于在异常危险发生时提供处理支持和信息流，并且可以协调联邦政府边界之外的灾难处理。存储于灾害预防信息系统Ⅱ系统中的数据，可以区分为两种不同的数据群：一种是静态数据。该类信息通常是一次性被存储在服务器中，只有在需要时偶尔更新。例如：医院的位置，车辆或器械的技术数据，委员会或健康组织的联系人，提供潜在支持的人员、材料、基建的所有信息等；另一种是动态数据。动态数据是一种典型数据，例如：当前的气象数据（观测或测量结果等），放射性测量网站的毒物，河水和溪流的当前水平，所有提到的数据资料的预测。灾害预防信息系统Ⅱ的核心要素是一个互动的形势地图，它是地理信息系统的一部分，能为应急管理的指挥与决策者提供接近真实的灾害相关数据信息，方便领导指挥与决策。

(2)德国灾害报警系统

这是一个建立在数据库基础之上的危机管理信息中枢，负责联邦政府各部门之间、联邦与州之间、德国政府与各国际组织之间有关灾害预防信息的收集、汇总和通报。

除了以上两个灾害管理信息系统外，德国还设有紧急计划信息系统。它是一套在大规模灾难发生的情况下，为灾害的妥善处理提供大量信息的系统。这类信息包括：危险的性质，抵御方法，提供有效帮助所需的人员和可用设备的数量。对于一个有效的计划而言，协助操作的落实和控制需要有一个信息系统，并且该系统必须可以兼容、整合并提供所需的所有信息。

此外，受联邦内政部委托，居民保护与灾害救助局还出版了《居民保护》季刊，介绍有关自我保护和灾害预防方面的信息。对于如何应对洪水、火灾、化学品泄漏等事故，人们可以通过拨打特定的热线电话得到解答。值得一提的是，为了在灾害临近前使公民尽快得到预警，德国开始运行一套新型的卫星通信系统。通过卫星，官方的警告通知只需要几秒钟就能够通过电台、电视台传播出去。

德国各级政府在总结多年的防灾救灾经验后，建立起了用于应急管理的监测系统、预警系统、信息系统和应急处置系统等，各系统有机地协调在一起，在突发事件应对的过程中发挥作用，使政府能尽快地控制及处置各种突发事件。同时，德国的应急管理体系，是在以基本法为基础、单行法律为支撑的法律框架下实现的。

2. 德国铁路应急管理现状

(1)德国铁路法律法规体系

铁路的应急管理工作由于受到国家政府、州立机构以及铁路运营公司的共同管理，因此各国铁路的法律法规体系基本都是针对两个方面，即民事防护方面和国家级/省级铁路行业相关法律及法规方面。德国是欧盟成员国，欧盟有关民事保护和铁路行业的法律框架包括多个指令，这些指令都是由成员国通过立法来实施的。因此，德国铁路的法律法规体系是建立在欧盟现有的法律法规体系基础之上的。

德国的立法机构中，联邦政府的管辖范围包括民事保护和联邦铁路相关方案和政策的制定。尽管德国各省都有自己的法律和议会，并拥有对地方铁路客运的管理权，但他们仍要负责制定相关的防卫性法规，同时还要向各社区和各地段分派责任。图 2-1 是德国铁路的法律法规体系。

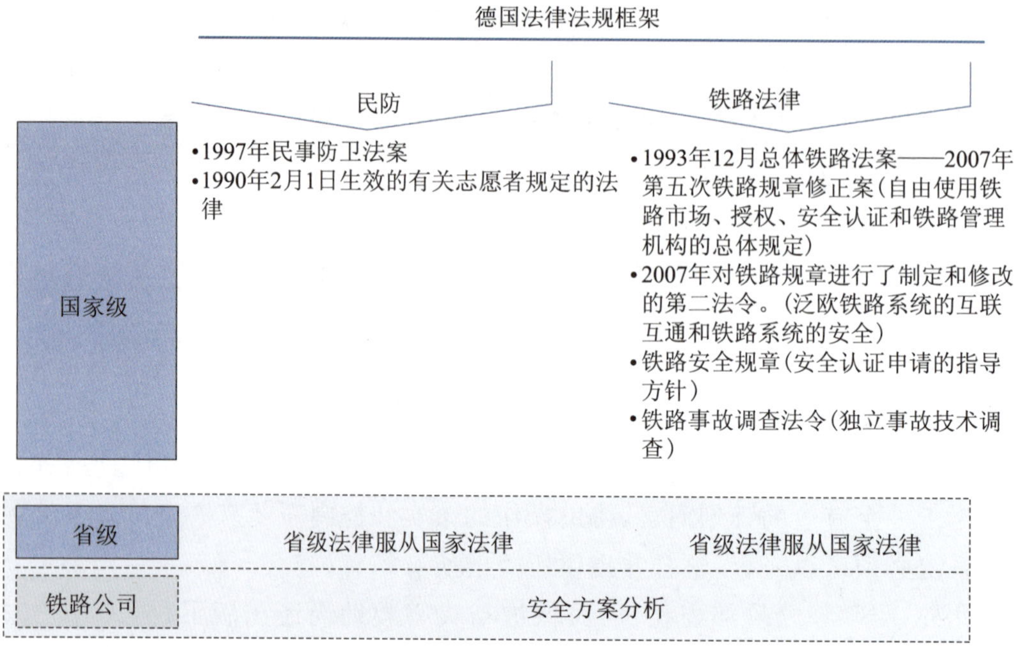

图 2-1　德国铁路应急法律法规体系

德国民事保护方面的法律以 1997 年颁布的《民事防卫法案》为基础，同时包括 1990 年生效的志愿者方面的法律。依据德国宪法的规定，民事保护方面的立法资格仍归联邦政府所有，但由地方政府负责实施。

德国联邦政府把铁路行业看作一个整体来立法。德国于 1993 年 12 月制定了《铁路总体法案》，并于 2007 年进行了第五次修正。《铁路总体法案》对自由使用铁路市场、授权、监管、收费以及一些相关问题进行了规定，如建立联邦铁路办公室，发放安全认证和安全授权，要求开发安全管理系统，对非联邦政府所属的铁路实行监管，授权相应公司确保铁路运营安全，保持事故技术调查的独立性等。德铁在 2007 年对铁路规章进行了第二阶段的修订与修正工作，该法令重申对新线和改造升级线路发放授权应当经过安全管理部门的认可。2007 年 6 月 5 日通过《铁路安全规章》，对涉及铁路安全的措施的执行、安全认证等进行规定，并对公有铁路授权以及铁路部门之间的互联互通等技术进行规定。2007 年 6 月 5 日实施《铁路事故调查法令》，规定了事件/事故调查和报告程序的指导方针。

(2)德国铁路应急制度框架及组织机构职能

德国铁路的应急管理工作一般由州联邦政府管理。各州建立自己的呼叫中心(112)，这些中心接收来自全国各地的事故紧急呼叫，其中包括铁路紧急事件。112 紧急呼叫中心接收到的铁路紧急事件呼叫，通过标准的事故救援服务来管理，其中涉及的主要救援机构是事故发生地所在区域的地方消防机构，以及地方医疗救助服务机构。

德铁(DB)在德国铁路的紧急事故应对中是另一个关键机构。DB将路网分成180个区域,每个区域有一个应急经理,他必须与相关部门随时保持联系,并能在事故发生后30分钟内到达事故现场。在应急反应阶段,DB的作用包括保证区域安全、向受影响的相关各方提供救援的最新消息等。图2-2为处理铁路事故中涉及的相关机构协作图。

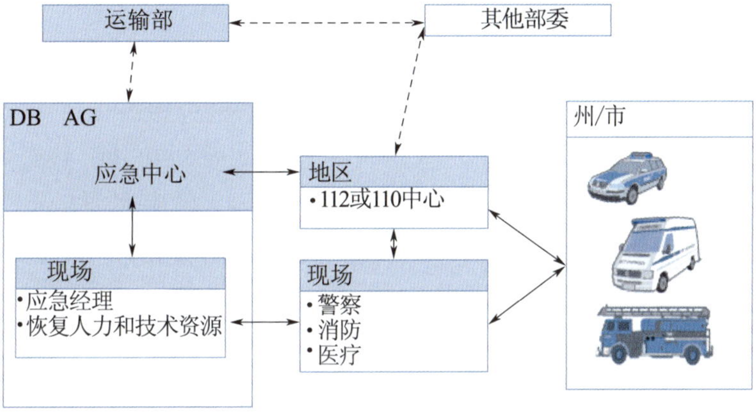

图2-2　德国铁路应急管理涉及的机构

DB AG由若干独立的公司(以公司或其他的企业形式)组成,这些公司都属于一个控股公司。DB的部门中涉及应急管理的是技术部、服务运营部、安全部、社会事务和医疗部。

在应急反应阶段,安全部负责协调内部资源与外部应急服务机构,这种协调是通过应急经理和应急中心进行的。在此阶段,技术部与外部救援服务机构合作,保证出入通道和线路良好,并管理DB的技术救援资源。服务运营部负责在救援服务机构开展工作时管理特殊的运输运行,并在恢复阶段与技术部合作,调整运输以实现正常的列车运营,后者制定线路和通道抢修措施以允许运输恢复。社会事务和医疗部负责在应急反应及恢复两个阶段向媒体、旅客和家属公布事故相关信息,如图2-3所示。

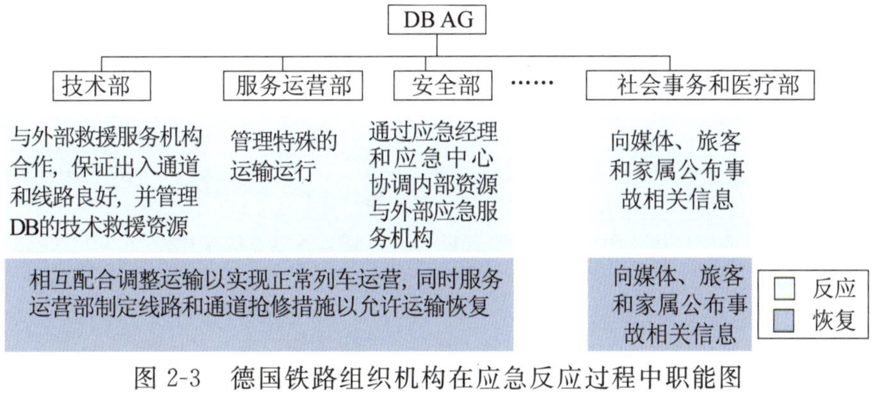

图2-3　德国铁路组织机构在应急反应过程中职能图

(3)德国应急监管机构

在德国,民防及铁路部门在关注铁路应急事件的同时,也关注于对业务发展、管理、安全和事故调查的监管工作。

在民防方面,联邦内务部(BMI)负责的工作包括监管国内安全、抗击灾害和打击恐怖主义等方面的民防工作。BMI 中负责民防和灾害救援的专门机构是联邦民防和灾害援助办公室(Das Bundesamt für Bevölkerungsschutz und Katastrophenhilfe,BBK)。BBK 于 2004 年 5 月建立,作为中央机构,BBK 通过支持所有联邦各州政府和民防机构的管理部门,保证民众的安全。此外,BMI 还有一个专门的机构——联邦技术救援管理局(Bundesanstalt Technisches Hilfswerk,THW),作为灾害营救机构,拥有至少 80 000 名志愿者。

在铁路方面,自铁路改革之后,联邦运输、建设及城市事务部(BMVBW)对铁路运营的影响已经减弱。现在,BMVBW 的主要功能是代表政府全面负责准备和制定整个铁路系统的法律框架,保证国家的基础设施投资,即新线路的建设和旧线路的改造工作。BMVBW 还通过联邦铁路管理局(EBA)执行铁路的“监督”和“授权”工作。为了保证铁路事故调查的独立性,EBA 将调查危险事故的责任委托给一个专门的执行部门——事故调查委员会,该部门和其他的部门是分离开的。事故调查委员会的负责人直接向 EBA 总裁报告事故调查的类型、范围,或者展示调查的发现。联邦州政府负责监督非联邦的铁路和整个区域(铁路)运输的组织工作。第三次铁路立法修正法案生效后,德铁还成立了一个新的监管机构——跨行业监管机构,主要负责路网相关行业的所有监管功能。联邦竞争法主管局(BkartA)是一个独立的联邦高级管理机构,是德国联邦经济部的部门之一。联邦竞争法主管局的主要任务是监督反对限制竞争法(GWB)的实施,该法令用于监督及保护铁路部门间的非法竞争,如表 2-1 所示。

表 2-1 德国应急管理监管机构与职能

	监管机构	监管职能
民防	联邦内务部	法律监管
	BBK 及 THW	国家应急机构
铁路	联邦运输、建设及城市事务部	法律监管
	EBA	运营授权
	跨行业监管机构及联邦竞争法主管局	保证运输服务的多样性
	EBA	安全建议
	EBA	事故调查

注:BBK—联邦政府民事保护与灾害援助办公室;THW—联邦技术救援机构;EBA—联邦铁路局。

(4)德国铁路应急控制中心

为了在紧急事件发生时提供成功的援助,一个能够快速地响应帮助请求、通信和信息共享功能的部门是必要的,因此,DB 创建了应急控制中心,德语称作"Notfallleisstellen"。德铁的应急控制中心主要关注每个地区的地方控制中心和紧急呼叫中心 112 的相关事务。DB 在全国共设有 7 个应急控制中心,对于不同的呼叫中心 112 的紧急呼叫都有效。DB 的这些应急控制中心在全国都使用一个统一的紧急呼叫号码(01803 xxxxx)。应急控制中心的工作人员在得到铁路相关事故的通知后,采取初步保护措施(如停车等),同时他们也负责寻求相关帮助。

德铁的应急控制中心为应急管理信息系统提供三种基本的功能模块:地理信息系统模块(提供互动式数字地图)、控制系统模块(支持事件的组织工作)、通信系统模块(支持帮助请求信息)。DB 的 7 个应急控制中心位于柏林、汉诺威、杜伊斯堡、法兰克福、莱比锡、卡尔斯鲁厄和慕尼黑,它们必须协调 180 个应急区域—DB 在这些区域划分了行动区域。7 个应急控制中心的分布如图 2-4 所示。

图 2-4 DB 应急管理中心分布图

(5)德国铁路应急预案及突发事件分类

德国铁路部门的应急预案由 DB 公司负责制定并修改,各联邦州政府按照制定好的应急预案与相关部门进行合作,并保证预案生效。德国在《铁路通用法》的第四条中对应急管理方案的制定作出了相应规定,所有铁路公司在修建基础设施时要保证其安全性能,并且负责将基础设施保持在最佳水平。此外,在紧急事件的处理上,铁路公司应该给予全力支持。另外,铁路公司还有义务在铁路范围内以及基础设施区域内预防风险，并针对发生的事件进行调查。DB的组织和管理机构针对应急管理制定了一系列的指导原则或管理方案，其中划定了相关各方的职责，其核心内容如图2-5所示。

核心内容
- 铁路机构的作用和职责
- DB和联邦机构之间的协议：

-DB AG和联邦服务中心共同对相关事件展开分析
-DB AG在各个区域设置应急管理经理，随时提供火灾消防服务
-控制中心(地面)和紧急事件中心(DB AG)在紧急事件发生时进行沟通
- 应急管理经理

-需要的背景（资质和水平）
-其他
- 应急管理反应程序：

-在应急管理时由DB确定在现场采取的初步措施
-应急协助机构
-现场主要任务
- 与管理部门和媒体之间的沟通程序
- 受影响乘客其他可选的交通方式
- 事件分类

图2-5　DB应急管理预案核心内容

DB在制定应急管理预案的同时，充分考虑到突发事件的分类情况，根据事件的影响结果将其划分为事故和危险非常规事故两大类。事故通常称之为“类别1”，危险非常规事故则划分为“类别2”。其具体划分如图2-6所示。

	事件	描述
类别1：事故	影响	影响到人(非乘客)或物体但并未影响其他铁路车辆的事故
	脱轨	铁路车辆从轨道上脱离或错位
	乘客受影响事件	造成乘客受伤
	撞车	平交道口铁路车辆与公路车辆相撞 两辆或两辆以上的铁路车辆相撞
类别2：非常规事故	未经许可经过车站	
	未经许可抵达车站	
	工作中事故	
	危险材料泄露	漏水或易燃材料泄露

图2-6　DB突发事件类型划分

(6)德国铁路应急资源配置

如上所述,DB的应急控制中心负责协调应急过程中的相关行动,以解决事故可能引起的技术性问题,从而恢复正常的运输运营。德国铁路设有6个救援中心,分布在全国6个大城市内;6列隧道救援列车,分布在几条正线的中部地区;以及60个救援点,遍布全国铁路网,每100公里左右设置一处救援点。以上救援机构及设备由德国铁路路网公司经营和统一管理,并纳入德国国家救灾体系。DB用于事故应急的资源包括:事故救援列车、液压起复系统、75吨和160吨铁路吊车、钢轨起复车、公路起复车、隧道救援列车等。起复车计划在90分钟内到达事件地点,75吨吊车3小时内到达,160吨吊车6小时内到达。此外,一台配有司机的调车机车随时待命。

(7)应急管理其他相关能力

德国的铁路应急管理事务分为六大主要部分,如图2-7所示。

图2-7　德国铁路应急管理主要功能

①现场专家咨询。

主要由应急管理员和其他应急相关的顾问组成。应急管理员应该具备铁路操作相关的专业资格,熟悉相关的法律和法规、铁路营运和技术基础知识、铁路营运安全知识,能够管理和处理铁路危险事件,并具备管理铁路网络的能力。为了充分发挥应急管理员对控制和处理铁路突发事件的作用,DB公司要求应急管理员时刻处于准备工作状态,随叫随到,并且保证在30分钟内到达事故地点。DB公司为每个应急管理员配备专业的服装与设备,如警备用车、接地设备、移动电话、无线电和专业地图等。其他的应急顾问主要包括专业应急救援队,他们能提供专业的救援、护理、医护等服务。

②呼叫/警报中心

呼叫/警报中心主要由三大系统组成:地理信息系统(GIS数据库)、控制中心系统(处理事件)和通信系统。这三大系统协调工作,保证德国铁路的应急管理工作准确、高效地执行。德国铁路系统的呼叫报警电话使用统一的112或110,保证公众能及时地将突发事件报告给相关部门。呼叫/警报中心的核心流程和任务主要有四项:紧急呼叫,主要负责处理和记录事件;事件预处理,主要负责警戒相关的负责机构;支持救助,主要负责初始化保护措施、调度及停靠列车、在相关部门间传递信息和邮件;事件后处理,主要负责得出结论、保存相关文件、分析事件等。

③保护救援单位

保护救援单位主要是指当突发事件发生时，为了最大程度地减小突发事件所造成的危害，德国铁路部门要采取的一些相关措施。首先，应急管理部门要封闭事故所在的轨道，提醒相关的救援单位，检查需要进入事故路段的人员所具备的条件是否达到要求，判断是否要通知相关车站采取相应措施等。同时，通过传真通知应急控制中心事件进展情况，确认通知相应应急管理员及决策者等。在此应该注意，通过传真的方式通知相应的应急管理员是唯一有效的方式，直到应急管理员到达。

④提供行动支持

DB 的应急管理部门为相关的突发事件提供比例尺为 1∶25 000 铁路系统最新线路专业地图，地图上要求标注路口、桥梁、隧道等相关信息。同时，还要提供铁路列车的单张结构示意图，图上明确标示列车的结构、材料、相关的灭火装置、出口、分解装置等信息。

⑤教育和培训

DB 的应急管理部门设有专门的教育和培训机构及相关的学校，要求相关单位组织人员定期参加相关培训。同时，应急管理部门还特别针对某些危险货物组织专门的现场教学和培训，培训大致有三种形式，即理论培训、实践培训和技能培训。针对特殊情况，应急管理部门还要组织一些国际联合的大规模演习。

⑥应急救援技术

德国由应急控制中心负责协调行动，以解决事故可能引起的技术性问题，从而恢复正常运输运营。

德国铁路系统的应急管理事务的发展可以说是非常完善，了解德国铁路系统的应急管理体系和技术对发展我国铁路系统的应急管理工作具有重要意义。

2.1.2 日本应急管理现状

1. 日本政府应急管理现状

日本由于受地理位置和自然环境的影响，经常发生地震、火山爆发、台风和水灾等自然灾害。同时由于城市化程度高、人口密集、经济技术发达等因素的影响，交通事故、地铁事故、化学事故、火灾爆炸、中毒事件等各种人为灾害也时有发生。基于以上特点，日本政府各界形成了很强的灾害意识，十分重视防灾救灾工作，建立了一套从中央到地方全面应对各种灾害事件的应急管理体制。在制定灾害管理法律法规、应急基础设施建设、政府组织管理能力、社会参与防灾救灾、普及灾害救护意识和常识等方面，都较为完善，并积累了丰富的防灾救灾经验。在处理1995年阪神大地震、1995年东京地铁沙林放毒恐怖事件、2002年世界杯足球赛事等重大危机事件和大型体育赛事的过程中，日本政府应急部门及时有效地组织应急救援，社会组织和公众积极配合和参与救助活动，使灾害损失减少到最低限度，这些都得益于日本高度完善的综合防灾救灾体制。

日本是一个中央集权的单一制国家。政府体系分为三个层级，即中央政府；都、道、府、县（相当于中国的省市）政府；市、町、村（相当于中国的乡镇）政府。在常态政府行政管理体制基础之上，日本根据国家和地方防灾救灾工作的需要，从中央到地方设置了一套政府和社会组织共同参与的应急管理机构，明确了各级各类应急管理机构的职责，确立了应急管理组织机构框架。

日本是全球较早制定灾害管理基本法的国家，于1947年制定了《灾害救助法》，规定各级政府制定突发性灾害的救助计划，建立救助组织以及做好危机应对的人力、物资、设备、资金的准备工作。目前日本拥有各类防灾减灾法律近40部，建立了以内阁总理大臣（首相）在内的政府组织的完备预防和应急反应体系。

日本的应急管理组织机构体系分为：国家应急决策机构——首相、中央防灾会议；国家应急综合协调机构——内阁官房、危机管理总监；国家应急管理工作机构——中央各部门；地方应急管理机构；社会防灾救灾组织。其中，地方应急管理机构是整个组织机构体系的重要组成部分，它的体制如图2-8所示。

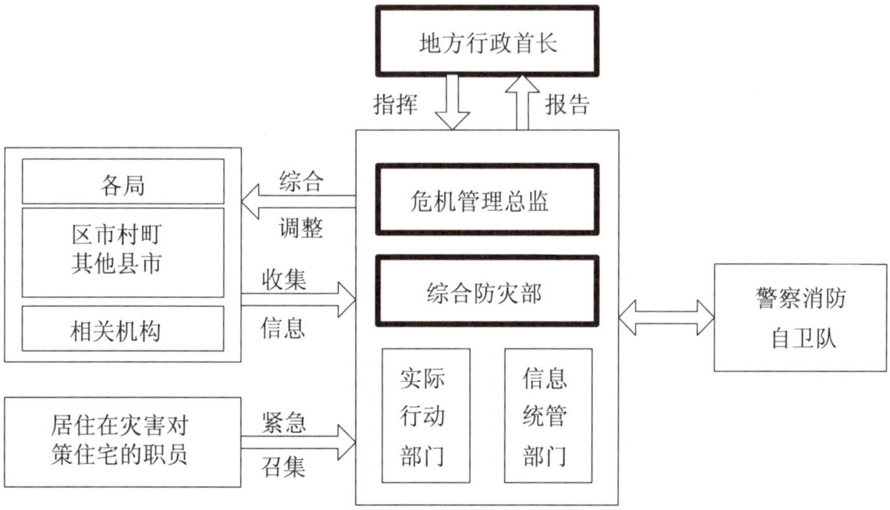

图2-8 日本地方应急管理机构

日本对各种灾害实行全过程的综合管理，包括预防、准备、反应和恢复重建四个阶段，并在不同阶段采取相应的措施。日本的灾害应急反应的运作过程分为两个阶段：最高级别的国家灾害应急反应；下一级别的地方灾害应急反应。其中地方灾害应急反应的过程在应急管理过程中起到关键作用，反应流程如图2-9所示。

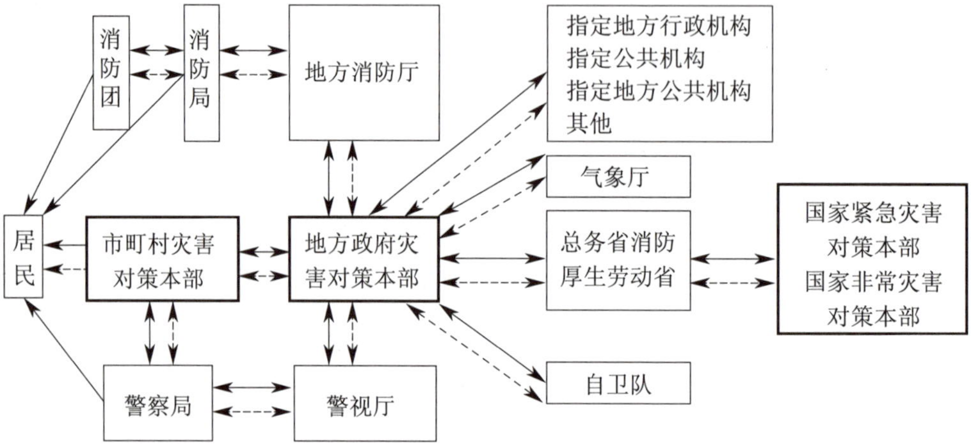

图 2-9 日本地方应急反应流程

日本在积累了多年应对各类突发事件的经验后，形成了以《灾害对策基本法》为基础的法律体系，其中包括 1961 年整合多项单一法规制定的《灾害对策基本法》，以及其后制定的《灾害救助法》、《建筑基准法》、《大规模地震对策特别措施法》、《地震保险法》、《灾害救助慰抚金给付等有关法律》等。1995 年阪神大地震发生后，日本又陆续制定了《受灾者生活再建支持法》、《受灾市街地复兴特别措置法》等法令。这一系列专项法律，赋予了国家在防灾行政上强大的公共权力，明确了防灾体制及国库负担制度，并规定了公共事业单位、一般居民等防范参与制度。

日本社会灾害应变系统(DRS)是当前广泛使用的应急信息系统。DRS 包括灾情预警与应急指挥系统、灾害视听系统和应急对策显示系统。DRS 利用直升飞机、高层建筑、车载监视设备组成立体监控网，从空中、陆地、海洋对全国进行 24 小时的灾害监测，并嫁接在 Internet 上，及时预报地震、火灾、水灾等自然灾害，以及恐怖活动、交通事故等社会灾害，借助电子政务快速进行防灾救灾部署，最大限度地减少灾害带来的损失。

日本在多年应对突发事件的基础上，按照综合防灾救灾的理念和原则，建立了一体化的灾害综合管理体制，有效开展防灾救灾工作，同时根据本国的特点，积累了较丰富的经验：

(1)建立起了综合防灾救灾体制

日本在防灾救灾的长期实践中认识到，传统的以单项灾种管理为主、单个防灾部门管理、单靠政府力量的应急管理体制，是无法面对重大危机挑战的，从而转向建立资源整合、广泛参与、综合协调的应急管理体制。

(2)制定防灾救灾规划和开展应急演习

根据灾害管理法律法规，日本各级政府制定了由综合防灾救灾规划、部门规划和专项规划组成的灾害管理规划体系。日本各级政府十分重视综合防灾演习，以加强各机构的紧密合作，促进对地区防灾规划的理解和提高防灾意识。演习训练的形式大致有三种：第一种是综合防灾演习；第二种是图上演习；第三种是政府与相邻地区和单位进行联合演习。

(3)建立完善的灾害管理法律体系

日本建立了由五大类数十项法律组成的灾害管理法律体系，有十分完善的防灾救灾法律制度。在国家层面，日本先后制定了《灾害救助法》、《灾害对策基本法》、《消防组织法》等一整套灾害综合管理法律法规和单项灾种管理法律法规。其中以 2000 年开始实施的《灾害对策基本法》最为重要。这些灾害管理法律法规，使各级政府和社会组织依法实行灾害管理，提高了防灾救灾工作的规范性和有效性。

(4)通过签订协定加强不同主体之间的合作互助

为了保证发生灾害时各个民间团体、志愿者的救援和合作，相邻地区政府的合作互助，日本各级地方政府往往通过签订协定或合同的形式，做到平常进行灾害信息的相互交流，应急时相互救援和帮助。

(5)提供充分的应急保障和物资储备

日本政府将各种应急保障职责落实到具体部门。发生灾害时，地方政府重点落实现场救援、疏散工具、避难场所和基本生活必需品供给方案。在物资储备方面，根据日本《灾害救助法》，各级政府必须累积灾害救助基金，用于事先购买和储备足够的应急救援物资，各种社会组织和家庭在平时十分重视应急物资储备。

(6)建立地区间横向应急救援协作体制

经验表明，发生大规模灾害时仅仅依靠本地政府的应急力量是难以应对的，这就需要与相邻地区政府进行合作。为此，日本地方政府比较重视建立相邻地区政府之间的相互协作和救援体制。

2. 日本铁路应急管理现状

(1)日本铁路法律法规体系

日本铁路系统的法律框架包括几大项法律，涉及民防、灾害应急和其他铁路相关法律，其具体内容如图 2-10 所示。

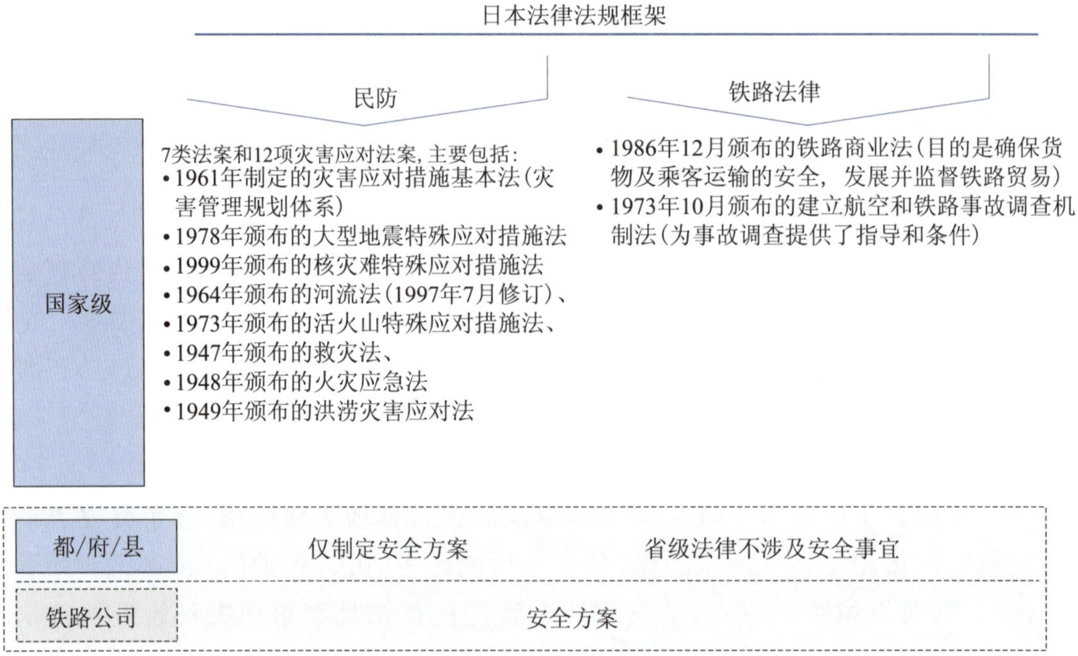

图 2-10　日本铁路应急法律法规体系

民防方面，更具体地称为灾害管理方面，其相关规定主要出现在 1961 年的灾害应对措施基本法中，该法建立了一个全面的、战略性的灾害管理体系，涵盖了灾害管理过程中各个阶段应采取的基本行动，包括预防/准备阶段、应急反应阶段、重建/恢复阶段。同时，该法案还对中央、地方政府、私人及企事业单位的组织职责、灾害管理机构、灾害规划体系、灾害紧急状态等做出了具体的规定。中央灾害管理委员会由首相和灾害管理政务部长领导，成员为相关的公共企事业单位，如日本银行、日本红十字会、公共广播公司和电信公司的负责人等。中央灾害管理委员会的主要职责是保证全面综合的灾害风险管理，以及制定灾害管理基本方案。灾害管理基本方案是实施灾害应对行动的总指导方案，由针对不同类型灾害的几个方案组成。除了灾害应对措施基本法外，日本还有 6 项普通法和 21 项专项灾害应对法案，均为预防和应对各类紧急事故的基础。此外，日本还成立了一个专门机构——火灾和灾害管理机构（FDMA），负责制定灾害管理政策和安全管理方案等。

日本铁路安全事宜在铁路商业法、航空和铁路事故调查机制法中有规定。1986 年 12 月 4 日颁布的铁路商业法，目的是为了确保货物及乘客运输的安全，发展铁路贸易，主要针对国土交通省（MLIT）、已有的和潜在的铁路运营公司而颁布。MLIT 是规范管理铁路基础设施建设和制定安全管理法规的最高负责机构，这里的安全管理法规包括安全管理政策、体系和方法等内容。同时，MLIT 还负责颁发铁路商业执照，包括审批相关的安全标准等。日本铁路部门于 1973

年10月12日颁布了关于建立航空和铁路事故调查委员会的法案，该法案规定建立航空和铁路事故调查委员会，实施事故调查工作，从而确定航空和铁路事故发生的原因，并为调查工作的开展提供指导和条件。该法案还规定委员会主席及成员要保证处理事务的独立性。2008年10月1日，航空和铁路事故调查委员会与日本海运事故调查局合并为日本交通安全委员会。

(2)日本铁路制度框架及组织机构职能

日本铁路系统参与应急事务管理的组织机构依次有陆路交通旅游基础设施部(Ministry of Land, Infrastructure, Transport and Tourism,MLIT)、日本交通安全委员会(The Japan Transport Safety Board,JTSB)、航空与铁路事故调查委员会(Aircraft and Railway Accidents Investigation Commission,ARAIC)、日本铁路建筑及交通技术部(The Japan Railway Construction, Transport and Technology Agency,JRCTA)等。在日本，突发事件发生过程中所涉及的主要部门包括119救援服务中心、警察局及日本铁路公司，突发事件一般由119/110中心推荐的救援服务人员负责管理，日本铁路公司(Japan Rail group,JR)JR的职责限于现场警戒、向救援当局及其他相关各方(其他铁路运营商、乘客及媒体)提供最新信息等。突发事件发生的情况下，119救援服务中心通过呼叫请求消防及医疗救援服务，同时由119中心负责相关的协调工作。现场救援行动的主要负责人是消防队警官，如果是全国性的突发事件或自然灾害，日本会成立全国突发事件及自然灾害中心。JR通过运营调度中心在事故过程中对列车进行调度，调度中心与事故附近的车站共同与救援服务中心协调完成相关任务。JR在现场也有一个负责人，该负责人是抵达事故现场的车站副站长或现场设备经理，现场负责人负责联系JR、车站员工及救援服务中心等。图2-11为日本铁路突发事件处置过程中所涉及的相关机构。

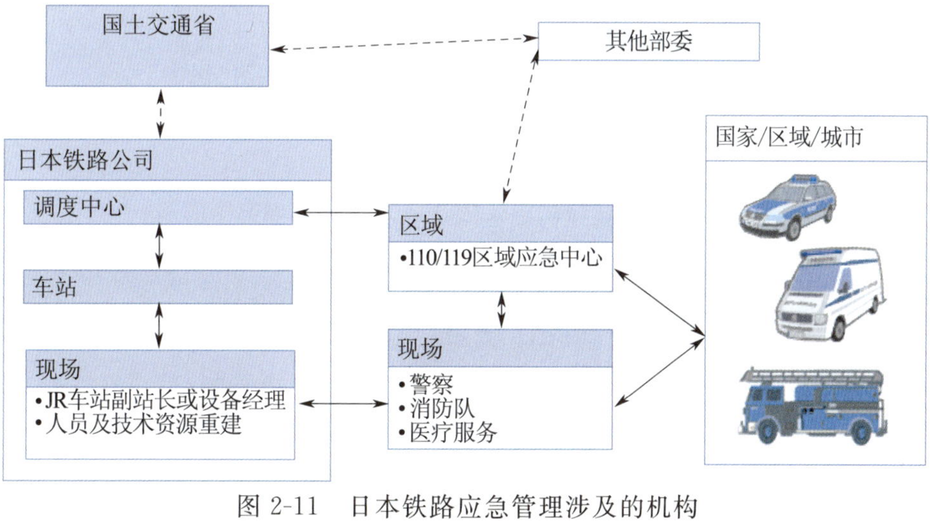

图2-11 日本铁路应急管理涉及的机构

JR 中涉及应急管理的部门是电气和信号网络系统部、运输安全部、设施部、运输和车辆部、公共关系部，如图 2-12 所示。运输安全部是应急管理准备阶段的关键，它的主要工作是仔细设计和修改应急准备方案，促进对应急制度和程序的理解，制定培训和演习方案，最大限度地提高应急反应的时效性。电气和信号网络部在应急反应阶段通过运营中心参与合作，管理特殊时段的运输运营，最大程度地保证运营，并协调内部相关机构。同时，电气和信号网络部也负责在外部应急和救援服务机构、当局、旅客之间沟通协调。运输和车辆部在应急反应阶段参与线路和通道的抢修活动，保证应急和救援服务机构能够顺利地开展他们的工作。为了保证运输和车辆部的工作质量，JR 与外部公司签订了相关协议，由外部公司为其提供吊车、救援车辆等救援技术资源方面的支持。一旦紧急事件得到控制，运输和车辆部就会尽力恢复正常的运营工作。客户服务部负责在应急反应的各个阶段向媒体及相关人员公布事故的相关信息。

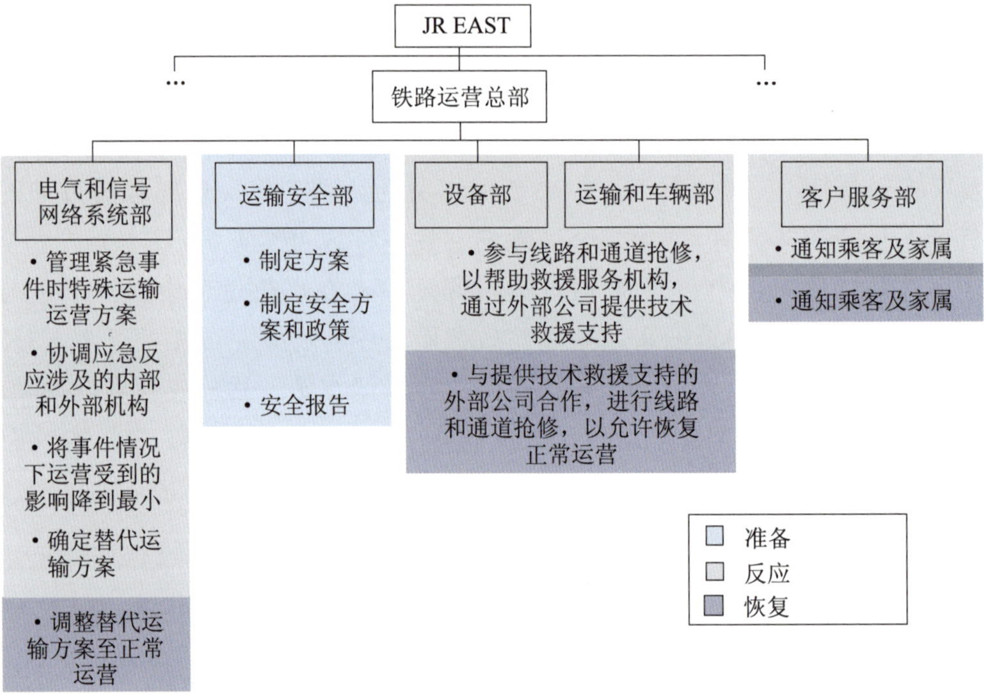

图 2-12　日本铁路组织机构在应急反应过程中职能图

(3)日本应急监管机构

在日本，民防及铁路部门在关注铁路应急事件的同时，也关注于对业务发展、管理、安全和事故调查的监管工作。

民防方面，日本的中央防灾理事会由首相领导，是内阁的一部分，由灾害管理大臣、公共组织的主管和专家组成。防灾理事会负责制定基本灾害管理方案和灾害应急方案，同时负责推动相关方案的实施，并制定政策、编写报告、协调相关措施的实施。火灾及灾害管理局（FDMA）隶属于日本内务省，负责重大灾害事件（如火灾、地震、风暴、洪水等）的处置。在遇到灾害时，FDMA 通过应急反应消防队采取行动，并协调总理府、相关省、管理局和地方部门。

铁路方面，日本国土交通省（MLIT）成立于 2001 年 1 月 6 日，作为行政改革的成果之一，它合并了运输省、建设省、北海道开发厅和国土厅。在 2008 年 1 月 8 日更名之前，该省的英文名字是“Ministry of Land, Infrastructure and Transport”（国土、基础设施和运输省），它负责日本的铁路立法。日本运输安全委员会（JTSB）是 2008 年 10 月 1 日通过合并日本海事事故调查厅（JMAIA）、航空和铁路事故调查委员会（ARAIC）而成立的，JTSB 是为了增强和整合在处理航空、海事和铁路事件时的调查能力，并有效预防此类事故再次发生而设置的机构。JTSB 一般在事故发生后负责开展调查工作，确定航空、海事和铁路事故的原因，以及事故导致的严重后果和损失。基于调查的结果，JTSB 向相关部门或方面提出相关建议或意见，阻止类似事故再次发生，或减缓事故导致的损失。日本铁路建设、运输和技术厅（JRTT）是一个根据日本国会 2003 年 10 月 1 日法案而建立的独立的行政机构，它的主要功能是负责铁路建设，以一种经济高效的方式建设新干线和市郊铁路，同时也开展有关铁路网改进的各种研究工作；向铁路公司提供铁路补贴，以促进铁路设施的建设和技术进步；研发，为先进技术的研究和实际应用提供支持，并在运输领域开展基础性研究；日本国有铁路的转让，它销售以前归日本国家铁路（JNR）所有将要用于城市发展的土地；联合产权造船等。日本铁路部门的监管职能如表 2-2 所示。

表 2-2 日本应急监管机构与职能

	监管机构	监管职能
民防	中央防灾委员会，包括国家灾害管理部	法律监管
	FDMA	国家应急机构
铁路	国土交通省	法律监管
	国土交通省	运营授权
	信息未知	保证运输服务的多样性
	JTSB	安全建议
	JTSB	事故调查

注：FDMA—火灾及灾害管理局；JTSB—日本运输安全委员会。

(4)日本铁路应急控制中心

在日本铁路部门，协调应急反应的中心是运营控制中心，它同时也控制着列车运营事务。当出现紧急事件时，这些运营控制中心能够处理突发事件，并根据事件的性质与不同的外部机构(如消防、警察、急救和其他专门机构)取得联系。在整个日本铁路网中有很多这样的中心,不间断地控制着运输和信号,并处理紧急事件。日本铁路系统以平均每班 300 人、每周 7 天、每天 24 小时的方式保证运输、运营控制和应急反应。JR 的高速线(新干线)有三个控制中心和一个备用中心,即东海道(Tokaido) 和山阳(Sanyo)新干线的东京控制中心、东 JR 新干线的田端(Tabata)控制中心、九州新干线的博多(Hakata)控制中心、东海道(Tokaido) 和山阳(Sanyo)新干线的大阪(Osaka)备用中心,如图 2-13 所示。

图 2-13 日本新干线应急控制中心分布图

(5)日本铁路应急预案及突发事件分类

日本政府在应急安全举措和流程方面并未对铁路公司作出具体要求,铁路公司只需要保障铁路的安全运营。日本铁路公司的系统安全水平很高,相对应急反应而言更加重视紧急事件的预防工作,因此日本铁路更多的关注通过安全监控系统而不是通过应急管理系统来预防铁路事故或减少自然灾害的影响。日本铁道科学研究院开发了复杂的安全监控系统,用于对地震、大风和暴风雪等灾害进行监控预防。尽管日本对应急反应阶段给予的关注相对较少,但日本铁路公司依然制定了应急管理方案,装订成手册,其中包括了铁路运输系统通用的应急管理程序,并分发给日本铁路公司及分公司的所有工作人员。日本铁路系统的应急预案由日本铁路部门与其他能够在紧急事件发生时向铁路提供协助的外部机构共同合作制定,这些外部机构包括消防部门、急救和公安等救援服务部门。日本铁路制定的应急预案由日本国土交通省进行修订,预案无明确的修订期限,铁路公司在必要时进行修改。其预案的核心内容如图 2-14 所示。

核心内容
- 应急培训、实践和演习的指导原则
- 应急管理方案制定、批准、实施和修订的标准程序
- 制定紧急事件的级别标准，针对某一特定事件作出反应的具体范围和规模
- 在日本铁路和救援部门之间建立协作模式
- 确定在紧急事件突发时可以提供专业技术协助的外部机构，并且在铁路和这些机构之间建立沟通机制
- 应急设备、供给和技术
- 应急反应的通用流程
- 可能需要启动多个应急反应措施的事件

图 2-14 日本应急管理预案核心内容

日本铁路部门对突发事件的分类主要考虑事件的性质或起因。鉴于对安全和应急管理的国际化意识，各国的应急预案实际上都有相似之处，因为大多都是遵照各个国家制定的事件分类标准。通常而言，日本铁路公司主要采用图2-15所示分类标准。

事件分类	描述
• 撞车	• 两列或多列列车相撞
• 脱轨	• 列车脱离线路轨道
• 火灾	• 设备起火或发生电力故障
• 有乘客伤亡的事件	• 任何与乘客或列车工作人员伤亡有关的情况
• 自然灾害 -地震 -海啸 -暴风雪 -恶劣天气条件	• 任何由自然条件造成的严重情况
• 其他对正常的安全和铁路运营造成破坏的情况	• 其他情况，如平交道口事故、自杀以及每次会引起报警的情况

图 2-15 日本铁路突发事件类型划分

(6)日本铁路应急资源配置

JR East 并没有配备紧急事件时用于列车救援的相关技术资源。当 JR 还是一家国有公司时，它管理着自己的应急技术资源和人力资源，然而当 JR 与政府分开后，它就将列车救援技术资源外包给了不同的外部公司，当有事故发生时，JR 雇佣相关的外部公司，参与应急救援等相关工作。

(7)应急管理其他相关能力

由于日本的灾害多发性，促使新干线的应急管理体制相对完善。在现有的

6 家客运公司及一家货运公司内部，基本形成了以铁道安全委员会监督实施的内部安全监察机制。不仅对相关的安全措施实行内部监察，同时也在颁布和实施相关法律的过程中推行内部监察，图2-16形象地表示了新干线内部的安全监察流程。

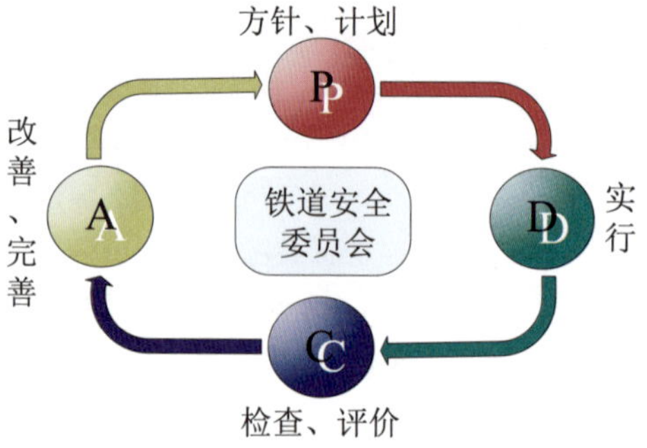

图 2-16 新干线内部安全监察流程

1995 年，COSMOS（宇宙）系统取代了原有的新干线运行管理系统（COMTRAC SMIS），COSMOS 系统能够更灵活地应对新干线所具有的特征。它通过运输计划、行车管理、车辆管理、各种设备管理等 8 个子系统对构成新干线的所有部分进行有效的管理。COSMOS 系统可以灵活地应对行车状况及自然灾害等的条件，准确地进行进路控制。即便万一中央系统发生故障，该系统也可通过双重的分散自律控制系统来确保万全的稳定性，见图 2-17。

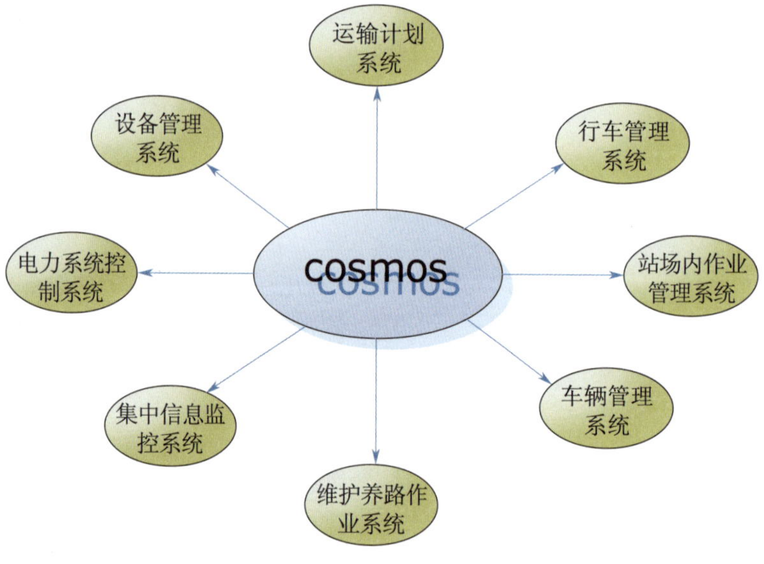

图 2-17 日本新干线 COSMOS 系统功能模块

除了装备 COSMOS 系统外，新干线运行本部调度室与列车之间在传达指令、交换信息时所使用的是设在线路旁的、以漏泄同轴电缆（LCX）为天线的列车无线装置，确保列车在高速移动过程中的稳定的无线通信质量及丰富的应用功能。调度室的运用调度可以通过无线装置系统实时看到与显示在列车驾驶台车辆状态监控器上同样的画面，一旦车辆出现异常，该系统便会在配合司机进行重要的应急处理方面发挥作用。新干线在东京和大阪的列车调度中心分别设置了对各条线路上行驶的列车进行监视和远距离控制的中央控制系统，即 CTC 系统，每列新干线列车的位置、速度等信息都能通过由轨道电路连接的回路实时传递到调度中心，并可以由中央调度遥控列车，以确保列车都在安全状态下运行。即使车上突发了什么意外无法控制列车，调度中心也能通过远程控制使列车安全的停靠前方站并迅速疏散旅客。

日本新干线在发展的过程中十分重视安全技术的应用，继续保持了新干线旅客运输零死亡的安全记录，除了其高质量的线路基础、先进的动车装备和完善的控制技术外，在自然灾害预防上的完善机制，也是新干线高安全性的基础。尤其是日本铁路部门根据本国的实际情况，在铁路沿线和海岸线上设置风速和地震测试仪及系统，如图 2-18 所示，一旦有台风或地震等灾情发生，测试系统可以及时发出减灾报警，迅速切断新干线的电网供电，迫使列车停止运行，从而最大限度地降低灾害所带来的损害。同时，在 JR 东日本新干线的区域内，为了防范可能发生的大雪灾害，新干线路网上设置喷水融雪装置、快速除雪装置，还使用耐寒、防雪结构车辆等。在车辆的定期维护及保养上，新干线也是运用了多种新技术及方法。新干线设有 8 个车辆中心相互构成维护保养网络。结束一天行走的车辆进入各车辆中心接受各种检查、进行保养。为保证以 200 公里以上时速运行的新干线线路及接触网的安全工作，日本设计了新干线电气、轨道综合检测车“East-i”、多振轨枕捣固车、钢轨探伤车、接触网更换作业车、钢轨打磨车、结构物检查作业车及确认车等，对行车设备的状态实施严密的监控。正是由于新技术的运用，新干线实现了大密度、大运量、高准确性的安全、稳定运行。

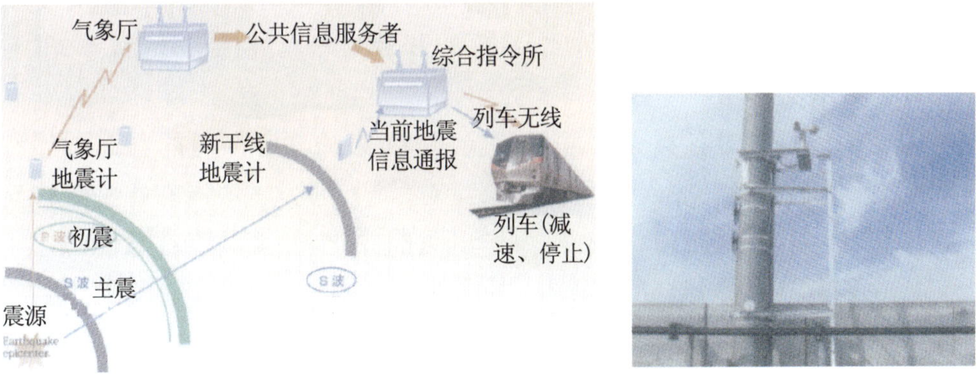

图 2-18 新干线地震监测系统及大风监测装置

新干线将旅客、运输、设备、供电等各系统调度集中一起，将全线信息、传输、控制用的诸设备集中于综合调度中心。除了加强通信联络、改善救护、强化抗震措施外，很重要的一条是决定建立“东海道、山阳新干线第二综合调度中心”，并于 1999 年 2 月投入使用。其设备配置与东京综合调度中心完全一样，一旦东京调度中心受到地震破坏，可以马上启用备用控制中心进行统一指挥。

正是由于日本新干线在应急管理工作上采用的新技术及相关措施，有效减少了列车事故的发生，保证了新干线在运营过程中的安全性能。

2.1.3 法国应急管理现状

1.法国政府应急管理现状

法国对待安全问题极为谨慎。一旦出现危机，法国平日“外松内紧”的危机处理体系立刻启动。1999 年，法意两国间的勃朗峰隧道曾发生死亡 39 人的重大火灾。事故后，隧道公司在其附近的所有隧道都花巨资重新翻修安全设施，加装了报警灯，并改善了疏散系统等。2005 年，勃朗峰隧道附近的弗雷瑞斯隧道也发生事故。该事故与上次勃朗峰事故有许多相似性，都是由一辆运载易燃物品的汽车着火造成火势迅速蔓延，但损失要小得多，仅造成两人窒息死亡，可以说新的安全设备发挥了一定作用。在法国，每一次重大事故都会进一步加强有关方面的预防工作，不断地改进各种生产安全措施。比如全国成立较独立的工作监察处，负责对企业安全工作进行日常监察。与此同时，法国国家安全研究中心不断开发新的安全技术。此外，法国对发生事故的企业还加收分摊费。法国安全生产的法律也非常完善，这些都会进一步加强责任人对事故的认识，总结教训。

法国实行的安全警戒系统用 4 种颜色代表不同警戒级别，由低到高分别是黄色、橙色、红色和深红色。政府首脑有权随时宣布或调整国家所处的警戒级别。警戒级别提高到橙色后，军队就会出动，和警察一起加强机场、火车站、轮渡口以及商场的安全保卫。

法国经常进行应对各类突发危机的演习，以测试政府部门的紧急救援和协调作战能力，同时提高专业人员和公众的应对水平。此外，法国在宪法中规定了紧急状态制度，就政府的行政紧急权力作出明确界定，保障政府在紧急状态下有效行使行政紧急权力，同时也保障了公民的基本权利。

2.法国铁路应急管理现状

(1)法国铁路法律法规体系

与德国一样，法国也是欧盟成员国，欧盟有关民事保护和铁路行业的法律框架的多个指令也是由法国通过立法来实施的。因此，法国铁路的法律法规体系也是建立在欧盟现有的法律法规体系基础之上的。在法国的立法机构中，国家级法律对民事保护和铁路行业进行了相关规定，而省级政府和部门则依照国家的相关立法来制定和实施应急保护与处置措施，如图 2-19 所示。

图 2-19　法国铁路应急法律法规体系

法国关于民事保护中涉及民事安全的内容，主要在第 2004－811 号法案(2004 年 8 月 13 日颁布)中加以规定。该法案旨在把全国主要人口都纳入到民事安全保护的范围内，并做出更充分的准备以应对危机管理，从而为个人、货物和机构提供危机保护，免受事故、灾害和灾难之危害。该法案还规定，民事保护任务主要由火灾和救援部门的消防员、志愿者、政府人员以及军事单位来执行，同时授予市长、警察局局长和警局广泛的权力，并对省级消防和救援厅(SDIS)的现状和使用消防员服务的条件进行了调整和修改。最后，该法案还特别对法国的总体应急预案进行了规定。总体应急预案内容涉及应急组织的建立和用于紧急事件的公共及私有资源体系的创建，当发生诸如洪水、暴雨、地震或重大行业灾害时，若本地的技术及救援资源出现不足时，则会按照该方案的相关规定在全国范围内实施资源调配工作。

法国铁路关于应急方面的法规包括一部通用法律和几个法令。2006 年 1 月 5 日生效的第 2006-10 号法律涉及运输安全与发展内容。该法律规定建立国家安全管理机构(établissement Public de Sécurité Ferroviaire，EPSF)，该机构负责发放安全认证和授权，同时也可以在事故与事件发生后开展技术调查，从而有效地预防类似紧急事件的发生。2006 年 3 月 28 日生效的第 2006-369 号法令就 EPSF 的任务和地位做出规定。该法令规定，EPSF 处在运输部的监管之下，其主要职能包括准备和发放安全认证、授权国际运营的机车车辆、出版审计规章和议程、创建事件数据库并制定安全指标、对与铁路安全相关的公共技术和规定进行界定、做铁路安全运输相关的年度报告等。2006 年 10 月 19 日生效的第 2006-1279 号法令对铁路运输安全和铁路系统的互联互通性作出规定。该法令建立起了运营商应当遵守的安全等级和运营程序，线路养护以及事故与事件调查的标准。2008 年 8 月 12 日生效的法令，是对第 2006-1279 号法令中的第 13 条条款的进一步应用，即关于国家铁路系统中的应急干预和安全方案的实施问题。2008 年 4 月 14 日生效的法令对国家铁路系统中的操作安全进行规范。它仔细地探讨了发放、更改、更新、废除和撤销铁路公司认证的需求与规程问题。2004 年 4 月 28 日生效的法令内容与国家铁路系统中的安全运营规章有关。该法令对事故和风险的类型、责任和角色、通信，以及与人员、第三方、使用者和环境安全有关的设备和基础设施的规定进行了描述。2004 年 1 月 26 日生效的第 2004-85 号法令的内容涉及地面运输事故与事件的调查方法和程序。该法令规定，由运输部建立一个独立的调查机构，即陆路运输事故调查局（BEA-TT），并对其职责进行了规定。

（2）法国铁路制度框架及组织机构职能

在法国，铁路应急管理涉及的主要机构是 SNCF 和法国国土部下属的民事安全署。法国铁路部门在突发事件发生的过程中，由火灾和救援区域中心（CODIS）负责整体协调工作，SNCF 指定的地方事故主管（CIL）负责现场相关工作，在 CIL 到达前，由区域控制中心的区域协调员负责现场协调工作。像欧洲其他国家一样，法国的民防和铁路部门均是通过 112 紧急呼叫中心将紧急事件通知给民事安全署。同时，由 112 服务调动国家的消防、救援和医疗服务机构，SNCF 的维护部门负责线路维修工作及区域安全工作。应急反应过程中所涉及到的 SNCF 主要机构及人员有：赶到事故发生地区运营中心的运营管理中心（COGC）大区协调员（PC）；现场救援服务的唯一联系人—事故地方主管（CIL）；由 SNCF 根据应急事件进展程度任命的事故主管（CIP）。图 2-20 为应急事件处置过程中涉及的相关机构及人员协作图。

法铁的部门中与应急管理有关的是基础设施部、基础设施总体运营部（技术资源和牵引）、各个运营部门（SNCF 区域列车、法国—欧洲客运列车、TGV、货车运营部门）、可持续发展和公关部，法铁没有设置专门负责应急管理工作的部门，如图 2-21 所示。运营部和基础设施部通过运营中心在应急反应阶段合作，管理特殊时刻的运输，保证大部分的运行通畅，并协调应急处理过程中涉及的内部机构，同时也负责外部应急和救援服务机构、当局以及旅客之间的协调工作。商业运营部在应急反应和恢复阶段参与合作，为外部救援服务机构提供在救援

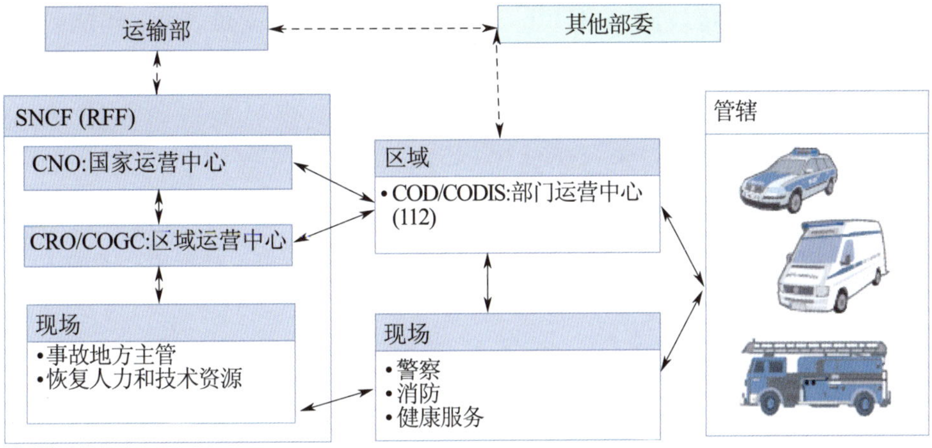

图 2-20　法国铁路应急管理涉及的机构

行动中可能需要的所有可用技术资源。一旦紧急事件得到控制，以上所有部门就一起努力恢复正常运营。在两个阶段中，可持续发展和公关部负责向媒体提供事故的相关信息。

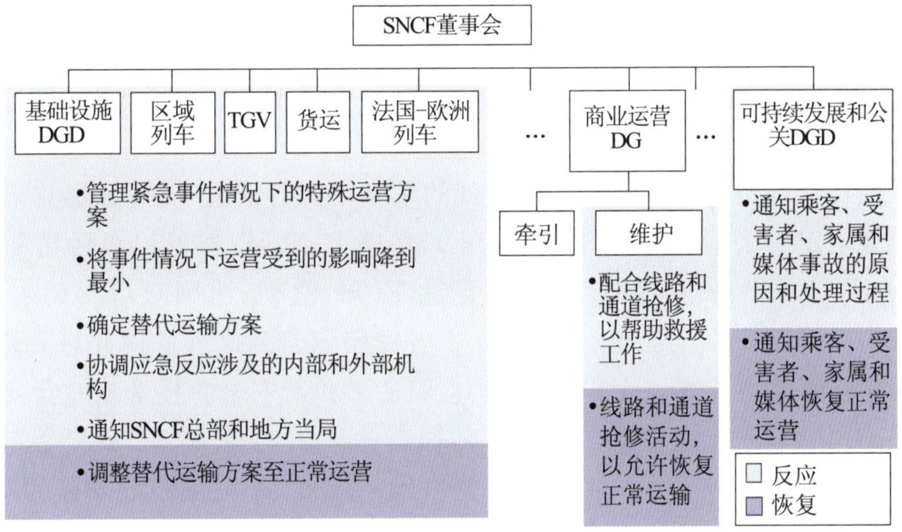

图 2-21　法国铁路组织机构在应急反应过程中职能图

(3)法国应急监管机构(表 2-3)

与德国和日本的铁路部门一样，法铁在关注事故预防及处置的同时，也更关注于事故的监管工作。

法国的民事安全司隶属于内务部，它是法国事故和重大灾害风险管理的核心机构，主要管理国家运营服务、消防服务、风险和物流服务及其他安全行为。法国地方的民防工作由地方政府负责，主要依靠地方的民防和军事人员，负责消防、志愿者、民防协会、地区及县级相关事务。法国国家的民防工作由国家民防联盟(FNCP)、民防部门协会(ADPC)和民防区域中心共同领导,在法国境内有3.2万名民防志愿者纳入编制,并供调配。FNCP创建于2006年9月,由一个24人的董事委员会领导,它以强化和支持开展公共服务为指导方针,在灾害发生时为受灾民众提供支持,监督志愿者为受灾民众提供服务。同时,FNCP根据与卫生体育部的协议,协助医疗服务机构开展工作。在有重大突发事件发生的过程中,法国政府根据事件的不同紧急级别,组织国防部、卫生部、环境与运输部协同合作,调动专业救援及应急资源。

表2-3 法国应急监管机构与职能

	监管机构	监管职能
民防	内务部	法律监管
	DSC	国家应急机构
铁路	运输部	法律监管
	EPSF	运营授权
	MCAF	保证运输服务的多样性
	EPSF	安全建议
	BEA－TT	事故调查

注:DSC—发展安全部;EPSF—法国铁路安全局;MCAF—铁路活动控制委员会;BEA-TT—地面运输事故调查局。

法国运输部负责监管铁路法律法规的颁布与执行情况,同时确定政策,公布相关安全规定。法国铁路安全局(EPSF),在国家监管框架下代表运输部,按照欧洲2004/49/EC指令开展工作。在创建EPSF之初,法国政府就要求EPSF执行相应的铁路安全监管能力,并独立于各铁路运营商之外。因此,EPSF在开放铁路运输市场方面是一个重要角色,它保证了和谐安全的技术和运营环境,为欧洲铁路网的互联互通做出了贡献。地面运输事故调查局(BEA-TT),主要是负责地面事故的调查工作。它主要有两方面的职能,一方面是在事故发生后进行司法调查,明确事故责任,在必要的情况下确定受害者赔偿;另一方面是开展事故技术调查,预防类似事件的再次发生。铁路活动控制委员会(M. C. A. F)成立于2003年2月,隶属于运输部行使监管铁路市场及相关机构的职能。它的主要任务是保证公平和无差别地对待进入法国的铁路网络和服务,处理铁路企业的上诉,认真监控国家路网的准入条件,并提出相关建议,以促进一个公平、平衡、开放竞争的铁路货运市场。

(4)法国铁路应急控制中心

法铁没有设置专门的应急管理中心,SNCF的应急管理工作是通过坐落于巴黎圣拉扎尔(Saint-Lazare)车站的国家运营中心(Centre National des Operations,

CNO)与区域运营中心(CRO)协同合作来进行。在正常情况下,CNO 负责 SNCF 的运输管理并监控全国的旅客、货物、运营和基础设施情况,在突发事件发生时,CNO 负责应急情况下的指挥协调等工作。SNCF 设有 23 个区域运营中心(CRO),如图 2-22 所示。负责每个区域的运营监控和运输组织,处理可能影响区域的运输事故。CRO 的功能和 CNO 类似,可以认为是设置在区域一级的 CNO。在事故发生时,CRO 负责与火灾和救援运行区域中心(CODIS)下设的区域救援服务机构(消防队、急救机构等)进行沟通。每个 CRO 的工作人员数量取决于该区域的重要性和运输情况,大的 CRO 有 15 个人,小的 CRO 有 5 个人。若有重大事故发生,且国家运营中心(CNO)认为有必要的话,可由 CNO 组织一个危机领导小组。该小组由 CNO 和 CRO 的每个部门各出一人组成,并在收到 CNO 指令的 30 分钟内开始行动。危机领导小组可以请求对那些对处理事故有帮助的内部或外部专家加入,以利于最大限度地降低事故所带来的损失。在危机领导小组处理事故的过程中,涉及的 CRO 之间可以通过视频会议进行联络。

图 2-22 SNCF 应急控制中心分布图

(5)法国铁路应急预案及突发事件分类

法国于 2008 年 8 月颁布的 2006—1279 号法令主要关注铁路运输安全,其中规定应急管理方案必须由 SNCF 以省为单位进行制定。各个省份必须在 SNCF

地区代表的领导下、在与各个州(每个省的主要城市管理机构)以及国家基础设施管理署(RFF)的共同协作下,制定相应的干预与安全方案(PIS)。每个 PIS 应根据地方的特点,包含所针对铁路系统的简要介绍,指出可能存在风险的热点区域、基础设施的主要特点以及周围交通不便的区域。PIS 的核心内容如图 2-23 所示。

核心内容
- SNCF、铁路公司、各州和公共应急部门之间的联系
  - 应急管理人员的作用和职责
  - SNCF和媒体的沟通机制
  - 各州和基础设施管理机构之间的沟通渠道
- 应急管理启动程序
- 协作团队的构成和内部组织结构
- SNCF和RFF在紧急事件处理和应急管理方面可供利用的人力、物力和技术资源
- 可供SNCF利用的第三方资源
- 其他
  - 铁路系统确认热点地区
  - 铁路运输特点
  - 运输路径、周边交通状况以及事件地点的确认

图 2-23　法国应急管理预案核心内容

SNCF 关于事件的分类主要考虑两个标准,即事件的起因和直接效果/后果,以及需要的应急响应部门是内部机构还是外部机构。对于每个 PIS 来说最普遍的分类如下:第一种,SNCF 通过自有资源以及 PIS 框架内的铁路公司资源可以处理的事件;第二种,需要国有应急服务部门干预,并要向地方政府或者民防反应组织(ORSEC)报告的事件。图 2-24 为需要启动 PIS 程序的第二类事件的分类。

事件	事件后果严重程度
•涉及人(人群或个体)的事故:旅客、员工、第三方、自杀、自然死亡等不同程度的事故	•多名人员受伤或者发生疾病
•造成严重运输干扰的事件或事故	•隧道内长时间停车,众多旅客受到影响,恶劣气候条件或可预测到事件持续时间超过2小时(取决于事件严重程度)
•车上火灾	•火势非可控或事态趋于严重,如多氯联苯的发动机,危险或放射性物质泄漏或隧道内发生火灾
•铁路事故(脱轨、撞车或溜车)	•无重大人员伤亡但造成严重损失 •重大人员伤亡或涉及危险放射性物质,或事故周边通行不便(如隧道或高架桥)
•铁路设施受到攻击或爆炸,或造成旅客安全伤害、运输干扰的破坏性行为	•取决于严重程度
•可能造成运输干扰的事件	•取决于严重程度
•涉及军事行动的事件	•取决于严重程度
•对环境造成影响的事件	•取决于严重程度

图 2-24　法国突发事件类型划分

(6)法国铁路应急资源配置

SNCF 没有专门的医疗或救援资源,如救护车、消防车等,但是设有 41 个救援中心,遍布法国的铁路网络。这些救援中心是救援技术资源的仓库。法国铁路部门根据一条干线上能否在 2.5 小时内到达事故地点的距离,来决定救援中心和资源的地点。SNCF 用于应急管理的主要设备包括 23 列事故救援列车(救援列车上备有 1 周的工作和生活物资)、2 台 85 吨的铁路吊车(运输能力为 10 或 12 米)、1 台 120 吨的铁路吊车、16 台应对简单脱轨的牵引能力达 100 吨的大型液压应急车、22 辆用于起复作业的公路应急车、3 台牵引能力达 20 吨的线路救援拖车等。

(7)应急管理其他相关能力

法国铁路系统使用 Excalibur 系统记录突发事件的相关情况。当一个现场机构向 CRO(区域运营中心)操作员报告一个事件影响到铁路正常运营时,CRO 先对事件进行初步分类,在 SNCF 的事件记录系统 Excalibur 中创建一个案例,并在相应的线路图上创建一个警报点,CNO(国家运营中心)的所有操作员以及相应的 CRO 能够通过他们的屏幕看到这些警报点,并获取事故所有相关数据。根据运能下降的比例,警报点的颜色表示事故的严重程度。同时,Excalibur 系统会根据系统历史记录中记录之前发生的类似事故的持续时间计算出该事故的平均持续时间,这个平均持续时间帮助 CNO 和 CRO 做出决策,并制定可选的替代运输方案。SNCF 还有一张整个路网的地图,上面用不同的图标表示救援技术资源的地点。这张图挂在危机领导小组的大厅里,也集成在 Excalibur 系统中,并实时不断更新。

CNO 和 CRO 还有一个工具,叫做 Réseauscope,它是一张互动的电子地图,提供 SNCF 的线路基础设施,以及道路、桥梁、线路通道的信息。每个 CRO 和辖内的消防机构分享这个地图工具,保证消防机构介入事故时能快速地获得铁路设施及通道的精确信息。

法铁制定的危机管理过程分如下几个步骤进行:

①预警过程:主要是实时监测各部门的运行状况,防止突发事件发生。同时根据相关需要,针对相关事件组织专门的模拟演练,也可以对公众进行相关的宣传。

②处置危机过程:在这个过程中,采取相关的技术和措施,尽最大努力地减少突发事件可能带来的损害。同时协调内部与外部相关信息,此处的内部主要指铁路系统的相关负责部门和机构,外部则主要指政府与公众、旅客、用户等。

③危机处理后过程:在突发事件处理后危机减小到消失的过程中,是危机处理后过程。在这个过程中要对事件做详细的记录,以形成有用的数据和资料供相关部门进行分析。同时,要对相关部门进行奖励或处罚等。

法国铁路部门将突发事件的风险来源总体分为三大类，即材料的风险、人力的风险和操作的风险。应急管理部门的基本功能主要有提供正常状况下的通信服务、提供网络故障情况下的通信服务、提供单独的应急通信、提供设备与站段间的相关记录与监管及法律规范服务。法国铁路应急管理部门为实现上述功能，采用了相关的安全技术与手段，如采用环形网络、双接入、不同的物理链路、冗余网络及双供给等。

法国铁路的应急管理部门，由于采取了如上的安全技术与手段，因此在应急通信上可以说是功能非常完善。在火车上安装了 GSM-R、模拟广播电台、移动公众电话、列车声音传送系统、配备特定网络的消防员和警察、直接模式（步话机）等；在轨道上安装了跟踪电话、报警电话、电话插座（码）、GSM-R、模拟广播电台、直接模式（步话机）、移动公众电话、配备特定网络的消防员和警察等；在车站上安装了跟踪电话、报警电话、GSM-R 系统的无线电/模拟/集群、法国国营铁路公司电话网络管理系统、屏幕上显示出行者信息的系统、声音传送系统、移动公众电话、网络运营商的有线电话、直接模式（步话机）、配备特定网络的消防员和警察等；同时，还在专门的应急管理部门配备了如上相关通信手段。

法铁的全国运营中心，安装了旅客流量监控系统、列车（货车）信息监控系统、通信手段状态监控系统、乘客信息实时监控系统、电话号码查询系统、对话与监管系统、服务热线等，随时将交通信息通过广播电台向公众传送，并动态地更新全国的交通图。以上这些技术功能，都有效地保证了法国铁路的正常及安全的运营。

2.1.4 韩国应急管理现状

1. 韩国政府应急管理现状

韩国位于朝鲜半岛南部。朝鲜半岛地处亚洲大陆的东北部，自北向南延伸，全长 1 100 公里。韩国的总面积为 9.9 万平方公里。韩国的领海与太平洋最西部的海域交汇。朝鲜半岛北部与中国和俄罗斯接壤，东部濒临东海，与邻国日本隔海相望。除与大陆相连的半岛之外，韩国还拥有 3 200 个大小岛屿。韩国总人口 4 905.3 万（2007 年），2008 年韩国 GDP 为 9 291 亿美元。韩国属温带季风气候，海洋性特征显著。冬季漫长寒冷，夏季炎热潮湿，春秋两季相当短。

韩国的安全管理机制主要得益于完整的法律体系。韩国有关危机事态应急管理的法律分为战争灾害、自然灾害和人为灾害三个大类，其中包括《自然灾害对策法》、《农渔业灾害对策法》、《灾害救济法》以及《灾害对策法》、《森林法》、《高压气体安全控制法》、《生命救助法》等，为有效应对各种突发性灾难提供了权威的依据。韩国政府规定每年的 5 月 25 日为“全国防灾日”，在这一天举行全国性的“综合防灾训练”，通过防灾演习让政府官员和普通群众熟悉防灾业务，提高应对灾害的能力。

韩国法律规定高速公路每隔 30 公里必须设置休息区，高速公路上架设了很多摄像头，灾害管理部门可以详细了解灾情实况。一般的灾害由行政自治部来应对，发生大灾则由总理主持灾害应急处理。韩国针对各种灾害、事故或疾病突发的实际情况，建立了完善的医疗应急体制。

2. 韩国铁路应急管理现状

(1)韩国铁路法律法规体系

韩国涉及铁路安全的法律框架业已形成，主要包括有关民防、灾害管理以及涉及铁路部门的诸项法律，如图 2-25 所示。

与日本情况相似，韩国关于灾害管理的民防事宜主要在 2008 年颁布的灾害风险管理与控制法案中做出了规定。该法案明确规定了大韩民国灾害管理政策的基本原则。2004 年颁布的灾害与安全管理基本法规定，根据灾害类型制定灾害管理机构，创建中央安全管理委员会、建立灾害管理信息系统、加强灾害相关研究。1995 年颁布的自然灾害应对措施法，就自然灾害(包括暴雨、台风)的控制和应对措施、破坏程度调查、灾后重建成本等做出了规定。2008 年颁布了关于管理和降低水库和大坝灾害风险的法案。2007 年颁布了关于减少灾害风险和移民措施的特殊法案。

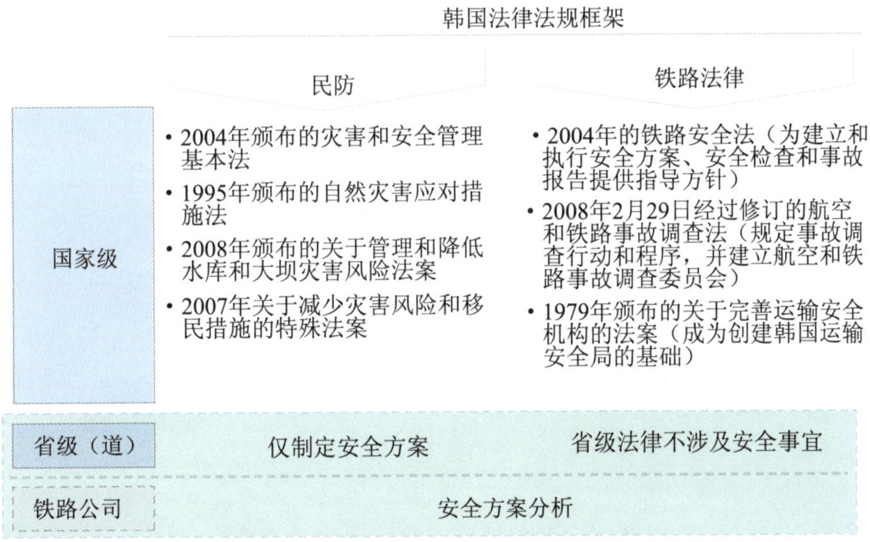

图 2-25 韩国铁路应急法律法规体系

韩国有关铁路安全的既有法律主要是铁路安全法和航空与铁路事故调查法。2008 年修改的铁路安全法规定了基于风险评估的安全管理办法，规定了相关机构的要求、角色和责任，并对铁路运营商和其他机构的铁路安全方案、年度规划、安全检查和事故报告等内容的制定和执行做了指导性规定。同时，该法案还对国土、运输和海事部(MLTM)、铁路运营公司和基础设施管理部门、设备管理者的责任做出了具体规定。航空和铁路事故调查法于 2008 年 2 月 29 日修正,规定通过创建航空和铁路事故调查委员会来实施铁路事故的调查,并制定调查工作程序。该法案还对国土、运输、和海事局(MLTM)、航空和铁路事故调查委员会的职责和义务做了规定。1979 年颁布的关于完善运输安全机构的法案成为大韩民国运输安全局创建的基础。

(2)韩国铁路制度框架及组织机构职能

韩国涉及铁路紧急事故处理的主要机构包括 119 应急服务机构、国家应急管理局(NEMA)、警务部门和韩国国家铁路公司(Korail)。一旦发生紧急事件,距离事发地点最近的 Korail 车站和首尔调度中心将协同应急服务机构(112/119)实施现场救援。Korail 指定现场救援负责单位,该单位负责与应急服务机构的联络和沟通,承担救援行动负责人角色。一旦发生国家级紧急事件或灾害,国家应急管理机构(NEMA)将建立应急中心,协调所有应急行动。韩国的救援和卫生服务人员(消防人员、卫生服务人员、红十字会工作人员等)从全国的 119 中心抽调,警察从全国的 112 中心抽调。Korail 在紧急应对过程中承担着总体协调、保证地区安全、为救援机构和相关方(铁路运营商、乘客和媒体)提供最新信息的职责。图 2-26 表明了韩国铁路各应急机构是如何协同合作的。

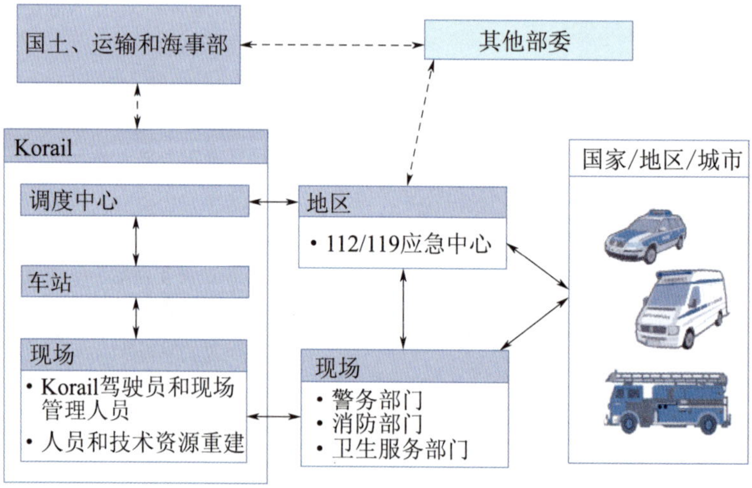

图 2-26 韩国铁路应急管理涉及的机构

Korail 中涉及应急管理的部门是技术部、运输安全办公室和客运业务部。运输安全办公室通过运营中心在应急反应阶段参与合作,管理特殊时刻的运输,保证最大程度的运营,并协调内部和外部应急机构。技术部在此阶段参与运营,保证救援机构能够有效地开展工作。一旦紧急事件得到有效控制,技术部和运输安全办公室将共同努力恢复正常运营。客运业务部负责在紧急事件的各个阶段照顾乘客，并通知家属，如图 2-27 所示。

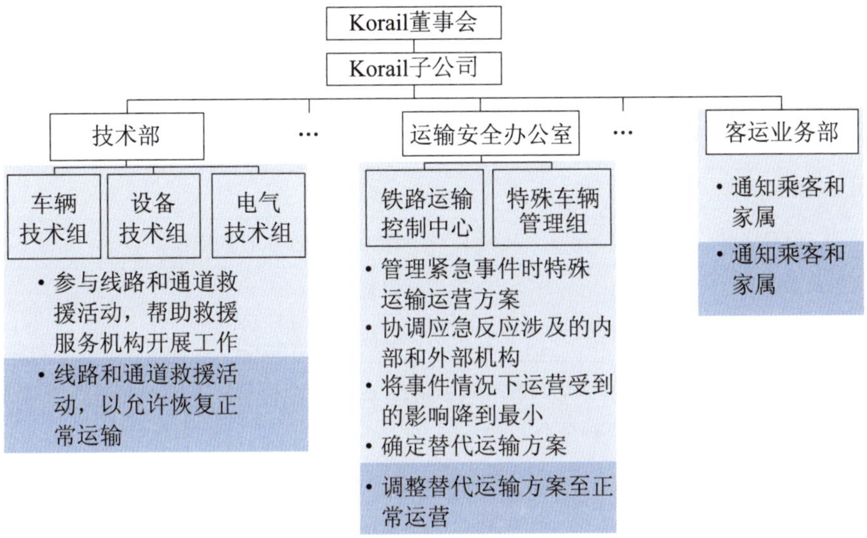

图 2-27 韩国铁路组织机构在应急反应过程中的职能图

(3)韩国应急监管机构

韩国的应急管理工作，由行政安全部(MOPAS)向地方政府提供行政和财务支持，以实现更高的地方自主权，并通过在和平时期开展应急准备培训机制，制定出一项应对自然或人为灾害的“整体方案”来保证社会安全。韩国国家应急管理局(NEMA)于 2004 年 7 月成立，是制定灾害管理政策并运行国家安全管理委员会职能的结构。它的主要职能包括制定用于缓解和预防突发事件的安全管理方案，建立与应急反应有关的事件控制系统(ICS)，以及保证国家灾害和安全对策中心(NDSCH)的有效运行，见表 2-4。

韩国国土、运输和海事部(MLTM)的任务和职责是建设运输和物流网络。在铁路运输方面，MLTM 确定铁路的预算、政策制定、目标制定及安全预案和标准的制定。在应急管理方面，MLTM 颁布法律，保证各部门按照确定的安全承诺进行操作，如公路安全法案、灾害和安全管理法案、火灾法案等。此外，MLTM 还负责监察这些法律是否得到遵守，安全预案中规定的措施是否得到正确实施。航空和铁路事故调查委员会(ARAIB)隶属于 MLTM，负责铁路事故的调查，它还与其他国家性铁路组织紧密合作，发布铁路安全白皮书、建立应急反应初级运输控制中心、建立安全和反恐系统、宣传应急反应。韩国铁道科学研究院(KRRI)根据国家铁路运营特别法案建立，靠韩国国家铁路(KNR)的资助，主要在铁路政策方面向政府提出建议和提供支持，同时对铁路系统和相关部件的性能和质量进行测试、评估和认证，并提出安全建议。

表 2-4 韩国应急监管机构与职能

	监管机构	监管职能
民防	公共管理与安全部	法律监管
	NEMA	国家应急机构
铁路	国土海洋部	法律监管
	MLTM	运营授权
	信息未知	保证运输服务的多样性
	KRRI	安全建议
	ARAIB	事故调查

注:NEMA—韩国国家应急管理局;MLTM—韩国国土、运输和海事部;KRRI—韩国铁道科学研究院;ARAIB—航空和铁路事故调查委员会。

(4)韩国铁路应急控制中心

在韩国出现突发事件时,Korail 通过运营控制中心协调应急反应。以前全国有 5 个 Korail 运输控制中心,现在已经被合并成在首尔的一个运营中心,管理所有 Korail 线路的运输,并与外部应急机构协调应急反应。首尔的运营控制中心,每班有 370 人,保证每周 7 天、每天 24 小时的运输控制和应急反应。

(5)韩国铁路应急预案及突发事件分类

根据韩国 2004 年颁布的《铁路安全法案》,韩国国土海洋部必须每五年制定一部铁路安全应急预案。《铁路安全法案》还针对运营公司对安全规划的实施作出了相应规定,包括应急反应预案的制定,安全检查程序和事故报告程序。铁路安全应急预案由韩国国土海洋部(MLTM)和铁路运营商、铁路基础设施管理机构、韩国铁道科学研究院(KRRI)、韩国运输安全管理局(KOTSA)和民航铁路事故调查委员会(ARAIB)共同合作制定。铁路运营商负责方案的具体实施,为了保证安全应急预案更加行之有效,每年都要对其进行修订,MLTM 负责对预案的实施情况进行监督。安全应急预案的核心内容如图 2-28 所示。

核心内容
- 按照类型、地点和对象对紧急事件进行分类
- 各类紧急事件的情况和级别评定
- 各类紧急事件救援和内部沟通机制的执行程序
- 应急部门的职责划分，支援和协调机制
- 应急地图，包括线路地图、周边交通地图、资源位置、支援机构位置、疏散路径等等
- 培训计划和教材，向政府汇报培训结果的文件
- 与应急机构间的信息交流

图 2-28 韩国应急管理预案核心内容

Korail 根据 KRRI 为使铁路应急管理体系更加有效的建议，提出了以下四个方面的事故分类办法：

级别：撞车、脱轨、火灾等；

类型：撞车类型（头部相撞、尾部相撞、侧面相撞），脱轨类型（列车、车辆），火灾类型（列车、车辆、建筑）；

目标：乘客、货物、危险材料、旅客货物、旅客及危险材料、货物及危险材料等；

地点：车站、桥梁、隧道、平交道口等。

以上针对事件进行的详细分类，每个事件类型都编有相应的编号，应该在制定安全方案时作为参考，同时考虑事件类型和事件的严重程度，KRRI 建议将事件划分为以下级别：

级别Ⅰ：初期反应，目击者、乘客或车站员工可以轻易对事件进行处理（如通过一名乘客或目击者即可熄灭的火灾）；

级别Ⅱ：内部反应，专业铁路公司人员可通过自身专业水平对事件进行处理；

级别Ⅲ：全面反应，需要公共应急部门，如消防队或警察协助对事件进行处理。

KRRI 的事件分类模型建议如图 2-29 所示。

级　别	类　型	目　标	地　点
撞车(C)	1. 头部相撞 2. 尾部相撞 3. 侧面相撞 4. 列车车窗损坏	1. 客车 2. 货车 3. 危险材料运输车 4. 客货运列车 5. 乘客及危险材料运输车 6. 货物及危险材料运输车 7. 其他	1. 车站 2. 一般车站 3. 桥梁 4. 隧道 5. 平交道口 6. 站段
脱轨(D)	1. 列车脱轨 2. 车辆脱轨		
火灾(F)	1. 列车发生火灾 2. 车辆发生火灾 3. 建筑发生火灾 4. 设施发生火灾		
…	1...		
…	1...		

潜在事故：

- 城市地铁：185 起
- 普速线路：407 起
- 高速线路：185 起

实例：

F114：隧道内的客车火灾

图 2-29　KRRI 的事件分类模型建议

(6)韩国铁路应急技术资源配置

Korail 拥有自己的在事故或紧急事件时用于列车、线路和通道救援的技术资源。这些资源是吊车、公路救援车辆、救援列车等。Korail 配备铁路吊车 18 台,平均 189 公里 1 台;公路应急车辆 7 台,平均 485.7 公里 1 台。决定救援技术资源配置地点的标准是运输密度。运输密度越高的地区出现紧急事件的概率也就越大,这些区段要比运输密度较低的区段使用更多的技术资源。

(7)应急管理其他相关能力

韩国铁路应急管理部门建立了完善的教学和培训计划,提供在线应急角色演练及培训系统,用于提高应急管理相关人员在紧急事件发生时的处理能力,全面提高人员相关素质,保证处理人员及时有效地处置突发事件,最大限度地减小突发事故带来的危害。韩国铁路在线演练及培训系统如图 2-30 所示。

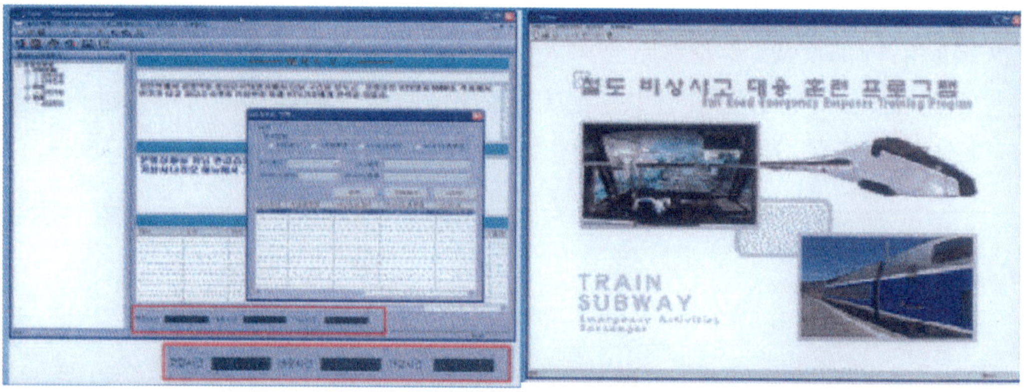

应急角色在线演练系统　　　　职员在线培训系统

图 2-30　Korail 在线应急培训演练

Korail 建设了安全管理系统,主要完成制定铁路安全规划、构筑安全管理系统并改善制度、制定安全教育计划并实施教育、确保安全卫生经营体系、管理铁路安全专业人才、制定并履行防灾管理计划、确保施工现场安全管理、制定并履行工地安全检验计划、调查和分析铁路工程事故并制定对策方案以免重蹈覆辙等功能。为完成以上功能,韩国铁路安全管理系统主要由以下相关分系统组成:

①脆弱地点的红绿灯管理系统:施工现场的危险管理与危险评价,从设计阶段至竣工阶段,通过红绿灯系统统一管理各个阶段的危险。

②实时现场监控系统:由于施工现场复杂、规模大,为了有效地管理施工工程,提高安全管理效率,Korail 建立了实时现场监控系统。通过设置在施工现场的监控摄像机,实时监视施工现场的工程情况,并根据工程规模与施工条件,综

合考虑危险程度、人员伤亡与财产损失、周边受损程度等。

③应急管理系统：Korail 针对铁路施工现场与铁路设施，建立了综合性防灾应急系统，从而可迅速且正确地掌握事故现场的受灾程度，利于决策者在事故初期采取应对方案，并与相关部门建立互助体系，有效实施应急管理。

④构筑现场管理网：通过现场管理网，保证铁路公司与施工工地之间的日常联络，及时通知紧急情况，交换工地所需的安全信息等。

为了保证交通安全和提高效率，韩国国家铁道厅(KNR)采用中央交通控制系统(CTC)管理首尔周围的 6 条线路以及京釜、中央和太白等干线的共 857 公里的铁路线段。所有这些线路都装配有防止列车相撞的自动停车系统。同时，韩国高速铁路更是在此基础上装备了相关的安全设备及系统：

①地震监视系统：从首尔至大邱的铁路线路上共安装地震监视器 21 处共 47 个，地震监视器监测的资料返回到高速铁路调度室的地震监视系统，调度人员根据所返回的资料对列车发出调度命令。

②钢轨温度感应装置：持续监测轨温，防止钢轨过热而发生事故。

③气象监测装置：防范气象恶化导致列车事故；根据风向、风速、降雨量、积雪量等指标，采取限制列车行驶速度等措施。

④维修人员横跨线路保护装置：为了方便维修人员横跨铁路，Korail 在指定地点安装线路横跨保护装置，确认是否将有列车行驶通过，保证维修人员安全横跨铁路。

⑤隧道警报装置：保障维修人员在隧道内部安全工作。

⑥道岔预加热装置：预热道岔，防止冬季下雪、结冰导致线路调换故障。

⑦车底摩擦监测器：在从车辆基地或既有线路进入高速线的地点设置车底摩擦监测器，监测车底非正常出现的拖拉物，以保护高速铁路设施正常工作。

⑧落物监控装置：在横跨线路的高架桥、有可能落石、土石崩溃的地点设置落物监控装置，防止落物掉进高速线路而影响列车安全行驶。

⑨轴温探测装置：每隔 30 公里设置一处轴温探测装置，探测车轴温度以防事故发生，还可以探测行车速度、驾驶方向及车轴数量等。

2.1.5　美国应急管理现状

1. 美国政府应急管理现状

(1)应急管理体系

美国应急管理体系实行联邦政府、州和地方的三级反应机制。美国最高应急管理机构是国土安全部，原负责应急事务的联邦紧急事务管理局(FEMA)于

2003 年并入国土安全部，是其最大的部门之一。国土安全部把全国划分成十个管理区，每个管理区设置紧急事务管理办公室作为其派出机构，主要负责与地方应急机构的联络。各州政府设置应急管理办公室，称为州长紧急事务办公室（OES），官员由州长来任命，在 OES 之下，还有更低层次的管理区和互助区。在非政府层面上，还建立了非政府组织和市民参与的应急管理社会网络。如以社区为单位组织的民间自主教授团体、慈善团体等。

（2）运行机制

美国国土安全部、各州及大型城市的应急管理机构中都设有应急运行调度中心。各个运行调度中心都设有固定场所，为应急工作所涉及的各个部门和单位常设固定的代表席位，配备相应的办公、通讯设施。一旦发生突发事件或进入紧急状态，各有关方面代表迅速集中到应急运行调度中心，进入各自的代表席位，进入工作状态。运行调度中心根据应急工作的需要，实行集中统一指挥协调，联合办公，确保应急工作反应敏捷、运转高效。

（3）法律体系

联邦政府应急管理是以《减灾和紧急救助法》授权，按照《联邦响应计划》部署开展应急管理工作的。《联邦响应计划》是由参加计划的 27 个政府部门机构共同签署，各部门职责和任务在应急计划中得到明确界定。当计划启动时，各有关部门可直接按各自的职能分工采取协调行动，形成协调联运机制。“9.11”之后，又出台了《使用军事力量授权法》、《航空运输安全法》、《国土安全法》等相关法律，形成了一个比较完善的法律保障体系。

（4）信息系统

美国对灾情汇集、灾情研判、救援指挥，及至个人亲友安危等信息作了具体的规定。开发提供各种计算机软件（如网络上可直接下载的预估洪水水位的软件等），评估预测灾变损失，积极运用信息网络等最新科技，研发应急指挥系统实现对应急救援物资、机构、人员等的最有效的指挥和调度。应急指挥系统包括基础数据库维护、应急辅助决策支持、应急指挥调度三个层次。

（5）全民参与

美国政府积极引导个人对灾难的认识，提供基本的应变常识、协助设计家庭应变计划、引导购买合适的保险等。同时，建立完善的捐赠机制，有效汇集救灾资源，对救灾资源有效统筹分配。

2. 美国铁路应急管理现状

（1）美国铁路法律法规体系

美国关于铁路系统应急和安全方面的法律包括了关于民防的规定，以及国家和省市或州铁路法的规定，如图 2-31 所示。

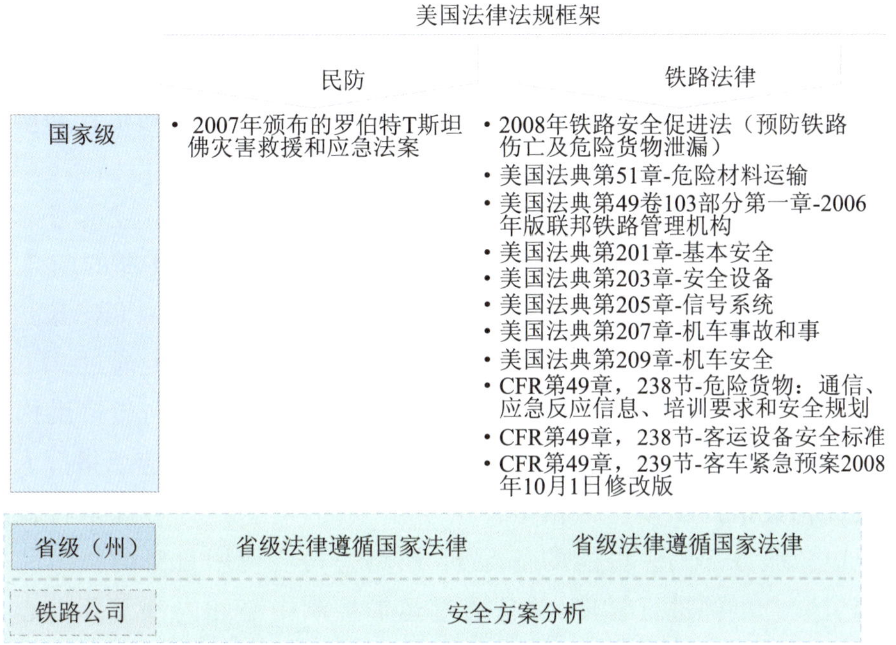

图 2-31　美国铁路应急法律法规体系

美国的民防法框架是以 1988 年颁布、2007 年修订的罗伯特 T. 斯坦佛灾害救援和应急法案为基础的。该法案为联邦政府、地方政府的灾害管理，以及联邦应急管理局（FEMA）的行动和规划提供了基本的法律依据。法案的内容主要包括灾害预防和援助、大灾和紧急救援管理、大灾救助计划、紧急救助计划、应急预案和国家应急管理等。该法案还特别强调了总统、联邦机构、地方政府、FEMA 主管、协调人员、紧急援助和应对小组、地方公司、个人和救援组织的职责和任务，同时对审计和调查、维修、重建、更换毁坏设备、紧急通讯、紧急公共运输、火灾管理援助、提供核心服务、紧急援助计划、联邦紧急援助、国家紧急预案的管理和应对方案、援助实验计划等内容做了规定。

美国铁路法框架是以 2008 年颁布的铁路安全促进法、美国法案和联邦法案中的某些章节为基础的。2008 年 10 月 16 日颁布的铁路安全促进法案规定了预防铁路伤亡和危险货物泄漏的相关内容，该法是联邦政府实现各州法律体系中铁路安全规章制度一体化战略的一部分内容。美国法典第 49 卷第 51 章明确了抵御州内、洲际、国外贸易过程中危险材料运输对生命、财产和环境造成的风险，建立关于铁路高度放射性垃圾和核燃料运输安全的规章制度。美国法典第 49 卷 103 部第一章制定并执行铁路安全规章，管理铁路援助项目，提高铁路安全方面的研究和开发。美国法典第 49 卷第 201 章规定了为提高铁路运营各个领域的安全性，减少铁路事故所能采取的相关措施。美国法典第 49 卷第 203 章规定了关于设备检查、停止等问题，并对其维修进行相关要求。美国法典第 49

卷第 205 章规定了安装、使用、管理控制信号系统的要求。美国法典第 49 卷第 207 章对铁路机车的使用、检查、维修,以及检查和维修报告、事故报告和调查报告做出了规定。美国法典第 49 卷第 209 章对铁路事故/事件的报告和调查提出了基本要求。

(2)美国铁路制度框架及组织机构职能

美国与铁路应急管理相关的主要机构包括州立和各个县郡的应急服务部门、管理机构以及各个铁路公司。美国主要的铁路公司是 AMTRAK。救援和急救部门(消防、医疗部门和红十字会等机构)从地区的层面上通过 911 进行调遣。应急反应时 AMTRAK 的职责是保证区域内安全,并且向救援机构和其他各方(其他铁路运营商、乘客和媒体)提供及时的最新信息,由应急指挥人员在事故现场负责相关指挥工作。根据事件的严重级别,应急指挥可能来自铁路公司或者其他应急服务部门。可能的情况下,铁路公司会使用自身的技术和警务资源在内部对紧急事件进行管理,并且通过运输控制中心和内部警务中心在技术和警务资源之间予以协调。根据事件的严重级别,可能还需要外部救援和医疗服务部门的协助,911 中心也会参与到应急反应阶段。图 2-32 展示了美国铁路应急管理过程中各机构之间的协调机制。

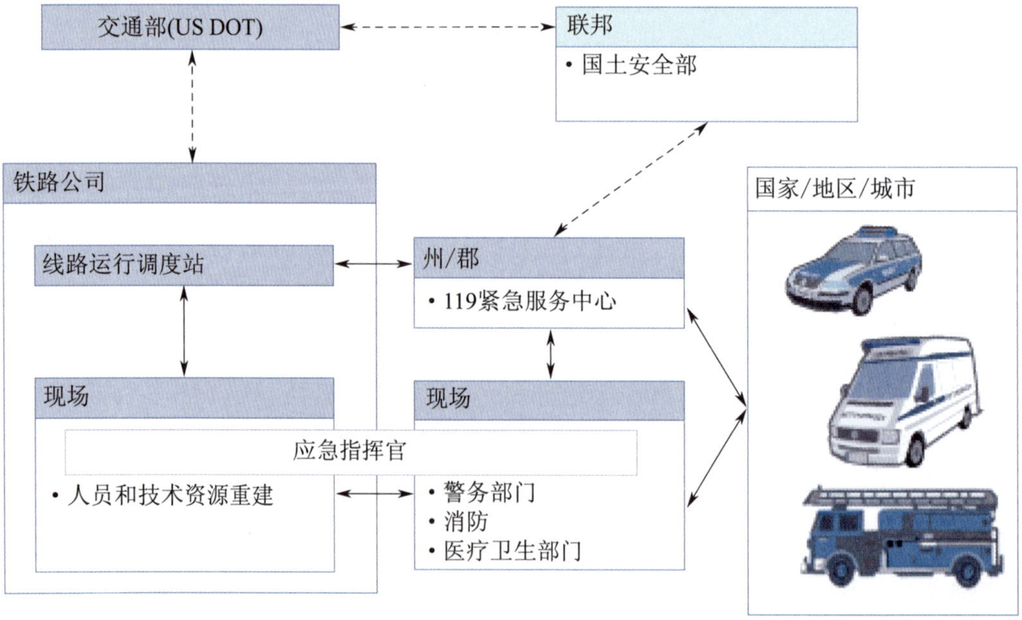

图 2-32 美国铁路应急管理涉及的机构

AMTRAK 的部门中涉及应急管理的是运营部、环境卫生和安全部、维护和公关部,如图 2-33 所示。附属于环境卫生和安全部的安全处在应急准备阶段是直接涉及的部门,它的主要工作是制定 AMTRAK 的应急准备方案,宣传应急反应政策和程序，保证铁路运营的安全环境。运营部在反应阶段通过运营中心参与合作，管理特殊时刻的运输运营，最大程度地保证运营，协调内部机构。这些中心还负责与外部应急和救援服务机构、当局和乘客进行协调。维护部在应急各阶段参与合作，提供外部救援服务机构开展工作可能需要的技术资源。一旦从民防的角度，紧急事件已经得到控制，运营部和维护部一起努力恢复正常运营。公关部负责在紧急事件各个阶段向媒体公布事故相关信息。

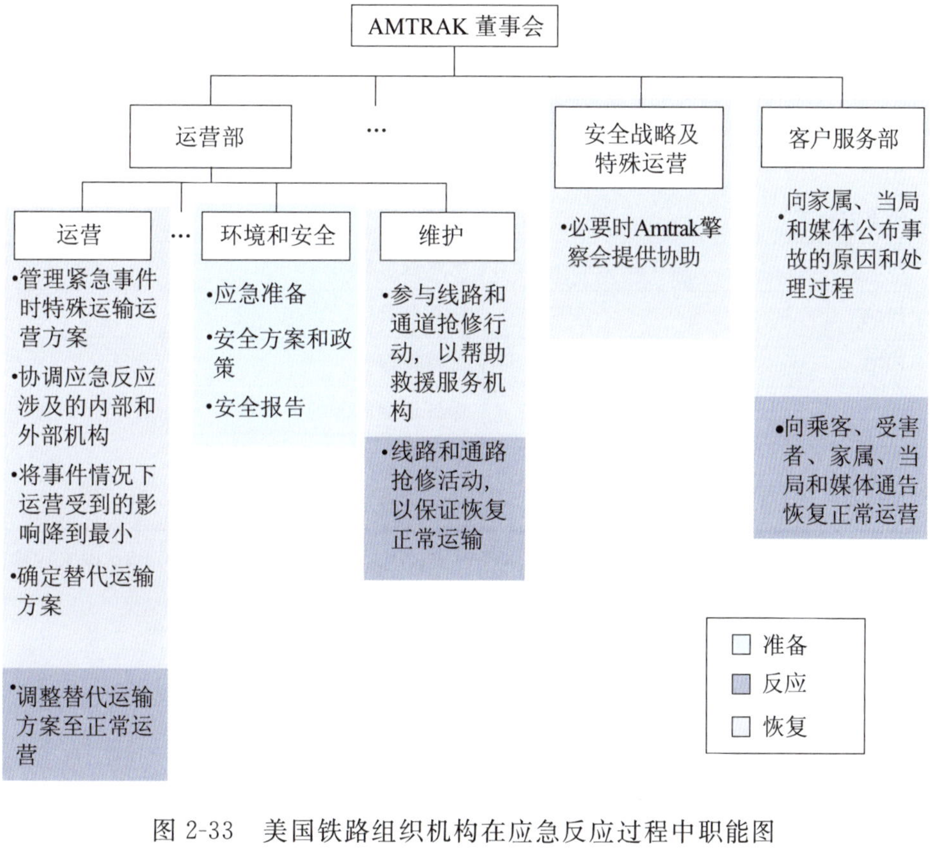

图 2-33　美国铁路组织机构在应急反应过程中职能图

(3)美国应急监管机构

美国于 2001 年 9・11 恐怖袭击之后成立了国土安全部。该部建立的目的是提高国内应急能力，以应对和防止将来的恐怖袭击，并协调联邦政府、各州、地方政府和机构的资源规划，以保护民众远离灾害。联邦应急管理局(FEMA)于 2003 年划归国土安全部管理。FEMA 的职责是应对国家灾害、在事件/事故后管理联邦政府的反应和恢复工作、管理全国洪水保险计划，同时还包括了制定联邦反应方案和计划，建立通信和警报系统，制定应急准备措施，制定培训计划等，如表 2-5 所示。

联邦铁路管理局(FRA)由交通运输部在1966年成立,FRA通过局长和副局长办公室下属的七个部门进行运作。FRA检查员的工作涉及线路、信号和列控、动力和设备、运营实践、灾害物资和公路平交道口安全等。该办公室培训和认证国家安全检查员,以落实联邦铁路的相关安全规定。国家运输安全委员会(NTSB)是一个独立的美国政府调查机构,负责民事运输事故的调查。在调查中,NTSB根据要求调查和报告航空事故和事件、特定类型的公路车祸、船舶或海事事故、管道事件、铁路事故等。北美铁道协会(AAR)的成员包括美国、加拿大和墨西哥的主要货运商,以及AMTRAK。这个组织管理着14万英里(22.5万公里)的铁路网络,并设定新的创新、安全和技术标准。

表2-5 美国应急监管机构与职能

	监管机构	监管职能
民防	国土安全部	法律监管
	FEMA	国家应急机构
铁路	FRA	法律监管
	FRA	运营授权
	无	保证运输服务的多样性
	AAR	安全建议
	NTBS	事故调查

注:FEMA—联邦应急管理局;FRA—联邦铁路管理局;AAR—北美铁道协会;NTBS—国家运输安全委员会。

(4)美国铁路应急控制中心

像法国、日本和韩国一样,美国的主要客运运营商AMTRAK通过自己的运输控制中心协调紧急事件。AMTRAK在全美国有12到20个控制中心和一个警务控制中心,即AMTRAK拥有自己的警察。

(5)美国铁路应急预案及突发事件分类

美国2008年10月出台的239.101联邦规定中的第49号令对应急预案的内容作出了相应规定,规定铁路运营商有义务制定书面的应急管理方案并付诸实施。应急预案的目的是针对紧急事件提出一系列的预备和反应程序,在事件发生时能最大限度地减小影响。应急预案的主要内容如图2-34所示。

美国对突发事件的分类同样主要考虑事件的性质和起因。尽管各铁路公司和各地方市郡制定的突发事件应急方案对紧急事件分类都有各自的标准,但彼此之间依然存在相似性,因为一般也都是遵照事件分类的国家标准。通常事件主要如图2-35所示分类。

核心内容
- 制定通知乘客的流程
- 制定向调度中心通报事件的流程
- 制定培训计划和人员认证
- 与其他铁路公司协调
- 描述安全要素的位置以及特殊情况（如长大隧道或桥）时的应急流程
- 制定与应急机构的合作和协作流程（合作进行培训和仿真，把铁路环境信息告知应急机构，紧急事件时的协调程序
- 描述车载应急设备以及维护和更换程序
- 制定乘客安全意识的计划和活动

图 2-34 美国应急管理预案核心内容

事件	应急预案启动条件
•乘客或员工发生疾病或受伤	• 多人受伤或发生疾病
•车上人员伤亡	• 立即启动
•线路受到侵袭	• 造成乘客员工受伤或者危及乘客员工安全
•脱轨或撞车	• 立即启动
•车站电力故障	• 车站电力故障，危及乘客员工安全
•重要信号系统故障	• 故障无法修复，对列车运营安全带来威胁
•自然灾害/恶劣气候条件	• 立即启动
•恐怖主义/犯罪行为	• 立即启动
•危险材料泄露或扩散	• 立即启动
•火灾和爆炸	• 除非火势已经或易于控制，否则立即启动

图 2-35 美国突发事件类型划分

2.1.6 西班牙应急管理现状

1. 西班牙政府应急管理现状

西班牙位于欧洲西南部伊比利亚半岛。西班牙中部梅塞塔高原属大陆性气候，北部和西北部沿海属海洋性温带气候，南部和东南部属地中海型亚热带气候。西北部较湿润，内陆和东南部较干燥。西班牙地形复杂，既有平原，又有山地和高原。由于西班牙海岸线较长，气候变化复杂，地震、雪灾、洪灾、滑坡和森林大火等自然灾害频发，同时核、化学、放射性物质等的泄漏以及突发重大环境污染、恐怖袭击或暴力行为等不测事件也时有发生。为了有效应对各类突发事件，西班牙政府建立了较完备的紧急救灾体系。

(1)紧急救灾体系

西班牙政府建立了以首都马德里和重要城市巴塞罗那为中心，其他中小城市互相协调合作的紧急救灾体系。同时，在涉及欧洲其他国家的突发事件发生时，西班牙政府与欧洲其他大型城市的应急管理体系联动，及时通报相关信息，达到最大限度地降低突发事件损失。

(2)紧急事务管理中心部署了专业的紧急事件响应系统

西班牙政府在各大城市的紧急事务管理中心都部署了专业的紧急事件响应系统——Intergraph 系统，Intergraph 系统有效协调国内相关应急机构(政府、应急部队、消防、警察、医疗、卫生等)，集成沟通、协调、安全管理与应急响应等多种功能，同时将应急反应过程图形化于该系统中，全面支持管理人员的指挥调度，提高应急管理的效益与效率。

(3)专业应急部队分散驻扎

西班牙政府成立了专业的应急救灾部队，拥有水陆两用飞机、直升机、救生艇、各种车辆、重型工程机械、除雪机、水净化机、防核防化设备以及警犬等先进抗灾和救援装备，这支头戴黄色贝雷帽、身着黑色制服的官兵组成的新型部队，被称为抗灾护民的尖兵。西班牙应急部队成立于 2006 年 4 月，部队分散驻扎在全国 7 个基地，一旦某地发生紧急状况，他们可以就近以最快的速度到达现场，对灾害或事故进行有效处置。

2. 西班牙铁路应急管理现状

(1)西班牙铁路法律法规体系

在西班牙的法律法规框架中，国家政府的权限范围包括民事保护、铁路行业方案和政策的制定，而各省或自治社区(CC. AA.)则分别制定其各自的应急方案或法律，这些方案或法律都以服从国家相关立法为基础。

有关民事保护的第 2/1985 号法律于 1985 年 1 月 21 日生效，它是国家和地方在风险事件、公共灾害或重大灾难中关于人身、物品保护的组织和方案制定方面的“框架文件”。作为一部基本法，它旨在强调民事保护在政府、私有企业和全体民众方面的责任。该法律规定了内政部、国家民事保护委员会和自治社区民事保护委员会的职责责任。1992 年 4 月 24 日的第 407 号《皇家法令》批准了《民事保护基本规定》。该法令对紧急情况(什么时候需要与公共组织进行合作)和民事保护方案(用于人员货物保护的资源流动程序和机制的组织框架)进行了界定。此外，1996 年 3 月 1 日第 387/1996 号《皇家法令》和 2003 年 9 月 19 日第 1196/2003 号《皇家法令》分别对与危险物品有关的地面运输事故风险进行了规定。

西班牙的铁路法律体系囊括了一部国家法，即于 2003 年 11 月 17 日颁布的铁路法，该法颁布的目的在于提高铁路的竞争力，打开铁路的国际运输市场，为乘客提供高质量、安全的客运服务。第 2387/2004 号《皇家法令》主要涉及铁路行业法的内容，包括基础设施、服务和运营等方面。2005 年 9 月 14 日颁布的 2893/2005 条例规定了基础设施部在铁路业界的位置和作用，即当铁路运输发生混乱时，铁路基础设施管理局提出突发事件应对方案以及事故调查方案，但必须经过铁路总理事会的通过。2007 年 6 月 22 日颁布的第 810/2007 号《皇家法令》通过了安全法规，该法规对铁路运输系统的安全问题、事故和实践的调查程序做出了规定，如图 2-36 所示。

西班牙法律法规框架

	民防	铁路法律
国家级	• 1985年1月第2/1985号法律（组织并计划加强风险事件中人身和物品的保护） • 1992年4月第407/1992号皇家法令（地域和专门应急方案的内容和总体标准） • 基本指令：1991年化工行业，1993年森林火灾，1995年洪水，1995年地震（2004年为最后一版），1996年火山 • 1996年3月第387/1996号皇家指令和2003年9月第1196/2003号皇家指令（涉及危险物品和物质的事故）	• 2003年11月第39/2003号法律（发展与管理铁路行业） • 2004年11月第2387/2004号皇家法令（安全规章，事故调查规定、检查方法） • 2005年9月第FOM/2893/2005号法令（铁路行业内的权限部门负责对突发事件方案进行批准） • 2007年6月第810/2007号皇家法令（铁路运输系统的安全和事件与事故调查程序）
省级	只制定安全方案	没有省级安全事务相关法律
铁路公司	安全方案分析	

图 2-36　西班牙铁路应急法律法规体系

(2)西班牙铁路制度框架及组织机构职能

在西班牙，铁路紧急事件涉及的关键机构是西班牙铁路基础设施管理局(Administrador de Infraestructuras Ferroviarias，ADIF)，ADIF 附属于西班牙公共工程和民防部，而后者又附属于国土部。ADIF 负责区域安全并把最新消息通知救援机构、西班牙铁路公共管理公司(Spanish Public Railway Company，RENFE)和其他相关方(其他铁路运营商、旅客和媒体)，民防方面则通过 112 中心管理各种紧急事件。112 中心收到警报后，处理信息并警报其他机构(警察、消防和卫生机构)，西班牙的 112 中心是按照区域部署的。图2-37详细描述了铁路紧急事故发生过程中西班牙各应急机构是如何协调联动的。

ADIF 的部门中涉及应急管理的部门有民防和安全部、基础设施总体运营部、公关和外联部，如图 2-38 所示。基础设施总体运营部在应急反应阶段通过运营部和维护部参与合作，民防和安全部在其安全和应急中心负责与外部应急和救援服务机构、当局和乘客进行协调。一旦从民防的角度，外部救援服务机构已经解决紧急事件，基础设施总体运营部通过其主要部门努力实现正常运营。在应急反应与恢复两个阶段，公关和外联关系部负责向媒体公布事故相关信息。

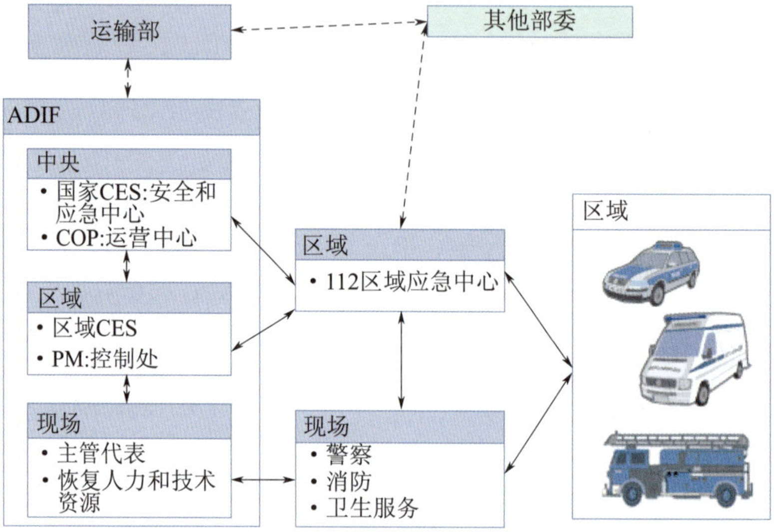

图 2-37 西班牙铁路应急管理涉及的机构

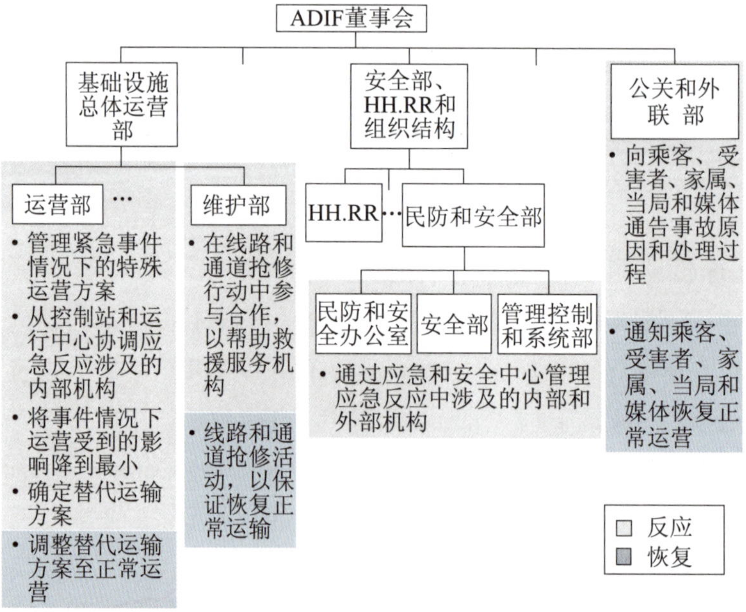

图 2-38 西班牙铁路组织机构在应急反应过程中职能图

(3)西班牙应急监管机构

在西班牙，内务部的民防部门——民防和应急司，通过制定、监督和管理与民防计划、培训和演习相关的任务，在这一领域履行部委职责。同时协调电信和警报系统、风险分析系统、预防性试验项目、消防配套服务、民防机构与政府专门部门、大区（即自治区，CC. AA.）、地方当局以及国家民防委员会之间的关系。

西班牙的公共建设工程部负责整个铁路系统的建设管理工作。铁路监管委员会是铁路部门的监管机构，附属于公共建设工程部基础设施国务秘书处，它以保证铁路服务供给的多样化，解决 ADIF 和其他铁路公司之间关于认证、授权与费用方面的冲突为目标。铁路运输安全咨询委员会隶属于铁路总理事会，为运输规范、安全方法和安全目标项目提出建议。铁路事故调查委员会通过基础设施国务秘书处与公共建设工程部联系，受 RD 810/2007 法令的管制，它以一种透明、公平的方式开展工作，独立于铁路总理事会、ADIF、铁路企业、认证机构和铁路监管委员会之外，对发生在铁路上的事故开展技术调查，并确定每次铁路事故调查的范围和流程，如表 2-6 所示。

表 2-6 西班牙应急监管机构与职能

	监管机构	监管职能
民防	内务部	法律监管
	暂无	国家应急机构
铁路	公共建设工程部	法律监管
	公共建设工程部	运营授权
	铁路监管委员会	保证运输服务的多样性
	铁路运输安全顾问委员会	安全建议
	铁路事故调查委员会	事故调查

(4)西班牙铁路应急控制中心

ADIF 历史性地把全国的路网划分成 6 个区域：北区、东北区、西北区、中区、东区和南区，如图 2-39 所示。运营部有 19 个普速线和 4 个高速线控制站(Puesto de Mando，PM)，分布在这些区域，并在马德里设有一个运营中心(Centro Operativo，COP)。西班牙的应急和安全中心(CES)位于马德里，附属于民防和安全部。正常情况下，CES 进行基础设施的监视工作，当出现紧急事件时，CES 协调应急管理涉及的内部和外部机构，从事件的开始到结束全程记录和监控相关信息。ADIF 的民防和安全部在 5 个分区设有二级保护中心(R-CES)。在每个 CES，每班有 8 名工作人员每周 7 天、每天 24 小时保证运输控制和应急反应。在多数情况下，PM 和 R-CES 是相邻的，这样他们的运营商可以直接沟通，应急和运营人员也可以共享办公地点。

(5)西班牙铁路应急预案及突发事件分类

2003年颁布的《西班牙铁路行业法》规定，铁路基础设施管理机构必须制定应急预案，确定在铁路运输造成干扰或者事故发生时需要采取的措施。制定应急预案的总体目标是向所有相关人员和部门推行一部统一的行动方案，从预防、预见以及纠正的原则出发来处理可能对铁路运输造成干扰的事件，预案核心内容，如图2-40所示。

图2-39　ADIF应急控制中心分布图

核心内容
• 事件反应的通用办法
-事件分类
-现场指定职责
-区域安全保障措施
-内部信息流和事件管理过程中涉及的相关各方的沟通协议（救援机构）
-提供给第三方的信息（运营商、乘客和媒体）
-交通恢复预测
-替代性运输方案
-技术资源的调遣
• 风险地图
• 资源地图（控制中心和线路）
• 分类事件的处理程序和沟通协议

图2-40　ADIF应急管理预案核心内容

ADIF的应急预案是根据事件成因对事件进行分类，这样的分类办法可以针对每类事件分别制定相应的措施。有些时候在事件可以预见的前提下，可以在应急预案中制定一个预应急阶段，在事件发生前说明该阶段应采取的具体措施。ADF 针对事件分类的具体内容如图 2-41 所示。

事件	应急方案启动要求
• 暴雨	• 暴雨（大于每毫秒1.5升） • 列车停止、线路被淹、滑坡、电力中断
• 大风	• 大风（时速大于 41 公里） • 造成接触网缠绕、损坏或通信信号中断
• 暴风雪	• 雪层厚度以4 cm/h的速度递增，能见度低 • 雪层过厚、雪层没过线路、能见度低等造成的停车
• 恐怖主义威胁	• 评估为可能的威胁（已确定的敌对事件）或威胁
• 危险货物	• 任何涉及危险货物的事件（撞车、扩散、火灾、脱轨等）
• 脱轨或撞车	• 列车相撞或脱轨
• 电力中断	• 受电弓损坏、接触网损坏、电力事故中断等
• 火灾	• 线路附近、设施或车辆发生火灾
• 货物泄漏	• 货物泄漏
• 列车轴箱材料受热	• 轴箱之一或者双双温度超限
• 撞击事故	• 涉及人、动物、物体、货物、公路车辆、工具或设备的撞击
• 动力机车出现安全故障	• ASFA系统或控制监控设备出现故障
• 技术原因造成的列车停止时间过长	• 动力故障、拖车故障或者线路中断造成的列车停止
• 线路或设施受到侵袭	• 线路或设施受到侵袭
• 信号设备出现故障	• 信号设备无法正常工作或完全故障

图 2-41 ADIF 突发事件类型划分

(6)西班牙铁路应急资源配置

ADIF 维护部的应急技术资源包括：1 列带有工作区客车厢的事故救援车；21 台中型铁路吊车，12 台大型铁路吊车；130 节电气化货车；83 台公路车辆（包括 4×4 车辆和消防车）；2 台公路吊车。

(7)应急管理其他相关能力

西班牙铁路部门配备了事故处理系统。当一个现场机构向控制站的操作员报告一件事故影响了铁路的正常运营时，操作员对事故进行分级并在事故处理系统（铁路运营信息经理系统，GIFO）中创建一个“事件票据”（TT），这种功能的目的是尽可能地记录从现场得到的信息，并通过系统自身、移动电话或文本信息等方式将信息自动转发给相关的每一个机构。ADIF 中涉及应急管理的部门可以进入这个系统和 Renfe 的 CECON 系统（此工具帮助做出决策），调动资源并采取措施。图 2-42 为 ADIF 的 GIFO 系统界面图。

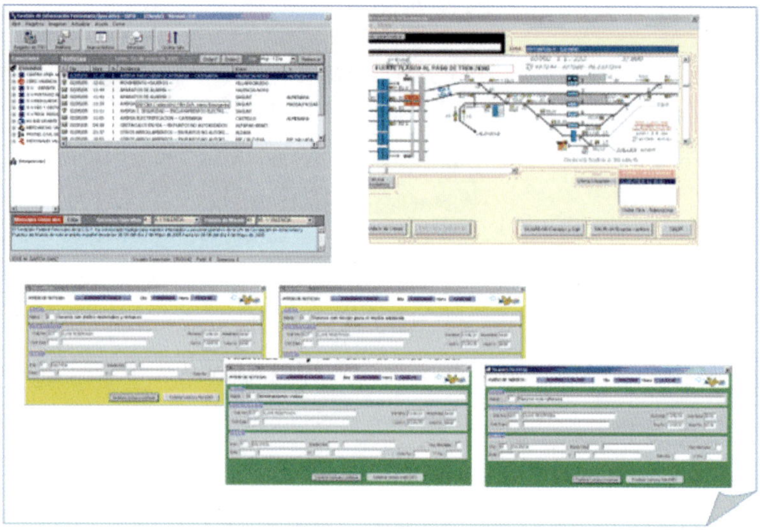

图 2-42　ADIF 的 GIFO 系统

2.1.7　英国应急管理现状

1. 英国政府应急管理现状

英国受其气候因素和地理位置的影响，经常发生大雾、洪灾、风暴、高温、火山爆发和地震等自然灾害。同时，英国的经济发达，拥有国际性大都市，人口稠密，工业化严重，存在着很多燃料危机和技术事故危机。1952 年伦敦发生的城市空气公害之灾，人员及财产损失惨重，引起了英国政府对应急管理的重视。2005 年 7 月，伦敦发生了地铁连环爆炸事件，再次警醒了英国政府对灾害事件的管理和重视。

英国由英格兰、苏格兰和威尔士(以上三个地区又称大不列颠)、大伦敦和北爱尔兰等地区组成。在保持中央集权的情况下，英国实行地方自治，地方政府有较大的自主权。在政府行政管理体制的基础上，英国建立了适合本国国情的应急管理的组织机构体系。

英国在应急管理方面主要实行属地管理原则，绝大多数灾害事件是在没有中央政府的直接参与下由地方政府的应急服务机构来处理的。如果突发灾害事件的规模或复杂程度超过一定限度，需要中央政府进行紧急处置、协调和救援时，英国国内紧急情况委员会将根据灾害类别和规模，指定一个中央部门作为“领导部门”，或由得到授权的行政机构，负责中央政府对突发灾害事件的全面管理，协调各部门的紧急救援行动。

英国的应急组织机构体系分为四级：国家应急决策机构、国家应急协调机构、国家应急管理工作机构和地方应急管理机构。

国家应急决策机构——首相、国内紧急情况委员会：英国首相是中央政府灾害应急管理的最高行政首长，负责统一领导、指挥和协调政府各部门的应急管理活动。英国设有国内紧急情况委员会，作为英国政府防灾救灾的决策议事机构，由各部大臣和有关官员组成，内政大臣任主席。

国家应急协调机构——内阁办公厅以及国内紧急情况秘书处：内阁办公厅是英国政府的中枢机构，在危机管理方面负有收集和评估灾害信息，向公众提供预警信息，进行公众教育等方面的职责。

国家应急管理工作机构——中央政府各部门：英国政府各部分别负责各自职责范围内的防灾救灾工作。在发生灾害时，国内紧急情况委员会将根据灾害类型，确定由哪一个中央部门作为“领导部门”，具体负责协调各部门的紧急救援行动。

英国国家应急组织机构体系见图2-43。

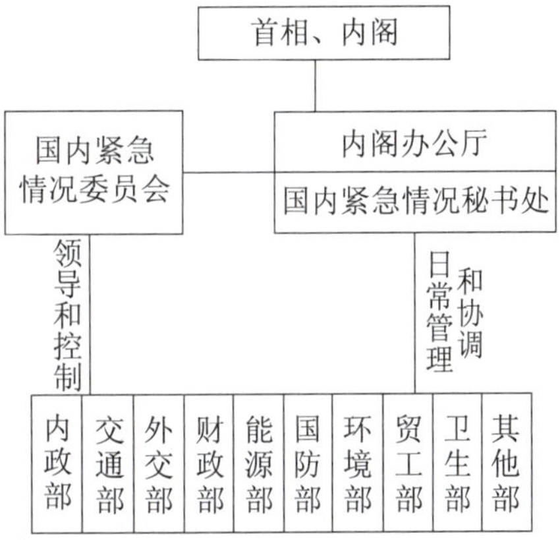

图2-43　英国政府应急组织机构体系

地方应急管理机构：英国地方政府行政首长是本地灾害管理的最高领导人。为了加强应急管理的统一领导、综合协调和相互沟通，地方政府通常设有应急服务联络小组，核心成员包括警察、消防、交通和急救中心等部门的代表，主要职责是面临灾害事件时确保各个相关部门能够密切配合，及时做出反应。

英国在建立防灾救灾应急管理体制、有效应对各种灾害方面有比较丰富的经验。

(1)建立平战结合的应急管理体制

英国的应急管理体制建设比较重视平战结合，充分利用政府组织、人力和设施等已有的资源，开展防灾救灾工作。这样做的好处是，可以避免出现机构设置重叠、职责交叉、资源分散等问题，又可利用已有政府资源来应对各种突发灾害事件。

(2)强调政府的应急能力建设

为了提高政府应急反应的能力，英国根据应急法律、规划和能力建设工程，明确政府部门分工和相互支援的职责，确保应急反应机构能够快速、有效和灵活地处理各种灾害和大范围灾难。该工程是一个应急反应的核心指导框架，通过它可以建立横跨英国所有部门的应急反应系统。英国政府将能力建设分为结构性能力建设、功能性能力建设和基础服务能力建设三个方面。

(3)注重部门间的协调和沟通

英国防灾救灾中在明确政府部门间分工的同时，还建立了综合协调机制，同时，英国还十分重视防灾救灾中的相互沟通，加强部门间的合作。例如，参与应急管理各个部门，包括警署、交警、消防队、急救中心等部门都有独立的电台通信系统，通过国家频道计划规定以“69”和“70”电台频道为现场指挥官之间互相联络沟通的频道，通过无线寻呼、移动通讯等设备为各个应急部门之间提供信息沟通渠道。

2.英国铁路应急管理现状

英国是世界铁路的发祥地，1814 年斯蒂芬森发明了蒸汽机车，1825 年英国开创了世界铁路运输的先河。在 180 多年的发展历程中，英国铁路创造过辉煌的历史，也经历过惨痛的教训。在铁路公司私有、国有、再私有的发展过程中，英国政府对确保铁路安全工作进行了一系列改进，并出台了完善设施、加强监管和善后处理等三大举措，意在将铁路打造成一种更便捷、更高效、更安全的交通运输工具。

(1)完善设施，是确保铁路安全的重要途径。由于历史悠久，英国不少铁路设施比较陈旧。另外，由于时代的进步，公路和航空运输迅猛发展，铁路运输的作用有所下降，对铁路的改造也就相对滞后。但铁路在英国整个运输行业中仍占有很重要的地位。英国铁路 2006 年载客量超过 10 亿人次，占各种运输工具载客总量的 7%。为了进一步加强铁路的功能，英国政府目前正在实行一项耗资 100 亿英镑的计划，着力对全国铁路网进行全面改造。

(2)加强监管，是英国保证铁路安全的重要手段。近年来，英国政府加强了铁路的安全监管，收到了良好效果。目前负责铁路安全的主要有四个监管机构：一是铁路监管局，是铁路行业的一个独立的监管机构，主要负责管理和执行各项铁路安全法规；二是铁路安全与标准委员会，这一铁路部门组建的行业机构，负责改进铁路设施，并执行一系列安全措施；三是交通部铁路事故调查局，有权对任何铁路事故进行调查；四是交通警察局，负责调查恐怖事件和恶意破坏案件。一旦发生事故，首先介入调查的是交通部事故调查局，如果确定为恐怖事件或是恶意破坏案件，那就是刑事案件，由交通警察局负责调查，有时还会考虑是否请求城市警察局提供协助。

(3)善后处理，是多渠道承担理赔责任。铁路每天都要运行，出现事故在所难免，重要的是如何避免和减少事故，发生事故，要妥善处理。英国铁路发生事故之后，首先是进行全面详细的调查，其中必不可少的一项内容是查清事故责任。如果是铁路信号失灵造成的事故，就应由铁路网线公司负责赔偿；如果是由于司机失误造成的事故，则由列车经营公司进行赔偿，等等。另外，由于铁路有关公司都购买了保险，英国人大多数也购买旅行保险，因此，一旦事故发生，尤其是造成人员伤亡的事故，善后的费用多由保险公司承担。这样，无论是铁路公司、受害者家庭，还是政府有关部门，都大大减轻了负担。英国铁路事故善后处理少有无人负责或争执不下的情况，确实有难以决断的案例，最后还可以通过法院裁定。

同时，英国政府当局正在国内的铁路和地铁网络内试验数种不同的安检系统，以提前发现可能的自杀袭击者等各类案例事故。铁路当局在2006年开始在伦敦帕丁顿火车站的希斯罗机场直达特快列车专门站台安装X光仪和可以发现爆炸物以及武器的毫米波检测装置。同时，铁路部门还在测试最新的监视摄像"智能影像识别"系统，这一系统可以自动发现监视摄像镜头中那些行动可疑的人。

2.2 国内铁路突发事件应急管理现状

2.2.1 国内应急管理现状

我国是一个自然灾害、事故灾难等突发事件较多的国家，自从SARS事件之后，突发事件应急管理就成为各级政府特别关注的问题。相继出台了多项关于应急管理的法律、法规、条例及其他相应的文件，建立了多项应急管理制度。国家高度重视建设突发事件应对法制体系，做出了加强应急管理工作的重大决定，并取得了显著成绩。

应急管理的"一案三制"体系是具有中国特色的应急管理体系。"一案"为国家突发公共事件应急预案体系，"三制"为应急管理体制、运行机制和法制。现阶段我国的应急预案体系、应急体制、机制和法制建设逐步加强，不同部门、行业、领域也从各自的特点和角度出发，设计了相应的应急管理系统，并给出了比较具体的预案。到目前为止，我国已经形成了一个应对突发灾难性事件的初步成型的系统，已经形成了一个层次分明、相对全面的应急管理预案体系，国家应对突发公共事件的综合能力明显增强。

为了积极应对日益突出的各类突发事件，国务院和地方人民政府制定了有关自然灾害、事故灾难、公共卫生事件和社会安全事件的应急预案，突发事件应急预案体系初步建立，我国应急救援管理法规体系建设也日趋完善。按照不同的责任主体，我国的应急预案体系设计为国家总体应急预案、专项应急预案、部门应急预案、地方应急预案、企事业单位应急预案5个层次。目前已完成的国家总体应急预案、专项应急预案、部门应急预案的编制，基本覆盖了我国经常发生的突发公共事件的主要方面。

在应急管理体制方面，主要是要建立健全集中统一、坚强有力、政令畅通的指挥机构。国务院是突发公共事件应急管理工作的最高行政领导机构，在国务院总理的领导下，由国务院常务会议和国家相关突发公共事件应急指挥机构负责突发公共事件的应急管理工作，必要时派出国务院工作组指导有关工作。在运行机制方面，主要是建立健全监测预警机制、应急信息报告机制、应急决策和协调机制。我国应急管理法制体系属条、块结合型，中央人民政府、省、市、县、镇(区)人民政府的纵向应急管理与国务院各部、委、地方管理局的横向管理相结合，构成具有中国特色的应急管理法制体系。

同时，我国在应急管理信息系统的建设方面也取得了很大进展，我国在公安、洪灾、地震和海上搜救等专业领域都建立了各自的应急管理信息系统和应急通讯系统，在各领域的应急救援工作中发挥了重要作用。2006 年 7 月，根据《国务院关于实施国家突发公共事件总体应急预案的决定》和《国务院关于印发国家中长期科学和技术发展纲要(2006—2020 年)的通知》的要求，国务院下发了《国家应急平台体系建设指导意见》，为我国各领域全面加强应急平台体系的建设提供了新的指导方案。

第十届全国人民代表大会常务委员会第二十九次会议于 2007 年 8 月 30 日通过《中华人民共和国突发事件应对法》，自 2007 年 11 月 1 日起施行。《中华人民共和国突发事件应对法》分 7 章(总则、预防与应急准备、监测与预警、应急处置与救援、事故恢复与重建、法律责任、附则)共 70 条，是我国事故灾难应急救援管理法规体系的基本立法，至此我国应急系统建设进入了新的阶段。

2.2.2 国内铁路应急管理的现状

1. 铁路三级应急预案体系已经建立

目前，铁道部—铁路局(专业运输公司)—站段(分公司)铁路三级应急预案体系初步建立，对于有效预防和妥善处置各类铁路突发公共事件，最大限度地减少铁路突发公共事件带来的损失和影响，发挥了重要作用。在铁道部层面：按照国务院统一部署，公布实施了《国家处置铁路交通事故应急预案》专项预案和《铁路防洪应急预案》等 9 个部门预案。在铁路局、专业运输公司层面：2006 年以来，各铁路局、专业运输公司共制定了自然灾害、事故灾难、公共卫生事件和群体性事件四个方面的应急预案 327 个。在站段、分公司层面：进一步明确了站段、分公司应急预案的定位、功能及主要内容，全路 600 多个运输站段都制定了总体应急预案。

2. 铁路应急管理法制建设得到加强

制定并公布施行了《铁路交通事故应急救援和调查处理条例》，作为《铁路法》、《铁路运输安全保护条例》的重要补充，铁路运输安全法律法规体系基本完善。修订完善了《铁路交通事故调查处理规则》、《铁路安全监督管理办公室职责规定》、《铁路运输企业领导人员安全生产违法违纪和失职渎职行为问责办法(暂行)》等一系列规章制度，对于依法加强铁路运输安全管理，维护人民生命财产安全，促进和谐铁路建设具有十分重要的意义。

3.应急管理机制和体制不断完善

建立完善铁路应急管理和救援指挥体系。铁道部先后设立了应急管理办公室和应急救援指挥中心，铁路局、专业运输公司设立应急管理办公室，站段、分公司设立了应急办公室，配备专职应急管理人员，形成了比较完善的铁路应急管理和救援指挥体系，有力推动了应急工作的顺利开展。同时，各铁路局健全完善应急管理办公室的工作制度，明确了各级应急管理、应急救援指挥机构的职责，规范了信息报告制度、处置铁路突发公共事件的基本程序，制定了应急值守及相关工作制度，铁路应急管理工作基础得到加强，确保了铁路突发公共事件信息畅通。各铁路局在完善应急管理办公室工作制度的同时，不断完善铁路突发公共事件信息通报制度，认真做好信息的受理、登记和核实，规范信息的报告方式和范围，强化信息的传达和领导批示督办，基本实现铁路系统发生的启动Ⅲ级应急响应以上的突发公共事件在 2 小时内上报到铁道部的要求。

4.铁路突发公共事件预警预测体系建设初具规模

开发应用了铁路突发公共事件预警监测系统，建立了铁路突发公共事件预警监测体系，对预防和减少各类铁路突发公共事件发挥了重要作用。

5.应急救援体系基本完善

与地方医疗机构开展共建，建立了人员救助网络，基本满足了对人员实施有效救助的要求。在 18 个铁路局设置足够的救援列车、救援用起重机，提高救援列车速度，铁路应急救援能力不断提高。加强应急通信系统建设，实现了应急救援指挥中心与事发地的立接语音通信和实时静图传输。加强应急救援物资储备，各铁路局常年储备了一定数量的应急救援物资，并做好应急资金储备，基本满足应急需求。

第三章 铁路突发事件应急预案体系

3.1 铁路突发事件应急预案的结构和内容

为了进一步完善应急管理工作，我国正在建立健全突发事件应急预案体系。现在已经建立的应急预案体系包括国家总体应急预案、国家专项应急预案、国务院部门应急预案和地方应急预案。如图 3-1 所示。

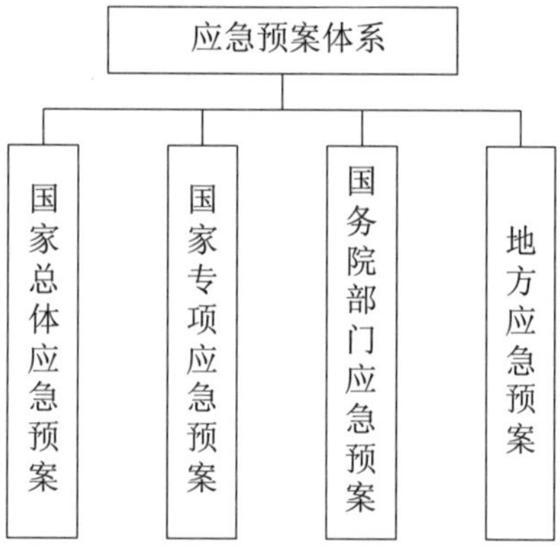

图 3-1　我国应急预案体系

国家总体应急预案是全国应急预案体系的总纲，明确了各类突发事件的分级分类和预案框架体系，规定了国务院应对特别重大突发事件的组织体系、工作机制等内容，是指导预防和处置各类突发事件的规范性文件；专项应急预案，主要是国务院及其有关部门为应对某一类型或某几种类型突发事件而制定的应急预案；部门应急预案是国务院有关部门根据总体应急预案、专项应急预案和部门职责，为应对突发事件而制定的预案；突发事件地方应急预案具体包括：省级人民政府的突发事件总体应急预案、专项应急预案和部门应急预案、各市（地）县（市）人民政府及其基层政权组织的突发事件应急预案。上述预案在省级人民政府的领导下，按照分类管理、分级负责的原则，由地方人民政府及其有关部门分别制定。

《中华人民共和国突发事件应对法》（中华人民共和国主席令第六十九号）规定，国务院制定国家突发事件总体应急预案，组织制定国家突发事件专项应急预案；国务院有关部门根据各自的职责和国务院相关应急预案，制定国家突发事件部门应急预案；地方各级人民政府和县级以上地方各级人民政府有关部门根据有关法律、法规、规章、上级人民政府及其有关部门的应急预案，以及本地区的实际情况，制定相应的突发事件应急预案。

目前，铁道部—铁路局（专业运输公司）—站段（分公司）铁路三级应急预案体系初步建立，对于有效预防和妥善处置各类铁路突发事件、最大限度地减少铁路突发事件带来的损失和影响，发挥了重要作用。现在已经建立的铁路突发事件应急预案体系如图 3-2 所示。

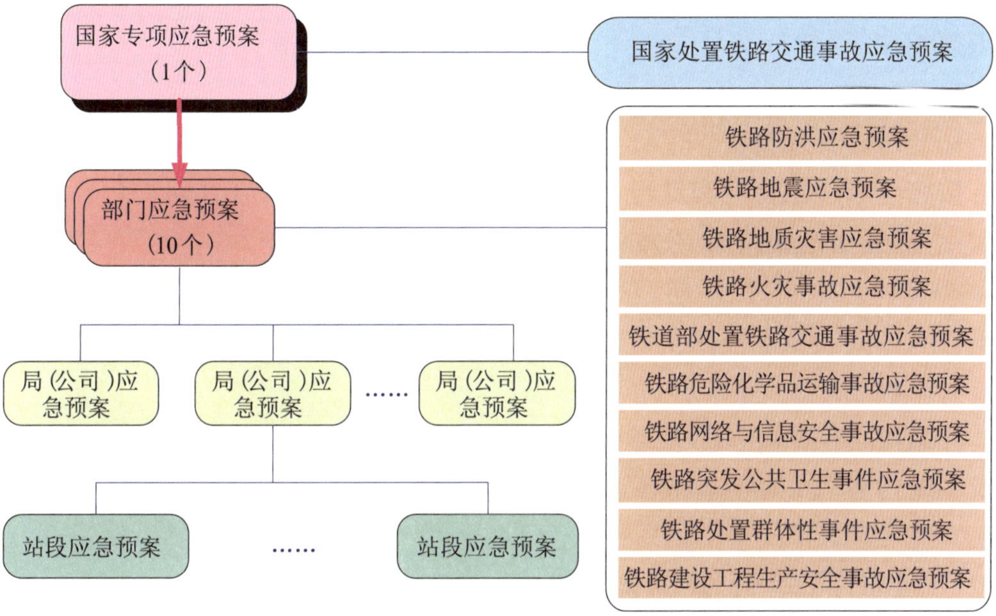

图 3-2　铁路突发事件应急预案体系

1. 国家专项应急预案

国家专项应急预案主要是国务院及其有关部门，为应对某一类型或某几种类型突发事件而制定的应急预案。鉴于铁路在我国国民经济和社会生活中的重要地位，为预防和最大限度地减少铁路行车事故造成的人员伤亡、财产损失和对公共安全的影响，及时有效地处置铁路行车事故，尽快恢复铁路运输的正常秩序，2009 年 1 月，制定了《国家处置铁路交通事故应急预案》。

《国家处置铁路交通事故应急预案》属于国家突发事件应急预案体系中的事故灾难类专项应急预案，该预案明确了国家处置铁路交通事故应急预案体系由本应急预案、铁路其他相关事故灾难应急预案、地方人民政府和各铁路运输企业铁路交通事故应急预案组成。

2. 部门应急预案

部门应急预案是国务院有关部门根据总体应急预案、专项应急预案和部门职责为应对突发事件制定的预案。2005 年正式印发《国家处置铁路行车事故应急预案》，审核批复了铁道部制定的《铁路防洪应急预案》等共九个部门级应急预案。2005 年铁道部正式印发了《铁路防洪应急预案》、《铁路破坏性地震应急预案》、《铁路地质灾害应急预案》、《铁路交通伤亡事故应急预案》、《铁路火灾事故应急预案》、《铁路危险化学品运输事故应急预案》、《铁路网络与信息安全事故应急预案》、《铁路突发公共卫生事件应急预案》、《铁路处置群体性事件应急预案》。2009 年初,《国家处置铁路行车事故应急预案》及《铁路交通伤亡事故应急预案》被废止,实施《国家处置铁路交通事故应急预案》。之后,铁道部编制了《铁道部处置铁路交通事故应急预案》、《铁路建设工程生产安全事故应急预案》。

3. 局(公司)级预案

按照国家应急预案和铁道部应急预案的要求,紧密结合铁路局(公司)的具体实际,研究制定铁路局(公司)的突发事件应急预案。

2006 年以来,各铁路局、专业运输公司共制定自然灾害、事故灾难、公共卫生事件和社会安全事件四个方面的应急预案 327 个。

4. 站段、分公司级预案

在站段、分公司层面,铁道部进一步明确了站段、分公司应急预案的定位、功能及主要内容,2006 年全路各运输站段都制定了总体应急预案。

3.2 铁路应急预案编制

"凡事预则立,不预则废"。不能期望通过管理手段完全避免突发事件的发生,但系统性应急管理准备却能够使企业在遭受突然袭击时减少慌乱,从容应对,从而减少损失。建立健全完善的突发事件预案体系,是有效预防和处置突发事件的有力手段;铁路应急预案的编制和实施是落实实践我国安全生产方针"安全第一、预防为主"的重大举措。

3.2.1 预案的编制与生成

1. 制定应急预案的目的

应急预案是应对灾害的紧急行动方案。制定预案是救灾工作规范化的要求,是提高救灾工作应急反应能力的要求,是整合和发挥各灾害管理部门救灾资源合力作用的要求,是减轻自然灾害损失、建立新的救灾运行机制、提高救灾工作整体水平的要求。

铁路部门制定应急预案的目的是在发生事故时,能以最快的速度发挥最大的功效,有序地实施救援行动,达到尽快控制事态发展,降低事故造成的危害,使任何可能引起的紧急情况不扩大,并尽可能地排除,以减少紧急事件对人、财产和环境所产生的不利影响或危害。应急预案是应急管理的"纲",一旦有突发事件发生,能根据应急预案,结合实际情况,迅速采取应对措施,不至于出现无应急预案可参照,仓促应对、措手不及的局面。

2. 制定预案的原则

制定应急预案的过程中，应该坚持以下七个原则：

(1)属地为主原则。

(2)统一领导原则。预案是政府的预案，制定的预案应该明确概括政府对救灾工作的领导作用和责任。

(3)层次分明原则。按照政府层次划分，各级政府只做本级政府的预案。救灾预案只到县级。

(4)部门分工负责原则。预案中涉及的有关灾害预防、预警、紧急响应、相关保障、灾后恢复重建等环节，按照机构改革后明确的各部门职能分工划分确认。

(5)综合协调原则。在制定预案过程中，如果涉及工作职能空档，应明确综合协调的职能机构和人员，做到职能间的相互衔接。

(6)宏观要求与实际操作相结合原则。省(自治区、直辖市)级制定预案时要从宏观角度出发总揽全局，囊括主要灾害类型，形成工作总纲。如果必要，可分灾种制定工作预案做为总预案的附件。省级预案一般要根据职能划分，只对下级政府制定的预案提出要求，不对具体操作环节进行规定；地区级、县级预案要在上述原则的基础上，明确针对灾种，体现实际的可操作性。

(7)重点突出原则。救灾应急预案要紧扣民政救灾业务的特点，体现民政救灾工作的特色，突出、细化、落实救灾工作各个环节的相关内容，强调救灾保障手段和资金的落实，如救灾物资的储备、运输、通讯保障等工作。

需要强调的是，应急预案不应该是流于形式的工作文献，而应该是一种文字化的行动，所以要特别注重实战性和可操作性。同时，突发事件应急预案毕竟是在事件发生前制定的，在具体执行中还应当根据实际情况灵活应用。

3. 预案的编制步骤及内容

突发事件应急预案的编制是一项涉及面广、专业性强的工作，是一项复杂的系统工程。同时，预案的编制过程不是一蹴而就的过程，它是一个动态的过程，从成立预案编制小组，到收集相关资料，再经过中间的多个过程，直到预案的实施，要经历一个不断更新、不断完善的过程，图 3-3 详细地描述了预案编制的流程。

(1)预案初分类分级。预案的初分类分级是分析将要编制的应急预案所主要针对的事件类型或实施范围，初步确定预案的类别和级别，从而为成立预案编制小组打下基础，能够委派与要编制的预案相关的、各方面专家组成预案编制小组。

(2)成立预案编制小组。领导委派相关专业部门或安监部门承担应急预案的筹建工作，也可直接委派负责筹建预案编制小组的成员。成员在预案的制定和实施过程中或紧急事故处理过程中起着举足轻重的作用。成立预案编制小组是将各有关职能部门、各类专业技术有效结合起来的最佳方式，可有效地保证应急预案的准确性、完整性和实用性。

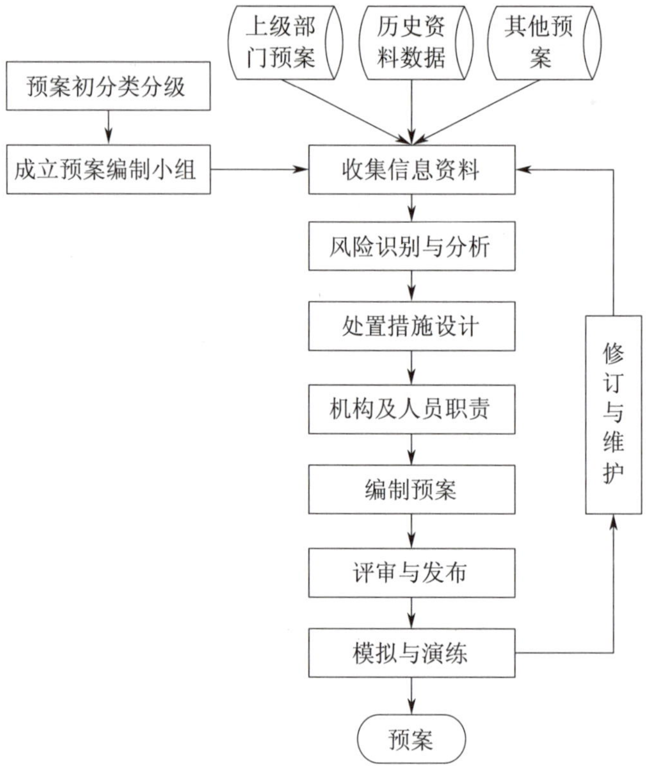

图 3-3　预案编制流程

(3)收集资料信息。收集应急预案编制所需的各种资料,包括相关法律法规、应急预案、技术标准、国内外同行业事故案例分析和本单位技术资料等。

(4)风险识别与分析。风险识别与分析是应急预案编制的基础和关键过程。在识别风险源、分析风险的基础上,确定可能发生的事故类型、影响范围及后果等,并指出事故可能产生的次生、衍生事故,可为编制相应的预案提供有力的参考。

(5)处置措施设计。在风险识别与分析的基础上,确定可能发生的事故,针对可能发生的事故,制定相应的应对措施,保证在发生此类事故时,按照处置措施进行处理,并适当规定特殊情况和条件下的处置方法。

(6)机构及人员职责。在确定处置突发事件的措施后,就可对相关的机构及人员进行合理的分工,保证在处置突发事件的过程中,各机构及部门合理有序地按照相关处置措施进行。同时,明确各机构及人员的职责,也有利于在处理完突发事件后,对人员进行相应的责任追究及奖惩。

(7)编制预案。针对可能发生的事故,结合风险分析,在确定了相关的处置措施及机构、人员职责后,就可以按照相关规定和要求编制应急预案。

(8)评审与发布。为确保预案的科学性、合理性以及与实际情况符合,编制小组及相关管理部门的领导应依据相关法律法规、规章制度和标准组织预案的评审，以保证取得政府有关部门和应急机构的认可。通过评审后的预案就可以试发布，在以后的应用中逐步检验并完善。

(9)模拟与演练。应急预案发布后，应及时组织应急预案的演练，以在实践中发现预案中存在的问题，利于进一步修订和改正存在的问题。

按照如上流程编制出的预案，在应用于实际的突发事件的过程中，还可以不断完善，对于不符合实际情况及可操作性较差的部分内容，还可由预案编制小组进行更改，以达到让预案真正发挥作用的目的。

应急预案是针对可能发生的紧急事件所需的应急准备和应急响应行动而制定的指导性文件，其核心内容应包括预案适用部门或单位的基本情况、应急组织机构及其职责、可能面临的危险类型、应急响应的优先顺序、事故后的恢复及预案的更新及维护等工作。

3.2.2 预案的启动

1.预案启动条件

在预案编制的过程中，应确定合理的启动条件，尽可能做到实际状况对救灾工作的要求与预案启动后工作主动性的有机结合。

预案的启动条件一般是一套综合的量化指标体系。由于预案从逻辑关系上讲是假设(如果)将做什么，或(将可能)做什么的互动关系，因此预案启动条件的确定必须考虑灾害的预测结果和灾情的评估结果，要考虑历史灾情和救灾工作状况，要吸收灾害预测专家、灾情评估专家、灾害救助经验丰富的工作人员等分灾种联合制定，以体现启动条件的科学性。

预案启动条件的另一个重要方面是考虑救灾资源的需求量与完成救灾工作任务间的合理配比。广义上讲，救灾资源包括人力、物力、财力等有形资源和组织领导、社会凝聚力等无形资源。资源的多寡与预案的启动相互联动，在确定预案启动条件时应充分考虑各种资源的部署及分配情况。

一定意义上讲，预案的启动条件就是要对本行政区域内的灾情进行划分，根据地方救灾过程中掌握的灾情尺度予以界定。应该明确，地方确定的启动条件，不是中央是否进行补助的界线。

2.预案启动条件的参考指标

铁路突发事件依据其可能造成的危害程度、波及范围、影响力大小、人员及财产损失等情况，由高到低划分为特别重大(Ⅰ级)、重大(Ⅱ级)、较大(Ⅲ级)、一般(Ⅳ级)四个级别，以Ⅳ级铁路交通事故为例，分别达到以下参考指标即可启动Ⅳ级应急预案：

(1)事故后果已经导致3人以下死亡,或危及10人以下生命安全;

(2)事故后果已经或即将导致30人以下中毒(重伤);

(3)事故直接经济损失为100万～500万元;

(4)铁路繁忙干线运输设备损坏,中断行车,经抢修8小时内无法恢复通车;

(5)铁路局认为有必要启动的Ⅳ级应急响应。

3.不同灾害预案的启动条件

与铁路相关的突发事件种类繁多,不同的灾害,可根据发生的情况确定是否启动相应预案。

洪涝灾害:地方政府可将行政区域内发生洪涝灾害时,灾情已经或明显将超过本行政区域前5年内洪涝灾害的重灾指标做为启动条件,铁路部门根据地方启动洪涝灾害的相关情况,作为铁路洪涝灾害的启动条件。

地震灾害:地震部门预测或已经发生地震,地震应急预案已经启动;或造成社会影响较大的一般破坏性地震或严重破坏性地震已经发生做为启动条件。严重破坏性地震指标:人员死亡200～1 000人。人口在100万以上的大城市或地区发生大于6.5级、小于7.0级地震;或人口在50万～100万的城市或地区发生7.0级以上地震。铁路部门可参考专业地震部门启动相关应急预案的条件,同时启动相应预案。

旱灾:根据气象部门统计,北方连续2个月,南方连续40天,降水少于常年50%以上,蓄水比常年同期减少30%;因灾造成10万以上人口或950万头牲育饮水困难。铁路部门可参考专业气象部门启动相关应急预案的条件,同时启动相应预案。

3.3 铁路应急预案的演练与评估

3.3.1 预案的演练

铁路应急演练是指铁道部、铁路局(公司)、站段及相关部门等(以下统称演练组织单位)组织路内外相关单位及人员,依据有关铁路应急预案,模拟应对铁路突发事件的活动。

演练的基本要求是必须遵守相关法律、法规、标准和应急预案规定;领导重视,科学计划;结合实际、突出重点;周密组织、统一指挥;由浅入深、分步实施;讲究成效、注重质量;原则上应避免惊动公众。

1.预案演练的意义与目的

预案及预案库的三大功能主要是体现在消除隐患、及时出动、动态调整方面,要想真正地发挥其作用,还必须对应急预案进行广泛深入的培训和演练。一方面通过演练可以提高团队技能，即团队成员的个人技能、岗位技能、执行任务的技能，例如决策、沟通、共享意识、领导能力、协作等，从而提高团队效能；另一方面通过演练可以进一步修改完善应急预案的内容，增强其有效性和可操作性。

演练是指按一定程序所开展的救援模拟行为，其目的为：

(1)检验预案。通过开展应急演练，查找应急预案中存在的问题，进而完善应急预案，提高应急预案的实用性和可操作性。

(2)完善准备。通过开展应急演练，检查铁路应对突发事件所需应急队伍、物资、装备、技术等方面的准备情况，发现不足及时予以调整补充，做好应急准备工作。

(3)锻炼队伍。通过开展应急演练，增强演练组织单位、参与单位和人员等对应急预案的熟悉程度，提高其应急处置能力。

(4)磨合机制。通过开展应急演练，进一步明确铁路相关单位和人员的职责任务，理顺路内外应急协调和工作关系，完善应急机制。

(5)科普宣教。通过开展应急演练，普及应急知识，提高铁路职工及公众风险防范意识和自救互救等灾害应对能力。

在应急演练的过程中，应该坚持以下原则：

(1)结合实际、合理定位。紧密结合铁路应急管理工作实际，明确演练目的，根据资源条件确定演练方式和规模。

(2)着眼实战、讲求实效。以提高应急指挥人员的指挥协调能力、应急队伍的实战能力为着眼点。重视对演练效果及组织工作的评估、考核，总结推广好的经验，及时整改存在的问题。

(3)精心组织、确保安全。围绕演练目的，精心策划演练内容，科学设计演练方案，周密组织演练活动，制定并严格遵守有关安全措施，确保演练参与人员及演练装备设施的安全。

(4)统筹规划、厉行节约。统筹规划应急演练活动，适当开展跨路局、跨专业、路内外的综合性演练，充分利用现有资源，努力提高应急演练效益。

2. 预案演练的类型及步骤

(1)按组织形式划分

应急演练可分为桌面演练和实战演练。

①桌面演练。桌面演练是指参演人员利用铁路应急平台及地图、流程图、计算机模拟、视频会议等辅助手段，针对事先假定的演练情景，讨论和推演应急决策及现场处置的过程，从而促进相关人员掌握应急预案中所规定的职责和程序，提高指挥决策和协同配合能力。桌面演练通常在室内完成。

②实战演练。实战演练是指参演人员利用应急处置涉及的系统、设备和物

资,针对事先设置的突发事件情景及其后续的发展情景,通过实际决策、行动和操作,完成真实应急响应的过程,从而检验和提高相关人员的临场组织指挥、队伍调动、应急处置技能和后勤保障等应急能力。实战演练通常要在特定场所完成。

(2)按内容划分

应急演练可分为单项演练和综合演练。

①单项演练。单项演练是由单个业务部门组织的针对应急预案中某一应急响应功能的演练活动。注重针对一个或少数几个参与单位(岗位)的特定环节和功能进行检验。

②综合演练。综合演练是由铁道部、铁路局组织的指涉及应急预案中多项或全部应急响应功能的演练活动。注重对多个环节和功能进行检验,特别是对不同单位之间应急机制和联合应对能力的检验。

(3)按目的与作用划分

应急演练可分为检验性演练、示范性演练和研究性演练。

①检验性演练。检验性演练是指为检验应急预案的可行性、应急准备的充分性、应急机制的协调性及相关人员的应急处置能力而组织的演练。

②示范性演练。示范性演练是指为向观摩人员展示应急能力或提供示范教学,严格按照应急预案规定开展的表演性演练。

③研究性演练。研究性演练是指为研究和解决突发事件应急处置的重点、难点问题,试验新方案、新技术、新装备而组织的演练。

不同类型的演练相互组合,可以形成单项桌面演练、综合桌面演练、单项实战演练、综合实战演练、示范性单项演练、示范性综合演练等。除了以上三种实战式的演练外,还可以借助发达的计算机手段,实现计算机多媒体仿真模拟演练。

演练组织单位要根据实际情况,并依据相关法律法规和应急预案的规定,制定年度应急演练计划,按照“先单项后综合、先桌面后实战、循序渐进、时空有序”等原则,合理规划应急演练的频次、规模、形式、时间、地点等。

3.预案演练的组织机构

演练应在相关预案确定的应急预案领导小组领导下组织开展。演练组织单位要成立由相关单位领导组成的演练领导小组,根据演练规模和实际需要,可设策划组、保障组和评估组等。并可根据需要,成立现场指挥部。

(1)演练领导小组

演练领导小组负责应急演练活动全过程的组织领导,审批决定演练的重大事项。演练领导小组组长一般由演练组织单位或其上级单位的负责人担任;副组长一般由演练组织单位或主要协办单位负责人担任;小组其他成员一般由各演练参与单位相关负责人担任。在演练实施阶段，演练领导小组组长、副组长通常分别担任演练总指挥、副总指挥。

(2)策划组

策划组负责应急演练策划、演练方案设计、演练实施的组织协调、演练评估总结等工作。

(3)保障组

保障组负责调集演练所需物资装备，购置和制作演练模型、道具、场景，准备演练场地，维持演练现场秩序，保障运输车辆，保障人员生活和安全等。

(4)评估组

评估组负责设计演练评估方案和编写演练评估报告，对演练准备、组织、实施及其安全事项等进行全过程、全方位评估，及时向演练领导小组、策划组和保障组提出意见、建议。其成员一般是应急管理专家、具有一定演练评估经验和突发事件应急处置经验的专业人员。

(5)参演队伍和人员

参演队伍包括应急预案规定的有关应急管理部门(单位)工作人员、各类专兼职应急救援队伍以及志愿者队伍等。

参演人员承担具体演练任务，针对模拟事件场景作出应急响应行动。有时也可使用模拟人员替代未来现场参加演练的单位人员，或模拟事故的发生过程，如释放烟雾、模拟泄漏等。

4.演练的动员与培训

为实现演练的目的，演练之前应确定参与演练的相关人员，并对有关人员进行演练动员和培训，确保所有演练参与人员掌握演练规则、演练情景和各自在演练中的任务。所有演练参与人员都要经过应急基本知识、演练基本概念、演练现场规则等方面的培训。对策划人员要进行岗位职责、演练过程控制和管理等方面的培训；对评估人员要进行岗位职责、演练评估方法、工具使用等方面的培训；对参演人员要进行应急预案、应急技能及个体防护装备使用等方面的培训。通过培训可以使所涉及的人员了解一旦发生突发事件，他们应该做什么、能够做什么、如何去做，以及如何协调各应急部门人员的工作等。

培训的范围包括：政府主管部门的培训，社区居民培训，企业全员培训，专业应急人员培训。培训主要以授课的形式开展，具体可以采取讲座、模拟、自学、小组受训和考试等方式。

5.应急演练保障工作

(1)人员保障

演练参与人员一般包括演练领导小组、演练总指挥、总策划、文案人员、控制人员、评估人员、保障人员、参演人员、模拟人员等，有时还会有观摩人员等其他人员。在演练的准备过程中，演练组织单位和参与单位应合理安排工作，保证相关人员参与演练活动的时间；通过组织观摩学习和培训，提高演练人员素质和技能。

(2)经费保障

演练组织单位每年要根据应急演练规划编制应急演练经费预算，纳入该单位的年度财政(财务)预算，并按照演练需要及时拨付经费。对经费使用情况进行监督检查，确保演练经费专款专用、节约高效。

(3)场地保障

根据演练方式和内容，经现场勘察后选择合适的演练场地。桌面演练一般可选择会议室或应急指挥中心等；实战演练应选择与实际情况相似的地点，并根据需要设置指挥部、集结点、接待站、供应站、救护站等设施。演练场地应有足够的空间，良好的交通、生活、卫生和安全条件，尽量避免干扰公众生产生活。

(4)物资和器材保障

根据需要，准备必要的演练材料、物资和器材，制作必要的模型设施等，主要包括：信息材料(主要包括应急预案和演练方案的纸质文本、演示文档、图表、地图、软件等)、物资设备(主要包括救援列车、应急抢险物资、特种装备、办公设备、录音摄像设备、信息显示设备等)、通信器材(主要包括固定电话、移动电话、对讲机、传真机、计算机、无线局域网、视频通信器材和其他配套器材，尽可能使用已有通信器材)、演练情景模拟(搭建必要的模拟场景及装置设施)。

(5)通信保障

应急演练过程中应急指挥机构、总策划、控制人员、参演人员、模拟人员等之间要有及时可靠的信息传递渠道。根据演练需要，可以采用多种公用或专用通信系统，必要时可组建演练专用通信与信息网络，确保演练控制信息的快速传递。

(6)安全保障

演练组织单位要高度重视演练组织与实施全过程的安全保障工作。大型或高风险演练活动要按规定制定专门应急预案，采取预防措施，并对关键部位和环节可能出现的突发事件进行针对性演练。根据需要为演练人员配备个体防护装备，购买商业保险。对可能影响公众生活、易于引起公众误解和恐慌的应急演练，应提前向社会发布公告，告示演练内容、时间、地点和组织单位，并做好应对方案，避免造成负面影响。

演练现场要有必要的安保措施，必要时对演练现场进行封闭或管制，保证演练安全进行。演练出现意外情况时，演练总指挥与其他领导小组成员会商后可提前终止演练。

6.应急演练实施

演练的步骤如下：确定演练日期及参加人员→制定演练目标及方案→确定演练规则→培训相关人员→组织实战演练→记录演练过程→参与演练人员事后会议→通报演练不足→演练总结→讨论不足项补救措施。

(1)演练启动

演练正式启动前一般要举行简短仪式，由演练总指挥宣布演练开始并启动演练活动。

(2)演练执行

①演练指挥与行动

演练总指挥或其授权人员负责演练实施全过程的指挥控制；按照演练方案要求，应急指挥机构指挥各参演队伍和人员，开展对模拟演练事件的应急处置行动，完成各项演练活动；演练控制人员应充分掌握演练方案，熟练发布控制信息，协调参演人员完成各项演练任务；参演人员根据指令，按照演练方案规定的程序开展应急处置行动，完成各项演练活动；模拟人员按照演练方案要求，模拟未参加演练的单位或人员的行动，并作出信息反馈。

②演练过程控制

演练总指挥或授权人员负责按演练方案控制演练过程。

桌面演练过程控制：由总策划按照演练方案发出指令，参演人员接收到事件信息后，通过角色扮演或在应急平台模拟操作，完成应急处置活动。

实战演练过程控制：在实战演练中，总指挥或授权人员按照演练方案发出指令，参演人员和模拟人员接收到指令后，按照发生真实事件时的应急处置程序，或根据应急行动方案，采取相应的应急处置行动。

演练指令可由人工传递，也可以用对讲机、电话、手机、传真机、网络等方式传送，或者通过特定的声音、标志、视频等呈现。演练过程中，控制人员应随时掌握演练进展情况，并向总指挥或授权人员报告演练中出现的各种问题。

③演练解说

在演练实施过程中，演练组织单位可以安排专人对演练过程进行解说。解说内容一般包括演练背景描述、进程讲解、案例介绍、环境渲染等。对于有演练脚本的大型综合性示范演练，可按照脚本中的解说词进行讲解。

④演练记录

演练实施过程中，一般要安排专门人员，采用文字、照片和音像等手段记录演练过程。主要包括演练实际开始与结束时间、演练过程控制情况、各项演练活动中参演人员的表现、意外情况及其处置等内容，尤其要详细记录可能出现的人员“伤亡”(如进入“危险”场所而无安全防护，在规定的时间内不能完成疏散等)及财产“损失”等情况。

照片和音像记录可安排专业人员和宣传人员在不同现场、不同角度进行拍摄，尽可能全方位反映演练实施过程。

⑤演练宣传报道

演练宣传组按照演练宣传方案作好演练宣传报道工作。认真做好信息采集、媒体组织、广播电视节目现场采编和播报等工作，扩大演练的宣传教育效果。对涉密应急演练要做好相关保密工作。

(3)演练结束与终止

演练完毕，演练总指挥宣布演练结束。演练结束后所有人员停止演练活动，按预定方案集合进行现场总结讲评或者组织疏散。保障组负责组织人员对演练场地进行清理和恢复。

演练实施过程中出现下列情况，经演练领导小组决定，由演练总指挥按照事先规定的程序和指令终止演练：

①出现真实突发事件，需要参演人员参与应急处置时，要终止演练，使参演人员迅速回归其工作岗位，履行应急处置职责；

②出现特殊或意外情况，短时间内不能妥善处理或解决时，可提前终止演练。

3.3.2 预案的评估

演练评估是在全面分析演练记录及相关资料的基础上，对比参演人员表现与演练目标要求，对演练活动及其组织过程做出客观评价，并编写演练评估报告的过程。所有应急演练活动都应进行演练评估。

日常的预案研究和编制是战时应急处理的基本保障，而预案的评估又是检验预案有效性的根本保证。预案是由一系列有机结合的措施构成的，每一项措施都是为了某个目标而设计的，因此预案的评估包括单项措施的效果评估和组合措施效果的整体评估两种情况。前者主要是根据所要达到的目标、资源的保障程度、资源调度所需的时间、协调机制来评估该项措施所能取得的效果；而后者则是在逻辑上、时效上所能取得的整体效果。日常可以根据历史上应急处理的效果、专家的经验和判断、计算机模拟、实际演练进行评估；战时还应附加实际处理的效果。

预案评估主要是评估预案的科学性和可操作性，其目的是发现问题，提高预案质量。评估的方法可以采用专家评估的方法，也可以使用前面提到的演练方法。前者只是一种静态的评估方法，只能从现有预案的逻辑结构、应对措施的逻辑顺序、应急资源的配置情况等方面进行评估，显然这种评估并不全面。例如各部门之间的协作配合是否熟练、应急信息的采集和传输是否通畅、信息分析是否有效等方面，无法仅从预案的静态评价中得到结果。通过演练可以发现很多问题，但是由于演练的成本很高，往往难以经常进行，专家评估则可以弥补上述缺陷。显然，预案的评估应将两个方面结合起来，可以起到相互补充的目的，达到较好的评估效果。

预案编制完成后，根据具体突发事件的报警信息及时启动相应的预案，在具体的实施过程中，即根据预案编制具体的行动方案的过程中，还要根据当时的实际情况设计应急行动战术，制定具体采取的救援程序和救援措施。在整个救援过程中，要对灾情、资源以及实施效果进行监测、控制，及时进行信息反馈，从而为下一步决策提供依据。一个完善的信息发布体系应包括以下内容：

建立有效的各级机构信息通报机制；

建立突发事件发生时各方面信息有效传递机制；

组织专门部门和专家进行信息的收集和分析；

及时向上级部门和公众发布信息的收集和分析情况。

根据反馈的信息和评估结果，对预案进行动态调整。突发事件的态势随着时间不断发展和变化，另外在应急响应预案的作用下，突发事件的态势也会发生改变，所以决策者要根据这些变化及时地、动态地调整救援行动方案，用最少的时间和资源，把损失降至最低。

3.4　铁路应急预案的管理与完善

3.4.1　应急预案的管理

就目前的铁路应急救援预案，从铁路网络应急指挥与安全保障的角度来看，需要对涉及各种专业、救援职责的预案进行整合，研究应急条件下，路网大范围区域安全与可靠性保障的措施，形成适用于整体路网应急调度指挥的预案体系。

在灾害发生的情况下，无论是灾害区域或者铁路网络的其他区域都会不同程度地受到影响，应急预案不但要解决事故区域救援的相关问题，还应立足全网，使整体运输效率得以保障。由于铁路路网的动态变化特点，应急预案的整合过程有一定的难度和复杂度，因此需要对预案的分类、属性、结构、关联度等进行深入的分析，建立规范的表达方式和数字化的管理体系。应急预案的管理与完善过程具体包括：

1.应急预案的分类与标准化

按照预案涉及的组织结构、业务部门、管理层次分类；根据突发事件类型、预案属性建立特征性标识；在类型划分及其关联关系分析的基础上，将预案结构和条目形式规格化。

预案管理是应急决策指挥平台的基础组件，是制定应急处置方案、生成决策建议的信息源头。规范化的预案体系能够有效地提高应急处置决策的可行性和效率。具体内容包括：

(1)应急预案的类别划分

轨道交通类应急预案可以根据制定和执行预案的部门和组织管理层次、针对突发事件的类型和事件处理的阶段等多个角度进行分类管理。

按照组织机构、管理层次、专业类型和职责划分进行分类；

根据不同类别实现预案的模块化管理；

建立应急预案结构及条目的标准化，规定预案属性信息，如制定时间、原则、适用范围等条目；划分特定事件的处置措施；将具体措施与岗位职责建立关系，并赋予属性标识等。

(2)预案标准化体系的建立

建立适用于轨道交通各种突发事件的应急预案体系结构，实现预案主体内容的模块化，便于预案的自动化管理。目前，已制定多项铁路应急预案，根据应急预案的性质、用于处理事件的类型、专业部门等划分为各种类型的预案，包括总体预案、具体突发事件的处置预案等，为了使预案形成统一的法规性文件，有必要建立标准化体系。

①内容表述的规范化

主要指预案的内容描述、用语规范，各预案文件中描述的事物、对象及操作名称的一致化，要求对处置操作流程或具体业务操作明确相应的职责岗位、识别处置状况的基本标准，并附有对应的操作要求。对各级信息传递、上报流程采用通用的表达方式，采用统一的岗位名称、信息格式标准等。

②基本条目的固定化

对于预案一般要具备的条目，如编制目的、依据、原则、适用范围以及组织机构职责等作为法规性文件必须包含的内容，按照一定的公文行文要求将这些条目加以固定，形成预案总体模板。除一般性的条目要求外，其他内容可根据具体的预案应对事件设置各自内容。

③层次清晰化

应急预案作为应对突发事件的参照依据，应具有明确的逻辑层次和规范的行文体系。一般的预案应包括概述性内容，如编制目的、适用范围等；专有性内容，如具体应对事件的处置程序；流程说明及操作标准，如信息报送流程、应急响应标准等；附件，如补充说明、相关救援设备图表等。标准化的预案应根据不同的内容划分章节、关联属性，形成清晰的层次，这样使得预案重点突出，易于查找学习，便于应急状态下的快速定位与调用。

(3)预案库的结构化组织

建立应急预案数据库，对预案的内容、属性特征与针对的事件类型建立关联，实现数字化预案的链式管理。将应急预案与其相关的附件、说明文件、多媒体内容建立一对多、多对多的网状关系链，以便在应急处置过程中能够迅速调用所需的内容。

2. 与路网应急保障预案的整合

将路网应急保障相关的措施和管理方法进行归类，并与应急事件的类别和预案的结构层次建立映射关系。一般应急预案是为具体突发事件的处置制定的措施规范，具有与突发事件的特定类型、状态的相对应的特性。基于路网安全保障的预案侧重于保证路网稳定的运行秩序或恢复措施，可能与突发事件有关，也可能不具有直接关系。为了保障路网运行的可靠与稳定，当路网某处，如车站、区间，发生突发事件，并启动应急响应执行突发事件预案时，应同时启动路网应急保障预案。因此，有必要根据对突发事件的性质、破坏程度及影响范围的预判，将铁路突发事件处置预案与路网应急保障预案建立关联，作为具体事件处理时的参考。

3. 数字化预案的建立

根据标准化的预案，以特征属性为索引，实现应急预案的数字化。设计多重组合条件检索预案的方法，为应急状态下预案的快速定位与识别提供保障。同时采用多样化的表达形式，如数字超媒体、案例再现等，促进预案管理的培训与考核，提高应急预案的执行水平。

3.4.2 数字化预案

我国铁路应急管理行政体系已经相对完整，有关的规范、工作流程也已基本形成体系。铁路各相关部门针对那些已经发生或尚未发生但可能发生的故障和突发事件，制定了相关的应急预案。

运用计算机对铁路部门现有法规、运营管理规程以及应急预案进行一体化的电子管理具有十分重要的意义。借助铁路应急预案管理系统可方便地完成预案管理、修改、查询和更新功能，并为员工提供学习和培训的平台。在此基础上还可以实现预案的自动选择，并通过预案的效果仿真来对预案的实施效果进行评价，对预案进行优化。

一般的预案管理系统可实现的基本功能包括 7 项，如图 3-4 所示。

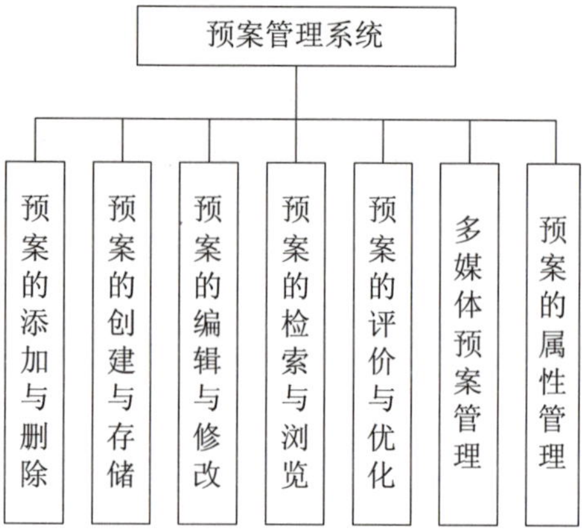

图 3-4　预案管理系统基本功能设置

（1）预案的添加与删除。可完成对系统的预案文件进行添加和删除处理的功能。

（2）预案的创建与存储。创建新预案文件或将现有预案文件导入系统。预案的创建和存储是基于 Windows 操作系统平台和 Microsoft Office 处理软件，以超文本文件的格式来实现的。

（3）预案的编辑与修改。基于 Microsoft Word 文字处理软件进行操作，借助其强大的编辑功能，可方便地对预案进行编辑和修改工作。

（4）预案的检索与浏览。可对系统所有预案进行浏览，并通过关键词进行相关查找；超文本文件丰富的显示功能，实现了预案文件形象化的多媒体显示；运用数据库查询技术，实现了对繁多的预案进行快速和方便的搜索，可实现对预案的分级——分类、分类——分级查找，还可以查找相应的处置流程图。

（5）预案的评价与优化。对已有的预案做相应的系统实战仿真，并利用相应的数学模型进行安全状况的评估，分析评估相应预案的不足，并对不足之处加以修改。同时还可以生成应急预案有关的各种报表，包括预案评估结果、预案优化等报表。

（6）多媒体预案管理。包括对图像、声音、动画、视频等多媒体预案文件或多媒体辅助预案文件进行管理，建立与不同预案内容的链接、属性配置等，方便预案的培训与学习。

（7）预案的属性管理。对预案各项内容建立属性标识，并根据属性对多个预案内容进行关联。预案的属性管理为制定应急处置方案提供保障，通过预案的属性就可对预案进行分解。

预案的分解是指应急预案被分解为一系列的行动序列、状态、流向等元素，行动的结果是状态的转移，预案管理系统提供预案分解的工具，并定义预案规定的流程，可针对突发事件类别和事件地点定义不同的流程，流程的定义使系统的扩展成为可能。

预案分解不仅要考虑预案被分解为一个个可执行和可跟踪的行动和状态，更要注重预案执行时对用户的指导和建议。每一类事件、每一个事件地点、应急过程中每一个特定状态，都可与对应的操作指导参考数据相关联，例如详细操作指导步骤、变化趋势、同类型事件历史记录等，操作者不再需要在众多的信息中进行筛选。分解的预案形成结构化的体系，将作为实现突发事件全过程跟踪和决策支持的信息基础。

第四章 铁路突发事件风险评估体系

4.1 风险评估概述

风险评估是对信息资产面临的威胁、存在的弱点、造成的影响，以及三者综合作用而带来风险的可能性的评估。作为风险管理的基础，风险评估是组织确定信息安全需求的一个重要途径，属于组织信息安全管理体系策划的过程。

风险评估是研究风险发生规律和风险控制的一门技术，它主要通过对评估对象中存在的各种风险加以识别，分析风险发生的概率、造成的后果、风险水平及其影响，最后提出规避风险的对策和措施，对风险实施有效的控制和管理，以便以最小的成本获取最大的安全保障。风险评估是决策过程的一部分，对风险评估和处理本身也包括了决策的过程。

风险评估的主要任务包括：

1. 识别组织面临的各种风险；
2. 评估风险概率和可能带来的负面影响；
3. 确定组织承受风险的能力；
4. 确定风险消减和控制的优先等级；
5. 推荐风险消减对策。

在风险评估过程中，有几个关键的问题需要考虑：

1. 确定保护的对象（或者资产）是什么，它的直接和间接价值如何。
2. 资产面临哪些潜在威胁，导致威胁的问题所在，威胁发生的可能性有多大。
3. 资产中存在哪些弱点可能会被威胁所利用，利用的难易程度又如何。
4. 一旦威胁事件发生，组织会遭受怎样的损失或者面临怎样的负面影响。
5. 组织应该采取怎样的安全措施才能将风险带来的损失降低到最低程度。

解决以上问题的过程，就是风险评估的过程。

4.2 风险评估流程及方法

4.2.1 突发事件风险评估的必要性

风险是一种主观预期与未来实际背离而产生变异的结果。任何风险的产生和突发都必须经过一个生成、潜移、演化和作用的过程。在这个过程中，风险是积累各方面的因素，再经过相互间的影响和作用而最终爆发，并形成不同程度的破坏。面对突发事件的变幻莫测，对风险进行科学的管理以应对灾害风险的挑战就变得尤为重要。

风险管理是消除和防范各类突发事件发生的根本，是一种管理策略，能够在更基础的层面实现管理的优化，提高管理的水平，更能从应急管理的基础层面避免损失的产生。风险管理是突发公共事件应急管理的"关口再前移"。

预防突发事件发生是对突发事件最好的管理，建立突发事件风险评估机制，可以把危机消灭在萌芽状态，及时发现危机，发出警报，在第一时间预防预控突发事件是成本最小，收益最大的突发事件管理形式。

突发事件风险评估提供了对突发事件风险事件进行量化排序的简单方法，是突发事件风险管理的基本方法。风险评估可以有效地防范突发事件的发生并为未来可能发生的突发事件应急管理的资源分配提供依据。

铁路安全风险事件受到许多不确定性因素的影响，任何一种风险事件的发生，都可能产生不可预期的影响。铁路突发事件风险评估是预防铁路突发事件发生的重要手段，是做好铁路安全保障工作的基础。开展铁路突发事件风险评估的研究是一项具有开创性、示范性和引领性的工作。铁路突发事件风险评估必将推动铁路安全管理的基础性工作并且提高铁路应急管理的能力，将对增强铁路安全风险预测预警能力以及安全风险承受与控制能力起到至关重要的作用。

4.2.2　风险评估流程

风险评估是指通过识别和分析风险发生的概率和可能产生的后果，确定风险级别并决定哪些风险需要控制以及如何控制的过程。风险评估分为六个步骤，分别是计划和准备、风险分析、风险可能性评估、风险后果评估、风险等级划分以及风险控制的措施与建议。

1.计划和准备。确定风险评估的范围、对象以及风险评估的目的和原则。

2.风险分析。风险源识别以及风险承受与控制能力分析，查找潜在风险及其产生原因，为后面的工作奠定基础。

3.风险可能性评估。通过对现实风险源情况、受影响对象的风险承受能力、风险管理方对风险的控制能力等要素的综合分析，确定突发公共事件发生的可能性。风险可能性评估受风险本身性质的影响，与风险承受能力成反比，与风险控制能力成反比。风险可能性评估应综合考虑这三个因素。

4.风险后果评估。确定风险后果等级对于提出相应的应对措施，制定必要的应对预案具有重要的参考价值。风险后果评估工作是否全面、准确、客观,直接影响对风险等级判断的准确性。风险后果也同样受风险源性质、风险承受能力、控制能力等要素的综合影响。风险后果首先受风险本身性质的影响,同时与风险承受能力成反比,与风险控制能力成反比。

5. 风险等级划分。在风险可能性分析与后果分析的基础上,划分风险等级。通过风险分级,确定相关指标体系,明确哪些风险需要控制,哪些风险可以接受,并确定风险管理的优先级。

6. 风险控制的措施与建议。根据风险分析结果,研究在期望值意义上的最佳管理方案,提出相应的措施与建议,最大限度地降低风险事件可能带来的危害。

4.2.3 风险评估方法

4.2.3.1 问卷调查法

1. 问卷调查法的含义

问卷调查法是研究者通过事先设计好的问题来获取有关信息和资料的一种方法。研究者以书面形式给出一系列与研究目的有关的问题,让被调查者做出回答,通过对问题答案的回收、整理、分析,获取有关信息。

问卷调查的方法最初由英国的高尔顿创立。高尔顿受其表兄达尔文进化论的影响,决心研究人类的遗传变异问题,遂于 1882 年在英国伦敦设立人类学测验实验室。研究需要搜集反映人类学生理特征和心理特征的大量数据,但高尔顿觉得一一访问调查相当费时费钱,于是就把需要调查的问题都印成卷面寄发出去,没有想到取得了重大的成功。因此,这种方法就流传到世界各个国家。

2. 问卷调查法的特点

(1)问卷调查法的优点

①高效

问卷调查之所以被广泛使用,最大的优点是它的简便易行,经济节省。问卷调查可以节省人力、物力、经费和时间,无需调查人员逐人或逐户地收集资料,可采用团体方式进行,也可通过邮寄发出问卷,有的还直接在报刊上登出问卷,这对调查双方来说都省时省力,可以在很短时间内同时调查很多人,因此,问卷调查具有很高的效率。问卷资料适于计算机处理,也节省了分析的时间与费用。

②客观

问卷调查一般不要求调查对象在问卷上署名。采用报刊和邮寄方式进行问卷调查,更增加了其匿名性,它有利于调查对象无所顾忌地表达自己的真实情况和想法。特别是当问卷内容涉及一些较为敏感的问题和个人隐私问题时,在非匿名状态下，调查对象往往不愿意表达自己的真实情况和想法，因此匿名状态下的问卷调查更具客观性。

③统一

问卷调查对所有的被调查者都以同一种问卷的提问、回答的形式和内容进行询问，这样，有利于对某种社会同质性被调查者的平均趋势与一般情况比较分析，又可以对某种社会异质性的被调查者的情况进行比较分析。

④广泛

问卷不受人数限制，调查的人数可以较多，因而问卷调查涉及的范围较大。为了便于调查对象对调查内容方便容易地做出回答，往往在设计方面给出回答的可能范围，由调查对象作选择。这种对“回答”的预先分类有利于从量的方面把握所研究的教育现象的特征。同时，问卷调查有利于对调查资料进行定量分析和研究。由于问卷调查大多是使用封闭型回答方式进行调查，因此，在资料的搜集整理过程中，可以对答案进行编码，并输入计算机，以进行定量处理和分析。

(2)问卷调查法的局限

①缺乏弹性

问卷中大部分问题的答案由问卷设计者预先划定了有限的范围，缺乏弹性，这使得调查对象的作答受到限制，从而可能遗漏一些更为深层、细致的信息。特别是对于一些较为复杂的问题，靠简单的填答难以获得研究所需要的丰富材料。问卷对设计要求比较高，如果在设计上出现问题，调查一旦进行便无法补救。

②容易误解

问卷发放后由调查对象自由作答，调查者为了避免引起调查对象的顾虑，不当场检查被调查者的填答方式是否正确或是否有遗漏，这就不可避免地出现一些被调查者漏答、错答或回避回答一些问题的现象。

③回收率低

问卷的回收率和有效率比较低。在问卷调查中，问卷的回收率和有效率必须保证有一定的比率，否则会影响到调查资料的代表性和价值。邮寄发出问卷的寄还，靠调查对象的自觉和自愿，没有任何约束，所以往往回收率不高，这就对样本所要求的数量造成一定的影响。

3.问卷调查法的适用范围

问卷调查法有上述的优势和局限，所以，它有自身所适用的范围。由于问卷调查法使用的是书面问卷，问卷的回答有赖于调查对象的阅读理解水平，它要求被调查者首先要能看懂调查问卷，能理解问题的含义，懂得填答问卷的方法，而在现实生活中，并不是所有的人都能达到这样的文化程度，因此它只适用于有一定文化水平的调查对象。

从被调查的内容看，问卷调查法适用于对现时问题的调查；从被调查的样本看，适用于较大样本的调查；从调查的过程看，适用于较短时期的调查；从被调查对象所在的地域看，在城市中比在农村中适用，在大城市比在小城市适用；从被调查对象的文化程度看，适用于初中以上文化程度的对象。

4.问卷调查法的步骤

(1)明确调查目的

①从目的出发

在进行问卷调查的过程中，调查目的是首先要考虑的问题，调查目的是问卷设计的灵魂，是问卷调查的出发点和中心，它决定着调查的一切方面，如调查对象的选择、调查范围的确定、调查内容的设计、调查结果的分析，因此，在进行问卷调查的开始阶段，首先应该明确调查目的。

②估计可能的阻碍因素

③问卷应该注意的相关问题

一是用调查目的作为中心作总体构思。首先要考虑调查目的，明确了调查目的，就可以对问卷调查的其他诸多问题进行构思。二是从调查内容出发，考虑要向被调查者调查的问卷难易度、熟悉度和兴趣度，如果对被调查者来说是较难回答的问题，或者是不熟悉的问题以及可能不太感兴趣的问题，问卷的设计就应该更加谨慎，应该设法降低难度，增加熟悉度和兴趣度，指导语应当更为详尽和周密，措辞也应该更加慎重。三是注意调查样本的构成情况，也就是考虑被调查者的情况。被调查者的身份、职业、文化程度、年龄、性别等因素，都是设计问卷时应当考虑的。最后，设计问卷时还应该考虑到资料处理分析方法和问卷的使用方法等因素。因为，不同的资料处理和分析的方法，对问卷的设计有不同的要求。如果忽视这个因素，有时会影响调查结果的处理，严重的还会使调查任务无法完成。

(2)确定问卷的内容

一般来说，问卷调查常常用于了解个人态度或具体行为等方面的问题。为了了解不同群体对问题的态度和选择，在制作问卷时，都会在问卷中安排"个人基本情况"这一部分内容。因此，问卷的主体常常由三部分组成，也就是个人基本资料(事实问题)、行为问题以及态度问题。

(3)编制问卷

①初步拟定问卷的题目

确定问题是问卷设计的关键。在对调查目的和内容有了比较清楚的了解后，就可以确定问卷的提纲，然后设计问卷初稿，比较规范的做法是采用卡片法或框图法。

②问卷题目数量的控制

为了使调查问卷能够顺利进行，问卷题目的数量应该有一个大致的范围。只有这样，才能既完成调查任务，又不使被调查者由于题目太多而产生厌烦心理。一般来讲，一份问卷的题目应该控制在70题以内。如果问题较难回答，要考虑相应减少题目的数量。

③回答问卷时间的控制

回答问卷时间的控制也同问卷题目数量的控制一样的道理。一般来讲，让被调查者完成一份问卷的时间大约在30分钟左右。如果时间太短，调查的内容和范围往往受到局限；如果时间太长，被调查者往往会产生厌烦心理以致影响问卷调查的效果。

(4)问卷的试用与修改

①问卷的试用

设计好的问卷，一般要经过反复多次的修改才能完成初稿。由于问卷调查一旦进行，发现错误就无法弥补，所以设计好问卷初稿以后还必须经过试用和修改这两个环节，才能用于正式调查。试用是将问卷初稿打印若干份(具体份数视调查样本决定，一般是30～100份)，也就是在正式调查的总体中抽取一个小样本进行试探性调查，以便了解问题是否全面、清楚，问卷内容和形式是否正确，填答是否完整，是否能满足调查的要求，问卷的编码、录入、汇总过程是否准确等。还有一种检验初稿的方法是将设计好的问卷(一般3～10份)，分别送给有关专家、研究人员以及典型的被调查者，请他们检查和分析问卷初稿，并根据他们的经验和认识对问卷进行评价，提出存在的问题和修改意见。如果试用的问卷回收率低于60%，说明问卷设计中有较大的问题；如果填答的内容错误多，答非所问，要仔细检查问题的用语是否正确、清晰，含义是否明确具体；如果填答方式错误较多，要检查问题形式是否过于复杂或指导语不明确等；如果是问卷中某几个问题普遍未做回答，要仔细检查分析原因，然后加以改进。

②问卷的修改

根据试用情况，或有关专家、研究人员提出的修改意见，求出问卷的信度和效度，对问卷进行修订，如果必要可再进行试用，直至完全符合要求，最终定稿，按调查样本数量付印。

(5)问卷的发放与回收

问卷调查的质量不仅取决于问卷的设计，也取决于问卷从发放到回收各个环节的工作。

①问卷的发放

问卷发放时必须关注两个问题：一是要有利于提高问卷的填答质量，二是要有利于提高问卷的回收率。送发问卷可以由调查者本人亲自到现场发放问卷，也可以委托其他人发放问卷，两者各有优缺点。委托其他人出面发放问卷会比较方便，但是如果调查者能亲自到场发放，则能亲自作解释，这对于提高问卷的填写质量和回收率是有好处的。因此，只要调查者有时间，应尽可能亲自到场发放问卷并指导问卷的填写，如果要委托他人发放，则一定要委托负责的组织或个人，决不能草率从事。另外，不管是调查者本人到场发放问卷还是委托他人发放，都必须征得有关组织的同意，取得他们的支持与配合，这是送发问卷调查能否取得成功的一个重要条件。

②问卷的回收

问卷回收时要当场粗略地检查填写的质量，主要检查是否有漏填和明显的错误，以便能及时纠正，保证问卷有较高的有效率。因为问卷收回去后再发现问题就无法更正了。无效问卷一多，就会影响调查质量。这项工作最好由调查者本人亲自在场指导，或者必须向委托人提出明确的要求。根据统计，报刊投递问卷的回收率约为10％～20％；邮寄问卷的回收率约为30％～60％；送发问卷的回收率约为80％～90％；访问问卷的回收率可达100％。问卷的回收率是影响问卷质量的一个关键问题，回收率很低会影响调查的结果。根据有关专家研究测定，成功的问卷回收率应达到70％以上，而50％的回收率是送发问卷调查的最低要求，如果回收率不到50％，那么该问卷调查已失败，此调查就应终止。

4.2.3.2　专家调查法

1.专家调查法的含义

专家调查法就是根据经过调查得到的情况，凭借专家的知识和经验，直接或经过简单的推算，对研究对象进行综合分析研究，寻求其特性和发展规律，并进行预测的一种方法。在使用这种方法时。通过调查了解研究对象和有关事物的历史与现状以及它们之间的相互关系，是做出准确分析和预测的基础。

专家调查法在科技、经济和社会发展各领域中有广泛的应用。这类方法的最大优点是简便直观，无需建立繁琐的数学模型，而且在缺乏足够统计数据和没有类似历史事件可借鉴的情况下，也能对研究对象的未知或未来的状态做出有效的预测。

2.专家调查法的用途

归纳起来，专家调查法主要有以下五个方面的用途：

(1)对达到某一目标的条件、途径、手段及它们的相对重要程度做出估计；

(2)对未来事件实现的时间做出概率估计；

(3)对某一方案(技术、产品等)在总体方案(技术、产品等)中所占的最佳比重做出概率估计；

(4)对研究对象的动向和在未来某个时间所能达到的状况、性能等做出估计；

(5)对某一方案(技术、产品等)做出评价,或对若干个备选方案(技术、产品等)评价出相对名次,选出最优者。

3. 专家调查法的特点

(1)匿名性

为了消除专家会议调查法中专家易受权威、会议气氛和潮流等因素影响的缺陷,专家调查法采用匿名征询的方式征求专家意见。受邀参加预测的专家之间互不见面和联系,可以不受任何干扰独立地对调查表所提问题发表自己的意见,或者参考前一轮的预测结果修改自己的意见。由于采取匿名的方式,专家们根本不必担心这会有损于自己的威望。

(2)反馈性

由于采用匿名的方式,受邀专家之间互不见面和联系,因此,仅靠一轮调查,专家意见往往比较分散,且不能相互启发,共同提高。为了克服这一缺陷,经典的专家调查法要进行四轮的征询专家意见。组织者对每一轮的专家意见(包括有关专家提供的论证依据和资料)进行汇总整理和统计分析,并在下一轮征询中将这些材料匿名反馈给每位受邀专家,以便专家们在预测时参考。由于除第一轮外,专家们都能在每一轮预测过程中了解到上一轮征询的汇总情况以及其他专家的意见,因此可进行比较分析,相互启迪,使预测结果的准确度大大提高。

(3)统计性

为了科学地综合专家们的预测意见和定量地表示预测的结果,专家调查法采用统计方法对专家意见进行处理,其结果往往以概率的形式出现。这些结果既可反映专家意见的集中程度,又可反映专家意见的离散程度。为了便于对专家意见进行统计处理,调查表设计时一般采用表格化、符号化、数字化的设计方法。

除了上述特点外,调查人员通常采用函询的方式征求专家意见,因而比较容易通过控制调查面使受邀专家具有代表性。此外,专家也有充分的时间思考和进行调查研究,以保证专家意见充分、可靠。

4. 专家调查法的步骤

(1) 成立预测领导小组

这个小组的主要任务是对预测工作进行组织和指导,包括明确预测目标;选择参加预测的专家;编制调查表进行反馈调查;对各轮回收的专家意见进行汇总整理、统计分析与预测;编写和提交预测报告。该小组的成员主要由信息分析与预测人员构成。

(2) 明确预测目标

专家调查法的预测目标通常是在实践中涌现出来的大家普遍关心且意见分歧较大的课题。此阶段的主要任务是选择和规划预测课题、明确预测项目。

(3) 选择参加预测的专家

专家的任务是对预测课题提出正确的意见和有价值的判断。专家的选择是否恰当直接关系到专家调查法应用的成败。

(4) 编制调查表

调查表是获取专家意见的工具,是进行信息分析与预测的基础。调查表设计的好坏,直接关系到预测的效果。在制表前,设计人员应对课题及其相关背景情况进行调查,以保证提问的针对性和有效性。

(5) 进行反馈调查和专家意见的汇总整理、统计分析与预测

经典的专家调查法一般包含以下 4 轮的征询调查,且在调查过程中包含着轮间反馈。

第一轮调查:发给专家的调查表不带任何限制条件,只提出要预测的问题。专家可以各种形式回答有关提问,提出应预测的事件。组织者要对回收的调查表进行汇总整理,归并相同的事件、剔除次要的、分散的事件,并用准确的术语制定出事件一览表。该表可在第二轮调查时作为调查表反馈给专家。

第二轮调查:请专家对第一轮提出的各种事件发生的时间、空间、规模大小等做出具体的预测,并说明理由。组织者要对这一轮回收的调查表进行汇总整理,统计出专家总体意见的概率分布。

第三轮调查:将第二轮的统计结果连同据此修订了的调查表再发给专家,请专家再次做出具体预测,并充分陈述理由。组织者同样要对这一轮回收的调查表进行汇总整理、统计分析与预测,以备作第四轮的反馈材料。

第四轮调查:将第三轮的统计结果连同据此修订了的调查表再发给专家,请专家再次做出具体预测,并在必要时作出详细、充分的论证。在第四轮调查结束后,组织者依然要将回收的调查表进行汇总整理、统计分析与预测,并寻找出收敛程度较高的专家意见。

上述 4 轮调查不是简单的重复,而是一种螺旋上升的过程。每循环和反馈一次,专家都吸收了新的信息,并对预测对象有了更深刻、更全面的认识,预测结果的精确性也逐轮提高。

一般来说,专家调查法经过四轮调查就可以较好地使专家意见收敛。

(6)编写和提交预测报告

专家意见收敛后,组织者应将最终的统计分析与预测结果进行进一步的加工,形成正式的预测报告,并通过适当的信息传递渠道将其提交给用户。

4.2.3.3　事件树分析法

事件树是将铁路应急指挥所要应对的事件进行归类，并建立事件和该事件对铁路系统产生影响内容之间的关系。从而发现事件可能导致的各种连锁问题和延伸范围，并给出各种可能连锁事件发生的概率。如某某区段列车事故，会使哪些列车受到影响，在事故 5 分钟、10 分钟……范围内哪些车站、线路的作业受到影响，哪些线路的途经列车需要做出调整，哪些运输相关设备在一定时间后会超负荷作业产生隐患等等。

只有建立了事件树才能够以此为基础建立应对各种事件的应急预案，才能够建立应急预案的选取机制。因此建立铁路应急指挥所要应对的事件树结构，并辅以事件树逻辑模型和计算机存储模型，为铁路应急指挥决策支持系统的构建提供科学、标准的基础支撑。事件树的建立逻辑流程如图 4-1 所示。

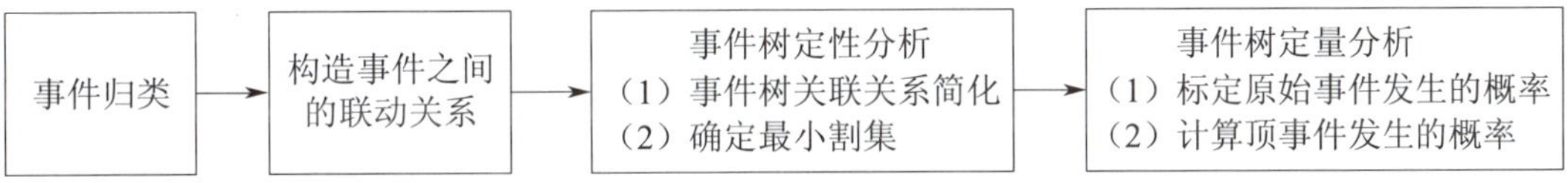

图 4-1　事件树建立逻辑流程

1. 事件树分析法的含义

事件树分析是从一个初始时间开始，按顺序分析事件向前发展中各个环节成功与失败的过程和结果。

一起事故的发生，是许多原因事件相继发生的结果。其中，一些事件的发生是以另一些事件首先发生为条件的，而一事件的出现，又会引起另一些事件的出现。在事件发生顺序上，存在着因果的逻辑关系。事件树分析法是一种时序逻辑的事故分析方法，它以一初始事件为起点，按照事故的发展顺序，分成阶段，一步一步地进行分析，每一事件可能的后续事件只能取完全对立的两种状态（成功或失败、正常或故障、安全与危险等）之一的原则，逐步向结果方面发展，直到达到系统故障或事故为止。所分析的情况用树枝状图表示，故叫事件树。事件树既可以定性的了解整个事件的动态变化过程，又可以定量计算出各阶段的概率，最终了解事故发展过程中各种状态的发生概率。

事件树分析是由决策树演化而来的，最初用于可靠性分析。它的原理是每个系统都是由若干原件组成的，每个原件对规定的功能都存在具有和不具有两种可能。原件具有其规定的功能，表明正常（成功）；不具有规定功能（失败）。按照系统的构成顺序，从初始元件开始，由左向右分析各元件成功与失败两种可能，直到最后一个元件为止。分析的过程用图形表示出来，就得到近似水平的树形图。

通过事件树分析，可以把事故发生发展的过程直观地展现出来，如果在事件(隐患)发展的不同阶段采取恰当的措施阻断其向前发展，就可达到预防事故的目的。

2. 事件树分析法的步骤

(1)确定初始事件

初始事件是事件树中在一定条件下造成事故后果的初始原因事件。它可以是系统故障、设备失败、人员误操作或工艺过程异常等。一般选择分析人员最感兴趣的异常事件作为初始事件。

(2)找出与初始事件有关的环节事件

所谓环节事件就是出现在初始事件后一系列可能造成事故后果的其他原因事件。

(3)画事件树

把初始时间写在最左边，各个环节事件按顺序写在后面。从初始事件画一条水平线到第一环节事件，在水平线末端画垂直线段，垂直线段上端表示成功，下端表示失败；再从垂直线两端分别向右画水平线到下一个环节事件为止。如果某一个环节事件不需要往下分析，则水平线延伸下去，不发生分支，如此便得到事件树。

(4)说明分析结果

在事件树最后面写明由初始事件引起的各种事故结果和后果。

3. 事件树分析法的分类

(1)事件树定性分析

事件树定性分析在绘制事件树的过程中就已进行，绘制事件树必须根据事件的客观条件和事件的特征做出符合科学性的逻辑推理，用与事件有关的技术知识确认事件可能状态，所以在绘制事件树的过程中就已对每一发展过程和事件发展的途径作了可能性的分析。

事件树画好之后的工作，就是找出发生事故的途径和类型以及预防事故的对策。

①找出事故连锁

事件树的各分枝代表初始事件一旦发生后可能的发展途径。其中，最终导致事故的途径即为事故连锁。一般的，导致系统事故的途径有很多，即有很多事故连锁。

事故连锁中包含的初始事件和安全功能故障的后续事件之间具有“逻辑与”的关系，显然，事故连锁越多，系统越危险；事故连锁中事件树越少，系统越危险。

②找出预防事故的途径

事件树中最终达到安全的途径指导管理者如何采取措施预防事故。在达到安全的途径中,发挥安全功能的事件构成事件树的连锁。如果能保证这些安全功能发挥作用,则可以防止事故。一般的,事件树中包含的成功连锁可能有多个,即可以通过若干途径来防止事故发生。显然,成功连锁越多,系统越安全,成功连锁事件数越少,系统越安全。

由于事件树反映了事件之间的时间顺序,所以应该尽可能地从最先发挥功能的安全功能着手。

(2)事件树定量分析

事件树定量分析是指根据每一事件发生概率,计算各种途径的事故发生概率,比较各个途径概率值的大小,确定最易发生事故的途径。一般的,当各事件之间相互统计独立时,其定量分析比较简单。当事件之间相互统计不独立时(如共同原因故障,顺序运行等),则定量分析变得非常复杂。

定量分析要有事件概率数据作为计算的依据,而且事件过程的状态又是多种多样的,一般都因缺少概率数据而不能实现定量分析。

(3)事故预防

事件树分析把事故的发生发展过程表述的清楚而有条理,对设计事故预防方案,制定事故预防措施提供了有力的依据。

从事件树上可以看出,最后的事故是一系列危害和危险的发展结果,如果中断这种发展过程可以避免事故发生。因此,在事故发展过程的各阶段,应采取各种可能措施,控制事件的可能性状态,减少危害状态出现概率,增大安全状态出现概率,把事件发展过程引向安全的发展途径。

采取在事件不同发展阶段阻截事件向危险状态转化的措施,最好在事件发展前期过程实现,从而产生阻截多种事故发生的效果。但有时因为技术经济等原因无法控制,这时就要在事件发展后期过程采取控制措施。显然,要在各条事件发展途径上都采取措施才行。

4.3 铁路突发事件风险评估体系的建立

4.3.1 铁路运输的致灾因素分析

铁路运输系统是一个在时间、空间上分布很广的开放的、动态的系统,铁路运输安全影响因素错综复杂,涉及面很广。根据系统理论创始人贝塔朗菲的观点,系统是相互关联并与环境相互联系的要素的集合。从系统理论的观点出发,与运输安全有关的因素分为 4 类:设备、人、环境以及管理。这种分类有下述特点:

1. 它是从构成生产系统的最基本元素出发,从事故最根本的原因着手,具有普遍的意义。

2. 充分体现安全是一项全员、全要素、全过程的活动。

3. 以管理作为控制、协调手段，协调人、机、环境之间的相互关系，并通过反馈将系统状态的信息反馈给管理系统。

铁路突发事件是一个涉及全社会的复杂现象，是一个由自然系统和人造系统合成的动态现象。在这样一个庞大的人机动态系统中，失误的几率无处不在，要求绝对不出现突发事件是不太现实的。但是，实践证明，防止重大突发事件或减少突发事件所带来的损失是完全可能的。

铁路突发事件的致因由下列 4 大因素组成：

1. 人员——从事和参与铁路运输的人员。包括：机车乘务组人员、各工种的调度人员、车站行车人员以及行车设备的操作、管理、维修人员等；

2. 设备——有关铁路运输的各种设备。包括：线路、站场、机车、车辆、电力、通信、信号以及相关的检测、监控、维修、救援设备等；

3. 环境——铁路运输的外部环境和内部环境。包括：沿线和站场周围的自然环境（如狂风、暴雨、大雾、洪水、地震等）以及铁路工作人员的工作环境（如噪音、振动、温度、湿度、光线等）；

4. 管理——对铁路工作人员、设备、运输组织的管理。包括编制有关运输的规章、制度、条例、细则、方法和行车组织办法等并监督其贯彻执行以及进行铁路运输事故和路内外联防等的组织管理。

上述四大因素相互联系、相互作用、相辅相成，构成铁路运输的致灾机理体系，如图 4-2 所示。

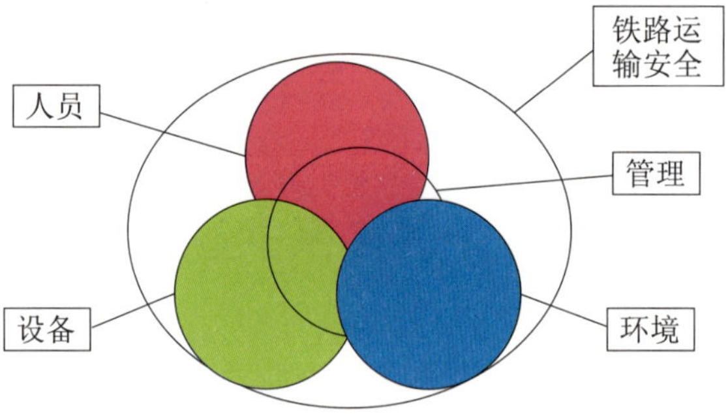

图 4-2　铁路运输安全影响因素图

4.3.2　铁路突发事件风险评估指标体系的构建

4.3.2.1　评估指标体系的构建原则

评价指标的选择应符合一定的原则，这样才能使所选择的指标具有合理性、科学性和客观性，才能全面系统地反映铁路突发事件风险评估的价值。

1. 科学性和可靠性原则

科学性是对任何评价指标体系的基本要求，而且评价指标必须可靠，起实际作用，才能构成评价标准的基础，否则评价标准就失去了意义。铁路运输系统是一个巨大的承灾体，任何一点错误决策都将带来惨重的损失，因此，铁路突发事件风险评价指标体系的指标选取和构建必须具有较高的科学性和可靠性。

2. 全面性与针对性原则

指标体系涉及自然、经济、社会和文化诸多领域，因而应当具有一定的逻辑关系，并能满足较全面的要求。同时应结合铁路运输的特点，采用与之联系最紧密的指标。

3. 可行性与简明性原则

评价指标中的每一项都应有据可查，并易于量化分析。同时，评价指标应与现行统计部门的指标相互衔接，并尽可能保持一致，这样才便于工作、测量和计算。可操作性还表现在决策者可以利用这些简便易行的结果，进一步提高铁路应急救援能力。指标在合理、完整的基础上应尽可能简单，使每一个子系统内的指标都具有代表性，易于获得。

4. 定性与定量相结合原则

定量指标较精确且便于分级和比较，但定量指标对于综合性、关联性反映不足，因此为了做到评价的客观全面，可采用部分定性指标转化为定量指标以获得更高的可信度。

4.3.2.2　铁路突发事件风险评估指标的建立

基于上述铁路运输致灾因素的分析和评估指标的构建原则，借鉴国内外各种研究方法，建立铁路突发事件的风险评估指标体系。由目标层、准则层和指标层组成。目标层是铁路运输风险，准则层是由人的因素、物的因素、环境因素和管理因素四部分组成，指标层由 28 个可能诱发铁路突发事件的指标组成，如表 4-1 所示。

表 4-1　铁路突发事件风险评估指标体系

目标层	准则层	指标层	序号
C 铁路风险 A	人的因素 B_1	思想品质	C_{11}
		技术业务水平	C_{12}
		心理、生理素质	C_{13}
		旅客违规携带“三品”上车频率	C_{14}
		铁路—平交道口机动车驾驶员和行人强行过道次数	C_{15}
		铁路沿线人员对铁路设施的破坏程度	C_{16}
		货主违反货物运输安全规定次数	C_{17}

续上表

目标层	准则层	指标层	序号
C 铁路风险 A	物的因素 B_2	线路	C_{21}
		车站	C_{22}
		信号设备	C_{23}
		机车	C_{24}
		车辆	C_{25}
		通讯设备	C_{26}
		移动信号设备	C_{27}
		安全监控设备	C_{28}
		安全检测设备	C_{29}
		自然灾害预确报防治设备	C_{210}
		其他安全设备	C_{211}
	环境因素 B_3	作业环境	C_{31}
		内部社会环境	C_{32}
		自然环境	C_{33}
		社会环境	C_{34}
	管理因素 B_4	安全组织	C_{41}
		安全法制	C_{42}
		安全信息	C_{43}
		安全技术	C_{44}
		安全教育	C_{45}
		安全资金	C_{46}

4.3.2.3 评估指标的解释

下面将从数据获取与计算角度对指标进行简单解释。指标体系中所涉及的、共计 28 项指标层指标统一解释如下：

C_{11}：指铁路工作人员的责任感、工作态度等方面的思想品德，将其分为五个等级，分别用 5、4、3、2、1 进行赋分。

C_{12}：指铁路工作人员的操作水平、经验、紧急应变等方面的能力，将其分为五个等级，分别用 5、4、3、2、1 进行赋分。

C_{13}：指铁路工作人员的身体健康状况、年龄等因素，将其分为五个等级，分别用 5、4、3、2、1 进行赋分。

C_{14}：指在一定时间内发现旅客携带“三品”的人次/旅客总数。

C_{15}：指在一定时间段内一定范围内出现机动车驾驶员和行人强行过道的

次数。

C_{16}：指沿线铁路设施的破坏程度或是影响铁路安全运输的程度，将其分为五个等级，分别用5、4、3、2、1进行赋分。

C_{17}：指在一定时间段内，发现货主违反货物安全运输规定的次数。

C_{21}～C_{211}：指铁路运输相关设备的状态，通过由相关部门领导、相关专业专家对设备的评估情况进行打分，将其分为五个等级，分别用5、4、3、2、1进行赋分。

C_{31}：指作业场所的温度、湿度、采光、照明、噪声、振动等因素的影响，根据安全作业所需要的环境进行评级，将其分为五个等级，分别用5、4、3、2、1进行赋分。

C_{32}：指运输系统内部的政治、经济、文化、法律等环境，将其分为五个等级，分别用5、4、3、2、1进行赋分。

C_{33}：指自然灾害、季节因素、气候因素、时间因素以及铁路沿线的地形地貌因素，这些因素综合作用后，对铁路安全运输的影响，将其分为五个等级，分别用5、4、3、2、1进行赋分。

C_{34}：指政治环境、经济环境、技术环境、法律环境、管理环境、社会风气等因素的综合，将其分为五个等级，分别用5、4、3、2、1进行赋分。

C_{41}：指安全计划、方针目标和行政管理的制定实施情况，将其分为五个等级，分别用5、4、3、2、1进行赋分。

C_{42}：指运输法规、规章制度和作业标准的制定实施情况，将其分为五个等级，分别用5、4、3、2、1进行赋分。

C_{43}：指指令信息、动态信息和反馈信息的传递收集情况，将其分为五个等级，分别用5、4、3、2、1进行赋分。

C_{44}：指管理方法科学完善程度和技术装备的先进程度，将其分为五个等级，分别用5、4、3、2、1进行赋分。

C_{45}：指职业培训的深度、频次、广度和路外宣传的力度，将其分为五个等级，分别用5、4、3、2、1进行赋分。

C_{46}：指用于安全方面的资金充足情况、资金投向的合理情况以及资金效益情况，将其分为五个等级，分别用5、4、3、2、1进行赋分。

4.3.3　各层指标权重的确定

权重是衡量各项指标和准则层对其目标层贡献程度大小的物理量。多指标建模的过程中，权重分配是一个不可避免的问题。在众多指标评价系统中，权重设计有多种方法，如特尔菲法、经验权数法、数理统计法、模糊统计法和层次分析法（AHP）等，这些方法各有优劣。层次分析法是美国数学家莎迪（T. L. Saaty）

于 1980 年首次提出的一种比较简单可行的决策方法，其主要优点是可以解决多目标的复杂问题。AHP 法也是一种定性与定量相结合的方法，能把定性因素定量化，将人的主观判断用数学表达处理，并能在一定程度上检验和减少主观影响，使评价更趋于科学化。它可以为决策者提供多种决策方法，在定量和定性相结合中根据各个决策方案的标准权重数（徐建华，2002）。考虑到 AHP 法和特尔菲法在定量分析与客观状况吻合方面有较多优越性，本文采取特尔菲法与 AHP 相结合的方法确定各指标权重。

4.3.3.1　AHP 的基本原理和步骤

层次分析法（Analytical Hierarchy Process，简称 AHP 法）由美国运筹学家 T. L. Saaty 于 20 世纪 70 年代中期提出，该方法是对非定量事件做定量分析的一种有效方法。特别是在目标因素结构复杂且缺少必要的数据情况下，需要将决策者的经验判断量化时，该法非常实用。其基本步骤如下：

1. 建立层次结构。通常的模型最简单的结构有顶、中、底 3 层，顶层通常是决策的目标和目的，是唯一的，底层是可供选择的不同方案，中层是评价影响方案好坏的因素。

2. 构造判断矩阵。从层次结构的方案层开始，将隶属于同一指标的各指标之间的相对重要性进行比较，形成判断矩阵。一般地，隶属于指标 A_i 的指标 B_j $(i,j=1,2,\cdots,n)$，其判断矩阵为一个 n 维方阵，如表 4-2 所示。

表 4-2　判断矩阵的一般形式

A	B_1	B_2	…	B_n
B_1	b_{11}	b_{12}	…	b_{1n}
B_2	b_{21}	b_{22}	…	b_{2n}
…	…	…	…	…
B_n	b_{n1}	b_{n2}	…	b_{nn}

表 4-2 中 b_{ij} 表示在隶属于 A_i 的各指标中，指标 i 与指标 j 相比，对于指标 j 的相对重要性程度，一般采用 Saaty 提出的 1～9 比率标度法，如表 4-3 所示。

表 4-3　判断矩阵标度及其含义

标度	含　义	标度	含　义
1	B_i 和 B_j 相比，B_i 和 B_j 同等重要	9	B_i 和 B_j 相比，B_i 比 B_j 极其重要
3	B_i 和 B_j 相比，B_i 比 B_j 稍微重要	倒数	B_i 和 B_j 相比，B_{ji}，与上述说明相反
5	B_i 和 B_j 相比，B_i 比 B_j 明显重要	2,4,6,8	重要程度介于上述奇数之间
7	B_i 和 B_j 相比，B_i 比 B_j 强烈重要		

注：其中 $B_{ji}=1/B_{ij}$

3.求解特征值和特征向量。以上判断矩阵 $\mathbf{A}=(a_{ij})$ 具有如下特征：$a_{ij}=1/a_{ji}(i,j=1,2,\cdots,n)a_{ij}>0,a_{ii}=1$，

$$a_{ij}=\frac{a_{ik}}{a_{jk}}\quad(k=1,2,\cdots,n)\tag{4.1}$$

根据正矩阵理论，该矩阵具有最大特征值 λ_{max}，其他特征值为 0。在 AHP 方法中计算判断矩阵的特征值与特征向量并不需要很高的精度，故用近似计算即可。常用的方法有“乘幂法”、“方根法”、“和积法”三种方法，方根法的步骤如下。

第一步，计算判断矩阵每一行的乘积 M：

$$M_i=a_{i1}\cdot a_{i2}\cdot\cdots\cdot a_{in}\quad(i=1,2,\cdots,n)\tag{4.2}$$

第二步，计算 M_i 的 n 次方根 $\overline{W}_i$：

$$\overline{W}_i=\sqrt[n]{M_i}\tag{4.3}$$

第三步，将方根向量归一化：

$$W_i=\frac{\overline{W}_i}{\sum_{i=1}^{n}\overline{W}_i}\tag{4.4}$$

得近似特征向量 $\boldsymbol{W}=(W_1,W_2,\cdots,W_n)^{\mathrm{T}}$，即为排序权向量。

第四步，计算判断矩阵的最大特征值 λ_{max}：

$$\lambda_{max}=\sum_{i=1}^{n}\frac{(AW)_i}{nW_i}\tag{4.5}$$

式中　$(AW)_i$——向量 AW 的第 i 个元素。

4.一致性检验。由于客观事物的复杂性以及评估人员人事的多样性，人们在对大量因素进行两两比较时，可能会产生一些不一致的结论。为保证得到的权重合理，通常要对每一个判断矩阵进行一致性检验，以观察其是否具有满意的一致性。否则，应该修改判断矩阵，直到满足一致性要求为止。计算公式如下：

$$CR=\frac{\lambda_{max}-n}{(n-1)RI}<0.1\tag{4.6}$$

式中　RI——平均随机一致性指标，其值如表 4-4 所示。

表 4-4　随机一致性指标 *RI*

维数 n	1	2	3	4	5	6	7	8	9	10
RI	0.00	0.00	0.58	0.90	1.12	1.24	1.32	1.41	1.45	1.49

令 $CI=\frac{\lambda_{max}-n}{(n-1)}$。当 $\lambda_{max}=n$ 时，则 $CI=0$，为完全一致；CI 值越大，判断矩

阵的一致性越差。一般只要 $CI\leqslant 0.1$，判断矩阵的一致性就可接受，否则需要重新进行两两比较。

随着维数 n 的增大，判断的一致性将越差。考虑到 n 的影响，引入随机平均一致性指标 RI 作为修正值，用更合理的随机一致性指标 CR 来衡量判断矩阵的一致性。

5. 合成权重的计算。合成权重的计算要自上而下，将单一准则的权重进行合成，并逐层进行，直至计算出最底层中各元素的权重和总的一致性检验，即：

$$W^{(k)}=[W_1^{(k)},W_2^{(k)},\cdots,W_{nk}^{(k)}]^{\mathrm{T}}=p^{(k)}[W_1^{(k-1)},W_2^{(k-1)},\cdots,W_{nk-1}^{(k-1)}]^{\mathrm{T}} \quad (4.7)$$

式中 $W^{(k)}$——第 k 层上 n_k 个元素对于总目标的合成排序权重向量；

$p^{(k)}$——第 k 层上 n_k 个元素对 $k-1$ 层上所有元素为准则的排序权重向量；

$W^{(k-1)}$——第 $k-1$ 层上 n_{k-1} 个元素对于总目标的合成排序权重向量。

4.3.3.2 熵技术修正指标权重

尽管 AHP 法识别问题的系统性很强，可靠性相对较高，但当专家群决策时，容易产生循环而不满足传递性公式，导致标度把握不准和丢失部分信息等问题，解决的途径就是用熵技术进行修正。采用熵技术修正指标权重的具体方法如下所述。

对构造的判断矩阵按下列公式进行归一化处理，其结果表示为 p_{ij}，则：

$$p_{ij}=\frac{a_{ij}}{\sum_{i=1}^{n}a_{ij}} \quad (4.8)$$

计算第 j 项指标的熵值 e_j：

$$e_j=-k\sum_{i=1}^{n}p_{ij}\ln p_{ij} \quad (4.9)$$

式中 $k>0$，ln 为自然对数，$e_j>0$。如果 a_{ij} 对于给定的 j 全部相等，那么：

$$p_{ij}=\frac{a_{ij}}{\sum_{i=1}^{n}a_{ij}}=\frac{1}{n} \quad (4.10)$$

此时 e_j 取最大，即：

$$e_j=-k\sum_{i=1}^{n}\frac{1}{n}\ln\frac{1}{n}=k\ln n \quad (4.11)$$

此时若取 $k=\frac{1}{\ln n}$，则 $e_j=1$，于是可以得出 $0\leqslant e_j\leqslant 1$。

下面计算第 j 项指标的差异系数 g_j。

对于给定的 j，a_{ij} 的差异性越小，则 e_j 越大，当全部相等时，$e_j=e_{\max}=1$，此时对于方案的评价，指标 a_j 毫无作用；相反，当各方案的指标值差异越大时，e_j

越小，该项指标对于方案评价所起的作用越大。据此可以定义差异系数：

$$g_j = 1 - e_j \tag{4.12}$$

定义指标的权重系数 μ_j，公式如下：

$$\mu_j = \frac{g_j}{\sum_{j=1}^{n} g_j} \tag{4.13}$$

利用权重系数 μ_j 修正 AHP 法得出的指标权系数 λ_j 为：

$$\lambda_j = \frac{\mu_j W_j}{\sum_{j=1}^{n} \mu_j W_j} \tag{4.14}$$

4.3.3.3 各层指标权重

通过发送问卷向有关专家咨询打分，并根据以上步骤对铁路突发事件风险评估指标体系中所有的指标赋以权重。同时，为了控制评估质量，面对多位专家提出的不尽相同的权值以及可能出现的专家咨询误差，本文采取下面这 4 个原则进行取舍或平均：专家原则，充分考虑专家意见；当意见分歧较大时，取众数原则；当某一种意见占主导地位时，取中数原则；参照已有的灾害风险评估指标的权重，对第一轮打分结果进行修正。表 4-5 是评估指标体系中准则层权重调查表。

表 4-5 准则层（A—B）重要度比较调查表

重要程度 / 对比意见	两两比对标度				
	同等重要	稍微重要	明显重要	非常重要	绝对重要
人的因素（B_1）[>] 物的因素（B_2）					
人的因素（B_1）[>] 环境因素（B_3）					
人的因素（B_1）[>] 管理因素（B_4）					
物的因素（B_2）[>] 环境因素（B_3）					
物的因素（B_2）[>] 管理因素（B_4）					
环境因素（B_3）[>] 管理因素（B_4）					

同理可设计指标层的重要度比较调查表。

4.3.4 铁路突发事件风险评估模型

在确定了各指标的权重后，对各指标数据的处理是风险评估的一项必不可少的步骤。一般指标数据的处理主要指数据的无量纲化。

4.3.4.1 指标数据的无量纲化处理

通常指标的类型可分为 4 种：最大最优指标、最小最优指标、固定型（固定量）指标和区间型（区间最优）指标，处理方法如下。

最大最优指标

$$z_{ij}=\frac{r_{ij}-r_j^{\min}}{r_j^{\max}-r_j^{\min}}\quad(i=1,2,\cdots,n;\quad j=1,2,\cdots,m)$$

最小最优指标

$$z_{ij}=\frac{r_j^{\max}-r_{ij}}{r_j^{\max}-r_j^{\min}}\quad(i=1,2,\cdots,n;\quad j=1,2,\cdots,m)$$

固定型(固定量)指标

$$z_{ij}=1-\frac{|r_{ij}-r_j^*|}{\max|r_{ij}-r_j^*|}\quad(i=1,2,\cdots,n;\quad j=1,2,\cdots,m)$$

式中　r_j^*——K_j 指标的最佳值。

区间型(区间最优)指标

$$z_{ij}\begin{cases}\dfrac{1-b_{1j}-r_{ij}}{\max\{b_{1j}-r_j^{\min},r_j^{\max}-b_{2j}\}} & (r_{ij}>b_{1j})\\ 1 & r_{ij}\in[b_{1j},b_{2j}]\\ 1-\dfrac{r_{ij}-b_{2j}}{\max\{b_{1j}-r_j^{\min},r_j^{\max}-b_{2j}\}} & (r_{ij}>b_{2j})\end{cases}$$

式中　b_{1j},b_{2j} 为 K_j 指标的最佳值。

4.3.4.2　铁路突发事件风险评估模型

利用线性加权模型以及各指标所确定的风险值,便可以计算出铁路突发事件的发生风险。对于各指标风险值的确定,如果相关数据比较全,则可以按上节介绍的方法进行处理,得到比较客观的风险值;如果数据不全,则可以按照专家赋分法确定风险值,主要依据为前文的风险分析和经典风险理论的评估模型。综合风险可由下式表示:

$$Z=\frac{1}{n}\sum_{i=1}^{m}(w_i\sum_{j=1}^{n}F_{ij})$$

式中　Z——综合风险;

n——参加评估的专家人数;

m——评估指标的个数;

w_i——第 i 项指标的合成权重值;

F_{ij}——第 j 位专家对第 i 项指标赋予的风险值(0 到 100 之间取值)。

根据计算出的风险值,即可参照表 4-6 对风险做出客观的评价,并定出相应的风险等级。

表 4-6　风险分级标准

等级划分	工作状态	风险值
A	特高风险	$80\leqslant Z<100$

续上表

等级划分	工作状态	风险值
B	高风险	$65 \leqslant Z < 80$
C	中等风险	$50 \leqslant Z < 65$
D	低风险	$Z < 50$

综合风险确定后，在采取相应的对策时，还应找出加强的重点，以便有的放矢。显然对每个单一指标，如果风险值较高，那就要在此方面采取相应的措施。另外，按照线性关系，可以计算出每个指标对于增加综合风险的效果，并从大到小排列。

$$\delta_i = w_i \left(100 - \frac{1}{n}\sum_{j=1}^{n} F_{ij}\right)$$

式中 n——参加评估的专家人数；

w_i——第 i 项指标的权重值；

F_{ij}——第 j 位专家对第 i 项指标实际评分值。

上式说明 δ 越大，控制该指标，对削弱整体风险的效果越明显，因此控制该目标是工作中的重点。

4.4 铁路突发事件风险承受与控制能力分析

基于铁路安全风险的特征和性质，通过问卷调查方式进行风险因素的识别与评估以及风险承受与控制能力的调查。问卷覆盖重要铁路站场主要领导及各部门领导，主管安全与应急的部门领导和成员；公安、城管、武警等专业部门的主要领导、各部门领导、关键岗位一线执勤人员、监控人员、应急处置的领导及人员等。调查范围覆盖尽可能多的部门、岗位、人员。同时，通过现场勘查（日常、特殊时期）、走访一线工作人员、借鉴已有的文档资料（重要站场的历史突发公共事件、历届奥运会发生过的突发公共事件，国内外各大城市政治中心突发公共事件等）以及专家的专业知识和工作经验进行风险的识别与评估。

4.4.1 风险承受能力调查

风险是通过作用于客体而产生影响与后果的。客体的风险承受能力不同，风险发生的可能性和产生的后果均有可能变化。风险承受能力分析就是分析受风险影响对象对风险的承受、抵抗能力，包括系统自身承受能力和社会心理承受能力。

针对铁路安全风险源调查的具体要求，制定风险承受能力调查表，见表 4-7。

表 4-7 风险承受能力调查表

风险源	主要影响对象	人员承受能力	系统自身承受能力	社会心理承受能力	综合风险承受能力
旅客滞留	人群、铁路设施、铁路系统、环境				
疫病传播	人群、环境				
火　灾	人群、站场附近建筑、环境				
爆　炸	人群、铁路设施				
暴力劫持	人群				
跳　桥	人群				
上　访	人群、铁路设施				
聚集滋事	人群、铁路设施				
铁路设备设施损坏	人群、铁路设施、铁路系统				

注：人员承受能力、系统自身承受能力、社会心理承受能力按三个等级进行赋值，按强、中、弱分别赋值为 3，2，1。这三种承受能力得分加总得出综合风险承受能力：3～4，评为弱；5～7，评为中；8～9，评为强。

4.4.2 风险控制能力调查

风险控制能力分析是对所有为避免或减少风险发生的可能性及潜在损失的措施及手段进行分析和评估的过程。整理现有控制措施，分析措施的有效性，既是评估风险可能性和后果的基础，也是查找当前工作不足，提出改进措施的重要途径。表 4-8 是铁路突发公共事件风险控制能力分析表。

事件所属类型：自然灾害，事故灾难，公共卫生事件，社会安全事件。

表 4-8 铁路突发公共事件风险控制能力分析表

评估准则	评估指标	风险控制能力
监测预警能力	危害辨识、脆弱性分析、监测、预警	
社会控制能力	法规标准、机构职责、应急预案、宣传教育、培训演练	
公众反应能力	应急意识、应急行为、心理康复	
紧急救援能力	通信报警、指挥协调、抢险抢救、疏散避难、治安交通、评估清理、善后处置、恢复重建	
资源保障能力	应急人员、应急物资、应急装备、灾害保险	

注：风险控制能力按三个等级进行赋值，分别为强、中、弱。

4.5 铁路突发事件的分级评价

4.5.1 风险可能性评估

风险可能性评估是通过对现实风险源情况、受影响对象的风险承受能力、风险管理方对风险的控制能力等要素的综合分析，预测突发公共事件发生的可能性的过程。风险可能性首先受风险本身性质的影响，同时与风险承受能力成反比，与风险控制能力成反比。风险可能性评估应综合考虑这三个因素。

不同领域、不同类型风险可能性分析的方法不同。通常包括预测预警分析、历史数据分析、专家经验和会商的分析方法。铁路突发事件风险可能性分析，则选择综合采用历史数据分析、专家经验和会商相结合的分析方法。综合考虑相关因素，运用各种分析方法，可以将风险可能性划分为五级，从而得出铁路安全风险可能性分析，见表 4-9。

表 4-9 铁路安全风险可能性分析表

事 件	风险源	风险可能性评估结果
自然灾害（造成列车线路中断，旅客滞留）	旅客滞留	
公共卫生事件	疫病传播	
事故灾害	火 灾	
各种类型的突发爆炸事件	爆 炸	
各种暴力劫持突发事件	暴力劫持	
过街天桥易发生跳桥突发事件	跳 桥	
上访人员聚集滋事	上 访	
出租车聚集事件	聚集滋事	
设备设施故障	铁路设备设施损坏	

注：A——基本不可能发生：每 10 年发生不超过 3 次。

B——较不可能发生：每年发生不超过 3 次。

C——可能发生：每月发生不超过 3 次。

D——很可能发生：每周发生不超过 3 次。

E——肯定发生：每天发生。

4.5.2 风险后果评估

评估风险后果是风险评估过程中最重要的环节之一。确定风险后果等级对于提出相应的应对措施，制定必要的应对预案具有重要的参考价值。风险后果评估工作是否全面、准确、客观，将直接影响风险等级判断的准确性。

风险后果是指一旦事件发生，其可能产生的不利影响以及影响的严重程度。风险后果可分为客观损失和主观影响。客观损失包括人员伤亡、经济损失、环境影响等。主观影响包括政治影响、社会影响、媒体关注度、敏感程度等。在后果分析中还应考虑其他事件对本领域的综合影响，并应特别考虑事件对主要保障目标的直接影响程度。

风险后果也同样受风险源性质、风险承受能力、控制能力等要素的综合影响。风险后果首先受风险本身性质的影响，同时与风险承受能力成反比，与风险控制能力成反比。不同领域、不同类型风险后果评估的方法不同。通常包括系统分析、历史数据分析、专家经验和会商的分析方法。对于铁路突发事件风险后果评估分析，则选择综合采用历史数据分析、专家经验和会商两者相结合的分析方法。

结合铁路安全风险事件的特征和性质，得出如表 4-10 所示风险后果评估表。

表 4-10　铁路安全风险后果评估表

风险源	客观损失			主观影响			风险后果评估结果
	人员伤亡影响	经济损失影响	环境影响	政治影响	社会影响	对奥运会进程的影响	
1							
2							
3							
……							

应急预案中的事件等级划分标准，对风险后果进行分级。根据严重程度，风险后果划分为五级：

1——影响很小：0～20 分；

2——一般：21～40 分；

3——较大：41～60 分；

4——重大：61～80 分；

5——特别重大：81～100 分。

根据上述指标邀请专家打分，得到各项指标的平均得分，即风险后果评估得分，从而得出各风险源的风险后果的评级。

4.5.3　风险分级

在风险可能性分析与后果分析的基础上，划分风险等级。根据风险分级，确定相关指标体系，明确哪些风险需要控制，哪些风险可以接受，并确定风险管理的优先级，从而制定风险分析表。

风险等级划分如表 4-11 所示。

表 4-11 风险划分等级

		风险后果评估结果				
风险可能性分析结果		1	2	3	4	5
	A	低	低	低	中	高
	B	低	低	中	高	极高
	C	低	中	高	极高	极高
	D	中	高	高	极高	极高
	E	高	高	极高	极高	极高

4.6 铁路网络运行状态分析评估及优化策略

我国铁路线路网络规模庞大，不管是日常还是突发事件状态下，都应对其进行风险评估，包括路网整体运行态势、安全保障的评估。路网运行态势评估需与应急救援实时管理配套执行，由于路网运行的动态变化特性，需要实时监测分析路网整体的运输平衡状态。路网状态评估可以从多个层面展开。

1. 网络整体保障可靠性评估

包括路网可靠性、运输路径可达性、救援机制的联动可靠性、运输组织的联动可靠性、应急资源配置合理性、路网整体负荷均匀性等指标的计算。

2. 灾害区域对路网干扰度评估

突发事件状态下，路网评估应包括灾害波及范围及破坏强度、干扰运输线路及区段数目、延误列车数量、滞留旅客数量、社会经济损失统计等。

3. 非灾害区域运行稳定性评估

分为日常和突发事件两种状态下的路网运行评估。包括路网区域线路负荷强度、列车正点情况、应急运输计划完成情况、可用车辆等资源是否足量等。

4. 应急保障措施的有效性评估

包括救援资源可达效率、应急措施实施效果、应急调度指挥、决策效率、疏解旅客数量、资源配置及车辆调遣的合理性、大范围路网运转情况、路网运输恢复情况等。

路网运行状态评估内容包括：

(1)路网运行状态分析要素和评价指标体系。

(2)路网运行态势的合理安全值域分析。

若评估结果达到要求，则认定路网运行处于稳态；若未达安全界限值，则路网状态未得到安全保障，根据评估结果进一步分析需要调整的侧重面和途径。对各种评价指标计算相对重要度，整合各类评价值相对于总评价目标的隶属度。评估方法需借助于复杂路网可靠性分析，评价理论、多属性群决策方法，以及仿真分析、实证测度等手段。

应用前述路网运行状态的性能测度和分析评估方法，从受灾区域、非灾害区域、路网整体三个层面进行评估，进而筛选易于表现态势、调整优化安全保障组织的指标。

采用计算机仿真和虚拟现实技术，结合铁路网络调度指挥仿真系统，对应急状态下的路网运行状态进行仿真评价。计算路网安全保障有效性的指标，检验应急保障措施的效率，寻求调整改善的途径。

4.7 铁路突发事件风险控制措施与建议

铁路安全风险事件的影响因素较多，包括自然因素、社会因素、环境因素等。铁路安全运营保障工作是一项复杂而艰巨的任务，不仅需要加强专业技术、人员、物质等方面的储备，还需要铁路安全运营保障工作机制、工作模式、制度法规等方面提供必要的支持，需要各级政府部门以及全市人民的共同努力与配合。为了顺利完成铁路安全运营保障工作任务，结合铁路突发公共事件风险评估结果，建议加强以下几方面的工作。

1. 开展隐患治理，加强铁路安全风险点的风险控制与动态管理。依据风险评估报告中发现的问题，结合铁路日常运行管理和应急体系建设，开展隐患治理，加强重点风险的控制与整改，重点监控极高和高级别风险点，防范中级风险点异常与发展，观察低风险点变化，实时调整评估级别，提出对策和工作建议。

2. 建立健全铁路安全保障制度、行为规范以及管理办法，制定科学的铁路安全保障方案，为铁路安全保障工作的有效实施提供制度上的保证。

3. 完善铁路应急预案。加强铁路应急机构设置，提高应急预案的针对性和可操作性，加强应急宣传教育，积极开展应急模拟演练。

4. 提升铁路突发事件应急能力。加强铁路风险的危险辨识能力和监测预警能力，应急资源保障能力，社会控制能力，公众反应能力等。

4.8 奥运期间铁路突发公共事件风险评估实例

4.8.1 风险评估范围、对象及目的

时间范围：针对奥运期间，即2008年6月至10月。

空间范围：北京铁路枢纽客运场站，以北京站和北京西站管辖范围为重点。

工作范围：涵盖铁路自然灾害突发事件、铁路事故灾难突发事件、铁路公共卫生突发事件和铁路社会安全突发事件，包括其他突发公共事件对铁路可能造成的次生、衍生事件。

风险评估对象：主要涉及铁路行车事故、铁路防洪事件、铁路防寒除雪事件、铁路火灾事故、铁路突发公共卫生事件以及铁路群体性事件等 6 个领域。

风险评估目的：对 2008 年在北京举行的第 29 届奥运会和第 13 届残奥会的铁路安全风险进行评估，为中央领导、北京奥组委、奥运安全协调小组提供决策参考，为奥运安全指挥中心和铁路有关部门提供处置依据。

4.8.2　风险分析

通过问卷调查法、专家经验法以及事件树分析法进行风险因素的识别与评估以及风险承受与控制能力的调查与分析，得出表 4-12。

表 4-12　风险源识别及风险承受与控制能力分析表

事　件	原因（风险源）描述	影响形式	主要影响对象	风险承受能力	风险控制能力
1. 自然灾害造成列车线路中断，旅客滞留	天气自然灾害极易发生旅客滞留。如暴雨、霜雪等	旅客滞留	人群、铁路设施、铁路系统、环境	中	强
2. 公共卫生事件	高度密集的人群会聚与流动，是最容易造成疫病传播的地区	疫病传播	人群、环境	中	强
3. 事故灾害	铁路站场地区有大量超市、餐饮、百货、娱乐等中小商业服务网点。烟道存在火灾隐患；店堂承包人和外来打工人员更换频繁，造成安全隐患	火　灾	人群、站场附近建筑、环境	弱	强
4. 各种类型的突发爆炸事件	(1)小件寄存处单位容易发生疑似爆炸物的风险源；(2)社会上个别心思不轨人员，在垃圾箱等处投放爆炸物品，为达到造成影响目的；(3)在站区周边绿地等地存在爆炸风险	爆　炸	人群、铁路设施	弱	中
5. 各种暴力劫持突发事件	铁路站场的影响力也是极端分子利用的地区	暴力劫持	人群	强	强
6. 过街天桥易发生跳桥突发事件	铁路站场过街天桥易发生外地上访者、精神病人、北京因地产纠纷闹事者	跳　桥	人群	强	强

续上表

事　　件	原因(风险源)描述	影响形式	主要影响对象	风险承受能力	风险控制能力
7. 上访人员聚集	乘坐火车到达北京,聚集上访	上　　访	人群、铁路设施	中	强
8. 出租车聚集事件	北京市近几年因政策问题或出租公司经营问题,曾发生过出租车司机要聚集滋事的事件	聚集滋事	人群、铁路设施	强	强
9. 设备设施故障	受设备运行质量影响,计算机售票网络、电梯等设备设施出现故障,造成在站内旅客情绪激动和恐慌,影响车站正常的运输秩序	铁路设备设施损坏	人群、铁路设施、铁路系统	强	强

4.8.3 风险可能性评估

不同领域、不同类型风险可能性分析的方法不同。对于铁路突发事件风险可能性分析,选择历史资料数据分析法。综合考虑相关因素,可以将风险可能性划分为5级,从而得出铁路安全风险可能性分析表如表4-13所示。

表4-13　风险可能性评估分析表

事　　件	风险源	风险可能性评估结果
1. 自然灾害造成列车线路中断,旅客滞留	旅客滞留	C
2. 公共卫生事件	疫病传播	A
3. 事故灾害	火　灾	C
4. 各种类型的突发爆炸事件	爆　炸	B
5. 各种暴力劫持突发事件	暴力劫持	A
6. 过街天桥易发生跳桥突发事件	跳　桥	C
7. 上访人员聚集	上　访	B
8. 出租车聚集事件	聚集滋事	B
9. 设备设施故障	铁路设备设施损坏	C

注:A——基本不可能发生:每10年发生不超过3次;

B——较不可能发生:每年发生不超过3次;

C——可能发生:每月发生不超过3次;

D——很可能发生:每周发生不超过3次;

E——肯定发生:每天发生。

4.8.4 风险后果评估

评估风险后果是风险评估过程中最重要的环节之一。风险后果可分为客观损失和主观影响。客观损失包括人员伤亡、经济损失、环境影响等。主观影响包括政治影响、社会影响、媒体关注度、敏感程度等。在后果分析中还应考虑其他事件对本领域的综合影响，并应特别考虑事件对奥运会的直接影响程度。对于铁路突发事件风险后果评估，同样选择专家调查法来进行分析。根据突发事件应急预案中的事件等级划分标准，对风险后果进行分级。根据严重程度，风险后果划分为 5 级：

1——影响很小：0～20 分；

2——一般：21～40 分；

3——较大：41～60 分；

4——重大：61～80 分；

5——特别重大：81～100 分。

根据上述指标，邀请专家打分，得到各项指标的平均得分，也即风险后果评估得分，从而得出各风险源的风险后果各为哪个评级。即表 4-14。

表 4-14　风险后果评估分析表

风险源	风险后果评估分数	风险后果评估结果
旅客滞留	39.4	2
疫病传播	82.6	5
火　　灾	57.1	3
爆　　炸	38.2	2
暴力劫持	14.2	1
跳　　桥	9.4	1
上　　访	35.6	2
聚集滋事	21.8	2
铁路设备设施损坏	17.6	1

4.8.5 风险分级

在风险可能性分析与后果分析的基础上，划分风险等级。通过风险分级，确定相关指标体系，明确哪些风险需要控制，哪些风险可以接受，并确定风险管理的优先级，从而制定风险分析表。

风险等级划分如表 4-15 所示。

表 4-15　风险等级划分表

	风险后果评估结果					
		1	2	3	4	5
风险可能性分析结果	A	低	低	低	中	高
	B	低	低	中	高	极高
	C	低	中	高	极高	极高
	D	中	高	高	极高	极高
	E	高	高	极高	极高	极高

根据风险等级划分表得出铁路安全风险等级表如表 4-16 所示。

表 4-16　铁路安全风险等级表

风险等级	事件	风险源	风险可能性分析结果	风险后果评估结果
1. 自然灾害造成列车线路中断，旅客滞留	旅客滞留	C	2	中
2. 公共卫生事件	疫病传播	A	5	高
3. 事故灾害	火　灾	C	3	高
4. 各种类型的突发爆炸事件	爆　炸	B	2	低
5. 各种暴力劫持突发事件	暴力劫持	A	1	低
6. 过街天桥易发生跳桥突发事件	跳　桥	C	1	低
7. 上访人员聚集	上　访	B	2	低
8. 出租车聚集事件	聚集滋事	B	2	低
9. 设备设施故障	铁路设备设施损坏	C	1	低

4.8.6　奥运期间铁路突发公共事件风险控制的启示

铁路安全风险事件的影响因素较多，包括自然因素、社会因素、环境因素等。奥运期间铁路安全运营保障工作是一项复杂而艰巨的任务，不仅需要加强专业技术、人员、物质等方面的储备，而且还需要在奥运会期间铁路安全运营保障工作机制、工作模式、制度法规等方面提供必要的支持，需要各级政府部门以及全市人民的共同努力与配合。

顺利完成 2008 年北京奥运会的铁路安全运营保障工作任务，给了我们以下启示。

第一，开展隐患治理，必须加强铁路安全风险点的风险控制与动态管理。依据风险评估报告中发现的问题，结合铁路日常运行管理和应急体系建设，开展隐患治理，加强重点风险的控制与整改，重点监控极高和高级别风险点，防范中级风险点异常与发展，观察低风险点变化，实时调整评估级别，提出对策和工作建议，及时上报。

第二，必须建立健全铁路安全保障制度、行为规范以及管理办法，制定科学的铁路安全保障方案，为铁路安全保障工作的有效实施提供制度上的保证。

第三，必须完善铁路应急预案。加强铁路应急机构设置，提高应急预案的针对性和可操作性，加强应急宣传教育，积极开展应急模拟演练。

第四，必须提升铁路突发事件应急能力。包括铁路风险的危险辨识能力和监测预警能力、应急资源保障能力、社会控制能力、公众反应能力等。

第五章 铁路应急资源保障体系

5.1 铁路应急资源类型描述

应急资源，是指专门针对突发事件而设置的资源，包括应急预案、救援物资、救援人员、救援设备、历史资料等等。其中部分应急资源专门为应对突发事件而设，具有不可代替性，在没有应急事件发生或未进行应急演练的情况下不可擅自挪作它用，但同时部分资源也具有应对非应急事件的功能。例如医院就兼具平时就医和应对突发事件的双重功能。

铁路应急资源，是专门针对铁路突发事件的，用于突发事件发生前的应急演练、突发事件发生中的应急救援、突发事件发生后的应急恢复。铁路应急过程中涉及的资源主要包括以下几类。

(1)应急物资

主要包括与应急有关的设施、救援设备，如救援列车、汽车吊、灭火器等。

(2)应急组织机构及人员

包括铁路应急领导小组构成、应急救援人员、专家资源、救援队、事故救援班、安监队、铁路各业务部门专业人员等。

(3)信息资源

这类应急资源包括两种：

①静态信息资源

应急物资、救援设备的位置、可获取方式等信息；铁路各项应急预案；应急知识库，如铁路应急实作图、图片资源、历史视频资料、法律法规和规章制度等

②动态信息资源

各项设施设备的监测监控信息、事件救援过程的动态反馈信息、移动救援设施设备的定位信息、事件进展状态的应急发布信息等。

(4)社会资源

包括市政其他交通单位，医疗机构、公安、消防等社会救援机构，以及它们的具体分布的出救点位置、联系途径、应急联动模式和响应方式等。

按照资源的产权归属，铁路应急资源可分为两大类：内部资源(铁路自身拥

有的各种软硬件资源)和外部资源(非铁路拥有的各种软硬件资源)。

内部资源:内部资源一般可包括救援列车、事故救援班、救援队(包括专业救援队和兼职救援队)、救援物资、大型救援机械、安监队、劳卫资源、公安资源和专家资源等。

(1) 救援列车:在铁道部和铁路局规划的地点,设立适当等级的事故救援列车,并在事故救援列车驻地,配备人员组成事故救援班,负责事故的具体救援工作。救援列车的基本任务是:

①担负救援列车管辖区域的行车事故救援,及时起复机车车辆,清除线路上的障碍,开通线路,保证迅速恢复行车;

②负责救援列车管辖区域内各救援队的技术训练和业务指导,以及工具备品的配置、改进、修理和补充工作;

③不断分析和总结救援工作的先进经验,改进事故救援方法。

(2) 事故救援班:在救援列车所在地,由各站、段、医院挑选有救援经验的职工 10～15 名,分别组成不脱产的救援班。救援班是救援列车的后备力量,其任务是补充救援列车专业人员和技术力量的不足,保证救援任务的顺利完成。

(3) 救援队:在无事故救援列车的区段站、编组站或较大的车站,组织成立事故救援队,负责本地区或本部门一定的事故救援工作。救援队为不需要出动救援列车时单独出动即能起复和处理轻微脱轨事故的不脱产组织。遇有重大、较大事故时,有必要时,也应参加救援列车的救援工作。

救援队设队长 1 名、救援队员 15～20 名(由车站、机务、车辆、工务、电务、供电、水电、卫生等部门的人员组成)。

救援队的主要任务是:

①积极抢救负伤人员或送附近医院抢救治疗;

②采取一切措施,起复机车车辆,清除线路上的一切障碍物,迅速恢复行车;

③如事故严重时,应于救援列车到达前做好救援准备工作;

④保护铁路财产及运输物资(行李、包裹、货物)的安全。

具体说来,事故救援列车、队、班设置的具体数量和人员的多少,应根据每条铁路线的运量、列车密度,及地区(或线路)在国民经济中的地位和其他一些具体条件(即客观因素)来确定。

另外,铁路还有为应对突发事件而临时组织的其他专业救援队和兼职救援队。

(4) 救援物资:救援物资是指放置在铁路沿线的、用于事故救援而储备的铁路专业物资,包括 P_{50} 钢轨、P_{60} 钢轨、道岔、装车片石、木枕普枕、施工便梁、备品车、轨道车、上下道装置、推土机、装载机、防洪备用车、挖掘机、备品车、汽车、铁路道砟、抢险队工人、抢险队民工等。

(5) 大型救援机械:大型救援机械是指隶属于铁路局内各个站段的用于救援的机械,包括汽车吊、挖掘机、推土机、平板车等,这类救援机械大多属于工务段或桥工段等站段。

(6) 安监队:铁路安监队负责监督、检查各部门安全生产和安全管理工作,监督铁路行车事故、铁路其他事故等事故的调查,负责事故的定性、定责和批复工作等等。

(7) 劳卫资源:劳卫资源是指设置在铁路各运输站段的用于处置与劳动卫生相关的突发事件的应急资源,包括通信交通工具、劳卫人员、检疫分析设备等。

(8) 公安资源:公安资源是指处置铁路公安事件的一类资源,包括一些检测设备、排爆设备、防毒面具等。

(9) 专家资源:专家资源主要指对于某一类事故灾难有救援处置经验的专家。

外部资源:由于事故发生地点的地形或救援时间的限制,铁路也十分需要外部资源来配合铁路事故救援。这类资源可以分为如下七类:地方医院、协议单位、地方救援队、军队、武警、公安和消防等。例如,事故发生地点附近的消防部门的配合,发生事故地点的附近厂矿企业的起重设备的借用,有时还需要事故现场附近的医院对伤员进行及时救治,甚至铁路附近部队对救援工作的支援等。

上述铁路应急资源类型如图 5-1 所示。

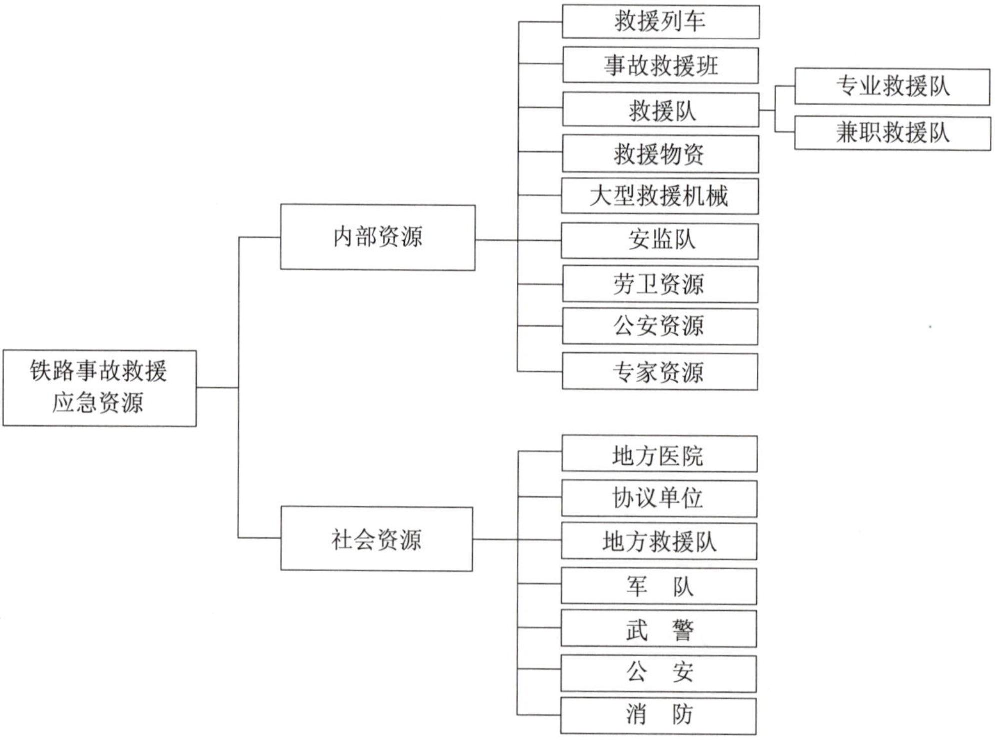

图 5-1　铁路应急资源类型

5.2 铁路应急资源的布局与配置

5.2.1 应急资源配置

平时的资源配置和布局直接影响到应对突发事件的时效性。为把突发事件造成的损失降到最低,救援过程中需要在最短的时间内,迅速将存放在各个地点的各种与应急相关的资源运送到指定的地点,否则会减缓应急救援的速度,从而给社会造成更大影响和损失。由于铁路突发事件的不可确定性,原先静态情况下的资源配置如果不能应对突发事件演变后的各种复杂的新情况,即不能达到预想的效果,换言之,这种布局是指突发事件应对行动滞后于突发事件的发展。

资源的配置和布局有两种情况:

1. 静态布局

假设应对突发事件所需的资源结构和数量不随时间的推移而变化,针对某一种突发事件,如何优化配置和布局资源,使得整个地区的资源保障水平尽可能的高。如:突然发生的一般性的交通事故,无论是在事故后的10分钟还是20分钟都只需一个警员到现场处理。

2. 动态布局

假设应急资源的结构和数量随时间变化的情况下,针对某一种突发事件,如何优化配置和布局资源,使得整个地区的资源保障水平尽可能的高。如:在应对某些突然发生的火灾时,当第一批到达的资源只是所需资源的70%时,后续所需的资源很可能要大于前一阶段所需资源的30%。

突发事件发生以后的应急响应包括几个关键环节:确定所需应急资源;从相关单位调配该应急资源;资源到位后规划急救活动。在应急响应的过程中所需要的应急资源种类与数量的预测将决定其后应急服务的质量。要实现资源的合理利用,首先就应该对应急资源进行合理的布局与配置,铁路应急管理资源同样如此。

在应急管理中,资源布局是指在何处放置多少应急资源,即应急资源的选址问题。应急管理最重要的一项职能就是向事故地及时提供充足的应急资源,因此,决策者首先就面临应急服务点的选址安排问题。服务点选址决策对于应急管理至关重要,这是因为将应急服务点置于合理的位置,不仅可以降低成本,而且还能够保证应急物资的时效性,从而避免了可能导致的更大损失。如果从服务点的多少来划分,应急服务点选址决策至少涉及两方面问题,单服务点选址决策问题和多服务点选址决策问题。

一旦应急服务点的地址已经确定,接下来就需要对每个应急服务点分配资源，即应急资源的配置问题。应急管理中不可忽视的一个约束就是成本，正是由于存在成本约束，不可能也没有必要向每个服务点提供无穷多的资源应对应急事件。因此，如何在满足一定服务水平的前提下有效分配资源就显得非常重要。

5.2.2 应急资源布局的数学方法

应急服务设施的选址问题涉及的因素极为复杂，可以分为确定性因素和不确定性因素。因此，资源布局的数学模型也相应的分为确定性模型和随机性模型。下面分别进行简单的介绍。

确定性模型包括 P-center 问题、P-median 问题、集覆盖选址模型、最大覆盖选址模型、备份覆盖模型等。

P-center 问题，即中心问题，最早由 Sylvester(1857)提出。P-center model 是一个最大最小模型，模型的目标是最小化需求点与其最近设施点之间距离的最大值，也就是使最糟糕的情况尽量好，相比系统平均性能这个模型更重视公平性。

P-median 问题，即中值问题，由 Hakimi(1964)提出，并建立了 P-median model。该模型的目标是确定设施的建造地址，使需求点与设施之间的平均距离最小化。

集覆盖选址模型(LSCP)，指对于任何需求地点一旦发生事故时，距离其最近的服务设施到达应急地点的时间小于或等于一个规定的值，如何确定服务设施的地址使需要建立的应急服务设施的数目最小。

最大覆盖选址模型(MCLP)是在给定一定数量的车辆，使需求点的覆盖率达到最大。LSCP 模型可以确定满足一定需求量的车辆数；而 MCLP 模型可以解决在资源紧缺时如何配置资源使需求点的被覆盖率最大化。这两个模型从需求(覆盖率尽可能大)和供给(车辆数尽可能少)两个不同的角度对选址问题做了描述。

备份覆盖模型(BACOP)共有两个，BACOP1 考虑的是在所有需求点都被一次覆盖的条件下，使需求点被二次覆盖的需求量最大化，BACOP2 最大化需求点被一次覆盖和二次覆盖的需求量加权值。

随机性模型包括最大期望覆盖模型(MEXCLP)、最大可利用选址问题(MALP)和随机集覆盖选址模型(PLSCP)。

最大期望覆盖模型假定所有救护车忙的概率都是相同的，即每辆救护车都有无法回应需求点的求救电话的概率，在模型目标中考虑了这种不确定性。

最大可利用选址问题，设定一定的概率水平 p，最大化需求点被覆盖率。而这个概率水平 p 表示的是对于能覆盖的需求点 i 的候选地址的车辆中至少有一辆车可利用的概率要大于 p。此模型的假设与 MEXCLP 中一样，都假设所有救护车忙的概率都是相同的。

随机集覆盖选址模型是在集覆盖选址模型的基础上，考虑到服务设施经常处于服务状态的情况下提出的。

5.3 铁路应急资源的调度与优化

5.3.1 铁路应急资源调度的特点

应急资源调度是指为应对突发公共事件，在最短的时间内从各个供应点将应急资源调配调度给资源需求点，以提供救援所需的各种物资与资源，迅速恢复常态，其目标是追求时间效益最大化和灾害损失最小化。

在铁路发生应急突发公共事件时，应急资源调度的迅速与否、效率高低，对铁路处置突发事件的快慢、降低突发事件造成的直接或间接损失、减少因突发事件造成的人员伤亡和财产损失都有着极其重要的影响。铁路突发事件处置的实质就是快速调配已有的应急资源到事故现场展开救援，故应急资源调度在突发事件处置中具有极其重要的地位和作用。

1. 应急资源调度方案的制定是应急救援活动的首要工作

突发事件发生后，需要根据事故点的事故性质、大小、影响范围等因素快速制定应急资源的调度方案，包括需要调度什么类型的应急资源，需要多少数量的应急资源，需要哪些业务部门出动什么样的专业救援力量，是否需要社会力量参与救援等等。这一系列的方案是保障应急救援活动顺利开始的首要条件。

2. 快速调度合适的应急资源是保障应急救援活动尽早开始的前提

应急资源是保障应急救援活动顺利开展的必要条件。突发事件发生后，针对突发事件发生地点需要什么样的应急资源、需要多少数量的应急资源等都需要快速的制定调度方案并展开调度，否则会造成因应急资源无法及时供应而耽误应急救援活动的正常开展。

3. 合理的应急资源调度方案对于降低应急事故损失、降低应急事故救援成本具有重大的意义

应急突发事件救援的最终目的是减少事故造成的生命财产损失，资源调度方案的优劣、合理与否，会从很大程度上影响到事故点的应急救援效率，进而对突发事件损失的大小产生重大的影响。

铁路应急资源的调度具有如下特点：

1. 铁路应急资源调度对时效性的要求高于一般行业

由于铁路发生突发事件后，往往会对正常的铁路行车秩序造成干扰，除去带来的直接经济损失，因对正常行车秩序造成干扰而带来的间接经济损失往往更加巨大。据推算，在非繁忙的内燃机车牵引双线区段，中断单线行车的行车事故

每早 10 分钟恢复正常运输秩序，至少能多开行一列货物列车，可降低事故间接损失 100 余万元。

2. 多部门的联合作业要求较高

铁路突发事件的救援往往需要车、机、工、电、辆等多个业务部门的参与，很多情况下也需要社会力量参与应急救援，如医院等，故铁路应急救援需要各部门的高效合作。

3. 铁路救援资源大都有救援范围的限制

铁路突发事件救援资源归属于铁路局所有，正常情况下，一个铁路局的应急资源不会参与到另一个铁路局的突发事件中，而且，一个路局内的救援资源也往往有救援范围的限制，如救援列车就要求根据救援列车的等级不同设置救援范围为 150～200 公里。

4. 多目标性

铁路应急资源调度追求的目标是时间效益最大化和灾害损失最小化，对于不同的铁路突发事件，可能还会出现不同的目标，如中断行车时间最短等。

5. 救援优先级区分度明显

由于铁路线路等级的不同，造成发生在不同线路的铁路突发事件应急资源调度的优先级不同，应急资源的调度必须优先满足线路等级高的线路，这样可以更大程度的降低损失。

5.3.2 铁路应急资源调度的模型

由于铁路突发事件应急救援中应急资源的分类及分布具有复杂性，铁路突发事件应急资源的抽象化模型必然是一个多目标多约束的问题。铁路应急资源调度主要是根据现有的救援资源的分布及配置情况，调动各种性质的救援资源以满足突发事件发生地的资源需求。由于突发事件的救援资源的调度和一般情况下资源的调度具有很大的不同，故突发事件发生情况下救援资源的调度首要考虑的目标是在最短的时间内调度所需的一定性质和数量的资源，即最小化资源调度的时间，其次才考虑资源调度的成本问题，包括从减少出救点的个数角度来考虑的成本问题和从应急资源运输角度考虑的成本问题等。

设 $A_1, A_2, \cdots, A_n$ 为 n 个可供选择的应急资源提供点，每个应急资源提供点的性质都有可能存在不同，即提供的救援资源可能不同，例如救援物资与救援机械等等，故设应急资源的全部种类有 $P_1, P_2, \cdots, P_m$，即共有 m 种应急救援资源。E 为突发事件发生地，$a_j (j = 1, 2, \cdots, m)$ 为突发事件发生地对第 j 种应急资源的需求量，A_i 点的第 j 种应急资源储备量（即可提供量）为 $a_{ij} (i = 1, 2, \cdots, n; j = 1, 2, \cdots, m)$，且有 $a_{ij} \geqslant 0$ 和 $\sum_{i=1}^{n} a_{ij} \geqslant a_j$，从 A_i 到 E 的资源调度需要的时

间为 $t_i(t_i>0)$、距离为 $s_i(s_i>0)$，假设不同种应急资源的调度时间相同，从 A_i 调度第 j 种应急资源到 E 所需的单位运输成本为 c_{ij}，另外，出救点 A_i 的救援半径为 R_i。要求制定出一个最佳的应急物资调度方案，既从 n 个可供选择的资源提供点确定 $m(m<n)$ 个参与应急救援，并且确定相应的资源提供量 $x_{ij}(0\leqslant x_{ij}\leqslant a_{ij})$（$x_{ij}$ 表示第 i 个出救点的第 j 种应急资源的提供量），当 $x_{ij}=0$ 时，表示出救点 i 不提供第 j 种应急资源，当第 i 个出救点不提供 m 种应急资源的任意一种时，出救点 i 不参与应急救援，最终使得资源全部调度到位时间最短，资源调度成本最小，如图 5-2 所示。

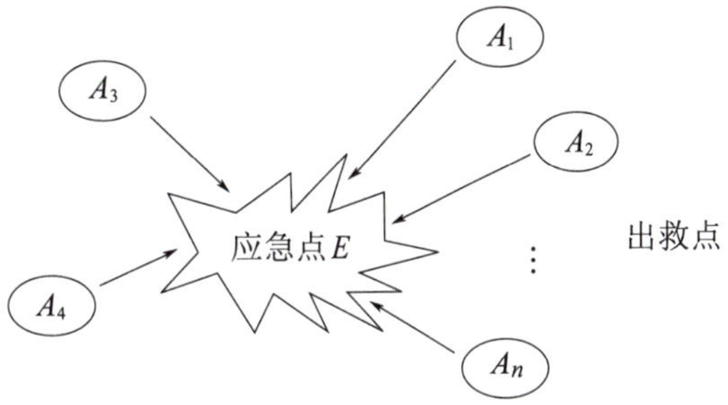

图 5-2　单应急点应急救援示意图

设任一应急资源调度方案为 φ，则

$$\varphi=\left\{\begin{bmatrix}A_1,x_{11}\\A_1,x_{12}\\\vdots\\A_1,x_{1m}\end{bmatrix},\begin{bmatrix}A_2,x_{21}\\A_2,x_{22}\\\vdots\\A_2,x_{2m}\end{bmatrix},\cdots,\begin{bmatrix}A_n,x_{n1}\\A_n,x_{n2}\\\vdots\\A_n,x_{nm}\end{bmatrix}\right\}\tag{5.1}$$

其中，$0\leqslant x_{ij}\leqslant a_{ij}$，$\sum\limits_{i=1}^{n}x_{ij}=a_j$。

用 $T(\varphi)$ 表示方案 φ 的资源调度时间，$N(\varphi)$ 表示方案 φ 的出救点个数，$C(\varphi)$ 表示方案 φ 的应急资源调度运输成本，则根据前述目标及约束，可以建立如式(5.2)所示的模型：

$$\min\begin{cases}T(\varphi)=\max\limits_{i=1,2,\cdots,n}t_i\\N(\varphi)\\C(\varphi)=\sum\limits_{i=1}^{n}\sum\limits_{j=1}^{m}c_{ij}x_{ij}\end{cases}$$

$$s.t.\begin{cases}\sum\limits_{i=1}^{n}x_{ij}=a_j\\0\leqslant x_{ij}\leqslant a_{ij}\\t_i\geqslant 0\\0\leqslant s_i\leqslant R_i\\\sum\limits_{i=1}^{n}a_{ij}\geqslant a_j\\a_{ij}\geqslant 0\end{cases}\tag{5.2}$$

对于多应急点的应急救援，由于铁路线路具有等级的划分，故多应急点的事故救援存在优先级，即应急资源的调度方案需要优先满足救援优先级高的应急点，然后再满足救援优先级低的应急点。同时发生两起突发事件的应急救援示意图如图 5-3 所示。

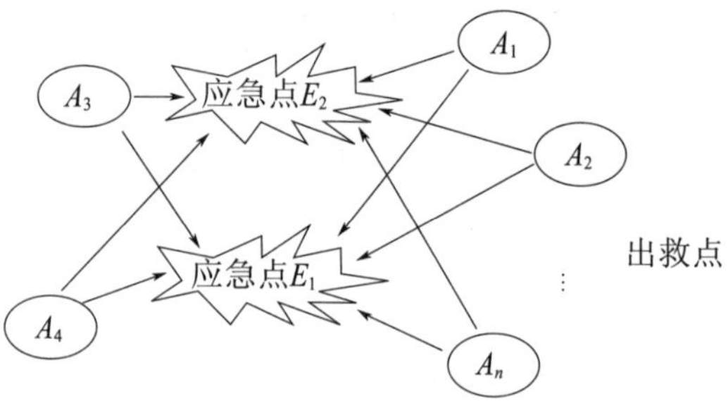

图 5-3　救援优先级不同的多应急点应急救援示意图

对救援优先级不同的多应急点应急救援，其建立的模型同单应急点建立的模型相似，只需仿照单应急点建立的模型求解出具有较高救援优先级的应急点的资源调度方案，然后将出救点的救援资源减去相应的已投入到其他应急事故中的使用量，再次重新计算具有较低优先级的应急点的资源调度方案，依次循环，即可得到全部的多应急点的应急资源的调度方案。

5.4　单突发事件资源调度模型及求解

突发事件发生后，对于 5.3.1 节分类描述中的消耗型要求的应急资源调度问题，解决方法就是快速制定应急资源调度的方案，由于这种消耗型要求约束的资源在调度中仅从数量的角度来满足应急地点的资源需求，故它们在调度中没有救援范围限制。设 $A_1, A_2, \cdots, A_n$ 为 n 个可供选择的应急物资提供点，A 为突发事件发生地点，a 为应急物资需求量，A_i 点的物资存储量（即可提供量）为 $a_i(a_i > 0), i = 1,2,\cdots,n$，且有 $\sum_{i=1}^{n} a_i \geqslant a$，从 A_i 到 A 需要的时间为 $t_i(t_i > 0)$，从 A_i 调度单位应急资源到 A 所需的成本为 c_i，要求制定出一个最佳的应急物资调度方案，既从 n 个可供选择的资源提供点确定 $m(m < n)$ 个参与应急救援，并且确定相应的资源提供量 $x_i(0 \leqslant x_i \leqslant a_i)$，当 $x_i = 0$ 时，表示出救点 i 为参与应急救援，最终使得资源全部调度到位时间最短，资源调度成本最小。

设任一资源调度方案可表示为 φ，则

$$\varphi = \{(A_1, x_1), (A_2, x_2), \cdots, (A_n, x_n)\} \tag{5.3}$$

其中，$0 \leqslant x_i \leqslant a_i$，$\sum_{i=1}^{n} x_i = a$。

本节首先对单种性质资源进行应急资源调度的优化建模并求解，然后对于需要多种不同性质的救援资源进行救援的突发事件进行建模并求解。在后文的描述中，单性质资源简称为单资源，多性质资源简称为多资源。

5.4.1 资源调度完毕时间最早的单资源多出救点选择模型

1. 问题描述

应急资源调度的目标是在最短的时间内，向突发事件发生地点调度足够的应急资源参与应急救援，以满足应急地点所需的应急资源需求，这里的应急调度时间最短实质上就是最小化应急资源调度方案中的最长时间，即资源调度的最短时间是由资源调度方案中的应急资源提供点的最长到达时间决定的，这样才可以满足应急地点的资源需求。

2. 模型的建立

假设应急资源调度的时间主要由资源提供点 A_i 到应急地点 A 的时间决定，不考虑资源筹集、资源准备等时间消耗，用 $T(\varphi)$ 表示方案 φ 对应的资源调度时间，故可以建立单应急地点应急开始时间最早的出救点选择模型。如式(5.4)所示。

$$\min T(\varphi) = \max_{i=1,2,\cdots,n} t_i$$

$$\text{s.t.}\begin{cases}\sum_{i=1}^{n} x_i = a \\ x_i \leqslant a_i \\ t_i \geqslant 0 \\ x_i \geqslant 0\end{cases} \tag{5.4}$$

此模型为一个极大值极小化问题的非线性规划模型，对于该模型的求解，通过分析可知对该模型引入一个 0—1 型整数并运用 0—1 整数规划的思想可以转化为一个线性规划问题。设 b_i 为 0—1 型整数，$b_i = 1$ 时表示 A_i 点被选中参与救援，$b_i = 0$ 时表示 A_i 未被选中参与救援，则(5.4)式等价转化为如下式(5.5)所示的线性规划问题。

$$\min T$$

$$\text{s.t.}\begin{cases}T - b_i t_i \geqslant 0 \\ \sum_{i=1}^{n} x_i = a \\ x_i \leqslant a_i \\ x_i - M b_i \leqslant 0 \\ M x_i - b_i \geqslant 0 \\ t_i \geqslant 0 \\ x_i \geqslant 0 \\ b_i \in \{0,1\}\end{cases} \tag{5.5}$$

其中 M 为一相当大的正数,约束 $x_i - Mb_i \leqslant 0$ 含义为:当 $b_i = 1$ 时,A_i 点选中,此时该约束自动满足,即该约束失效;当 $b_i = 0$ 时,A_i 点未被选中,可得此时 A_i 点提供资源 $x_i = 0$ 。约束 $Mx_i - b_i \geqslant 0$ 含义为:当 $b_i = 0$ 时,该约束自动满足,即失效;当 $b_i = 1$ 时,该约束要求此时 x_i 必须提供应急资源。这样,就把式(5.4)转化为一个混合整数线性规划的问题。

3.问题求解

对于这类混合整数线性规划问题的求解,已有很多成熟的方法,如分支定界法、割平面法、遗传算法等,本文采用 LINGO 软件进行编程求解。

4.仿真算例

仿真试算数据如表 5-1 所示,设 $A_i(i = 1,2,\cdots,10)$ 表示铁路沿线的 10 个救援物资储备库,假设每个储备库中拥有的救援物资种类都相同,按照一定的比例可以得到每个储备库的救援物资储备量。另外,设突发事件发生地需要单一性质的应急资源。

表 5-1 应急开始时间最早的仿真数据(a=50)

A_i	A_1	A_2	A_3	A_4	A_5	A_6	A_7	A_8	A_9	A_{10}
a_i	5	10	8	9	7	12	14	9	15	10
t_i	1	2	2	3	4	6	6	8	10	15

利用式(5.5)进行计算,计算结果如表 5-2 所示。

表 5-2 应急开始时间最早仿真数据计算结果

A_i	A_1	A_2	A_3	A_4	A_5	A_6	A_7	A_8	A_9	A_{10}
x_i	5	10	8	9	7	11	0	0	0	0
b_i	1	1	1	1	1	1	0	0	0	0

从表 5-2 的计算结果来看,此时应急资源的调度方案为:

$$\varphi_T = \{(A_1,5),(A_2,10),(A_3,8),(A_4,9),(A_5,7),(A_6,11)\}$$

$$T(\varphi) = t_6 = 6$$

即需要从 A_1,A_2,A_3,A_4,A_5,A_6 这 6 个应急物资储备库调度应急资源,最短调度完成时间为 6。

5.4.2 应急资源调度成本最小的单资源多出救点选择模型

1.问题描述

应急资源调度中,降低资源调度的成本也是减少应急突发事件损失的重要一环。文献[49][50]中对降低应急成本的研究是从减少出救点的个数的角度出发,在满足应急资源需求最早满足的条件下,出救点数目的最少,有一定的合理性,但从本质上来讲,上述文献建立的模型对于成本的考虑从运输角度来讲是假设单位物资的运输成本，并假设它们是相同的，但在实际资源的运输调度中，即使是对于同种性质的应急资源，由于调度工具、调度路线不同等原因，它们从不同出救点到应急地点的调度成本也是不同的，故本文对于应急成本考虑为资源调度的数量与单位资源调度的成本(这里的成本对于不同的出救点是不同的)的乘积。

2. 模型的建立

设从应急资源提供点 A_i 到突发事件发生点 A 的单位资源调度的成本为 $c_i(c_i > 0)$，$i = 1,2,\cdots,n$，$C(\varphi)$ 为调度方案 φ 的总调度成本 $C(\varphi) = \sum_{i=1}^{n} c_i x_i$。据此建立单应急地点应急成本最小的出救点选择模型，如式(5.6)所示。

$$\min \quad C(\varphi) = \sum_{i=1}^{n} c_i x_i$$

$$\text{s.t.} \begin{cases} \sum_{i=1}^{n} x_i = a \\ x_i \leqslant a_i \\ x_i - Mb_i \leqslant 0 \\ Mx_i - b_i \geqslant 0 \\ x_i \geqslant 0 \\ b_i \in \{0,1\} \end{cases} \tag{5.6}$$

该模型为简单的线性规划模型，可以类似 5.2.1 节的模型使用 LINGO 软件建模求解。

3. 仿真算例

与 5.4.1 节相同，假设应急地点需求单一的应急资源，需求量为 $a = 50$，同样有 10 个应急物资储备库，每个储备库可提供的救援物资也与 5.4.1 节相同，仿真试算数据如表 5-3 所示。

表 5-3　应急资源调度成本最小模型仿真数据

A_i	A_1	A_2	A_3	A_4	A_5	A_6	A_7	A_8	A_9	A_{10}
a_i	5	10	8	9	7	12	14	9	15	10
c_i	3	4	6	8	5	10	7	13	6	15

利用式(5.6)进行计算，计算结果如表 5-4 所示。

表 5-4　应急资源调度成本最小模型仿真数据计算结果

A_i	A_1	A_2	A_3	A_4	A_5	A_6	A_7	A_8	A_9	A_{10}
x_i	5	10	8	0	7	0	5	0	15	0
b_i	1	1	1	0	1	0	1	0	1	0

从表 5-4 的计算结果来看，优化目标为最小化应急成本的仿真数据对应的方案为

$$\varphi_C = \{(A_1,5),(A_2,10),(A_3,8),(A_5,7),(A_7,5),(A_9,15)\}$$

这时对应的最小化的应急资源调度成本为 $C(\varphi) = 263$ 。由于每个应急物资储备库的单位资源的调度成本不相同，故仅从应急资源调度运输成本最小的角度来说，这时需要参与应急救援的应急物资储备库为 A_1,A_2,A_3,A_5,A_7,A_9 这 6 个储备库，与 5.4.1 节中仅考虑应急出救时间最早的选择的应急物资储备库不再相同。

5.4.3 资源调度完毕时间最早、调度成本最小的双目标模型

1. 问题描述

5.4.1 和 5.4.2 节建立的模型都是单目标情况下的模型，包括应急开始时间最早和应急资源调度成本最小等，在实际的应急资源调度活动中，决策者往往还会同时考虑上述两个目标，此时该问题就变成了一个多目标优化的问题。本节将建立单应急地点应急开始时间最早、资源调度成本最小的双目标模型，并利用模糊优化的方法对模型进行求解。

2. 模型的建立

在对应急开始时间最早和应急资源调度成本最小等单目标模型研究的基础上，结合 5.4.1 和 5.4.2 节，本节建立如式(5.7)所示的应急开始时间最早、调度成本最小的双目标模型。

$$\min \begin{cases} T(\varphi) \\ C(\varphi) \end{cases}$$

$$\text{s.t.} \begin{cases} T - b_i t_i \geqslant 0 \\ \sum_{i=1}^{n} x_i = a \\ x_i \leqslant a_i \\ x_i - M b_i \leqslant 0 \\ M x_i - b_i \geqslant 0 \\ t_i \geqslant 0 \\ x_i \geqslant 0 \\ b_i \in \{0,1\} \end{cases} \tag{5.7}$$

3. 模型求解

式(5.7)是一个双目标的混合整数规划问题。Zimmermann 首先提出了求解多目标线性规划的模糊算法，该算法的基本思想是将多目标的线性规划问题转化为一个等价的单一目标的模糊线性规划问题。Zimmermann 为每一个目标函数分

析了一个模糊愿望值,其隶属度表示决策者对相应目标水平的满意程度。

本文采用模糊优化的思想,并利用决策者对各个目标的不同偏好情况对不同目标设置不同的权重,进而进行求解,其具体思路方法如下:

首先定义模糊目标集,需要先求出单目标规划情况下的两个端点问题,即

$$\begin{aligned} \min \quad & T(\varphi) \\ \text{s.t.} \quad & \varphi \in \chi \end{aligned} \tag{5.8}$$

$$\begin{aligned} \max \quad & T(\varphi) \\ \text{s.t.} \quad & \varphi \in \chi \end{aligned} \tag{5.9}$$

$$\begin{aligned} \min \quad & C(\varphi) \\ \text{s.t.} \quad & \varphi \in \chi \end{aligned} \tag{5.10}$$

$$\begin{aligned} \max \quad & C(\varphi) \\ \text{s.t.} \quad & \varphi \in \chi \end{aligned} \tag{5.11}$$

其中 χ 表示所有可行的应急资源调度方案。设 φ'_T 为式(5.8)的最优解方案,则 $T(\varphi'_T)$ 使得应急开始时间最早; φ''_T 为式(5.9)的最优解,则 $T(\varphi''_T)$ 为所有可供选择的应急出救点中最长的资源调度时间, $T(\varphi''_T) = \max(t_i)$, $i = 1, 2, \cdots, n$; φ'_C 为式(5.10)的最优解方案,则 $C(\varphi'_C)$ 使得资源调度成本最小; φ''_C 为式(5.11)的最优解,则 $C(\varphi''_C)$ 是最大调度成本。

在式(5.7)表达的两目标规划问题中,两个目标的模糊伸缩指标分别定义为: $T(\varphi''_T) - T(\varphi'_T)$ 和 $C(\varphi''_C) - C(\varphi'_C)$,相应的可以构造出两个模糊目标集 F_1 和 F_2

$$\mu_{F_1} = \frac{T(\varphi''_T) - T(\varphi)}{T(\varphi''_T) - T(\varphi'_T)} \tag{5.12}$$

$$\mu_{F_2} = \frac{C(\varphi''_C) - C(\varphi)}{C(\varphi''_C) - C(\varphi'_C)} \tag{5.13}$$

决策者对于前述两个目标的偏好体现在这两个模糊目标集 F_1 和 F_2 上,对于模糊目标集 F_1 的解释为离最长资源调度时间 $T(\varphi''_T)$ 越近的方案,满意度越小,最差的方案是应急资源调度时间大于或等于最长资源调度时间,这里规定当调度时间大于最长资源调度时间时,有 $\mu_{F_1} = 0$;模糊目标集 F_2 的解释为调度成本越大,满意度越小,当调度成本等于最大调度成本 $C(\varphi''_C)$ 时,满意度最小。

由于决策者对于不同的目标有不同的偏好,本文使用权重系数 w_i 表示不同目标 i 的相对重要性,故式(5.7)的模型通过引入模糊目标集运用模糊优化的思想可以转化为式(5.14)所示的优化问题

$$\max \sum_{i=1}^{2} w_i \mu_{F_i}$$

$$\text{s.t.}\begin{cases}\varphi \in \chi \\ \sum_{i=1}^{2} w_i = 1\end{cases} \tag{5.14}$$

模型的具体求解步骤如下：

STEP1：利用式(5.7)～(5.11)，分别求解出 φ'_T 、φ''_T 、$C(\varphi'_C)$ 和 $C(\varphi''_C)$ 。

STEP2：利用式(5.5)把 $T(\varphi)$ 等价变换为一个 0－1 型整数规划问题。

STEP3：设定不同目标的权重系数 w_i ，将(5.14)的目标函数变为 $\min - \sum_{i=1}^{2} w_i \mu_{F_i}$ ，利用式(5.5) 的求解方法对该问题求解。

4. 仿真算例

利用表 5-1 和表 5-3 数据，假定 $a = 50$ ，应急资源调度的目标是满足应急资源需求前提下，应急开始时间最早和资源调度成本最小的双目标模型，仿真数据如表 5-5 所示。

表 5-5 应急资源调度时间效益最大化、调度成本最小化双目标模型仿真数据

A_i	A_1	A_2	A_3	A_4	A_5	A_6	A_7	A_8	A_9	A_{10}
a_i	5	10	8	9	7	12	14	9	15	10
t_i	1	2	2	3	4	6	6	8	10	15
c_i	3	4	6	8	5	10	7	13	6	15

利用 5.4.1 节的结果有 $T(\varphi'_T) = 6$ ，根据式(5.9)的定义知 $T(\varphi''_T) = 15$ ，由 5.4.2 节的计算结果知 $C(\varphi'_C) = 263$ ，计算(5.11)式得 $C(\varphi''_C) = 529$ ，考虑到应急资源调度时，时间的紧迫性往往是第一考虑的因素，即决策者往往最看重应急资源全部到位的用时最短，而前述概念下的应急成本与其相比就显得相对重要性要低些，故设定各自目标的权重系数分别为 $w_1 = 0.8, w_2 = 0.2$。将上述结果带入式(5.14)，利用 LINGO 软件编程求解，结果如表 5-6 所示。

表 5-6 开始时间最早、调度时间最短双目标模型仿真算例计算结果

A_i	A_1	A_2	A_3	A_4	A_5	A_6	A_7	A_8	A_9	A_{10}
x_i	5	10	8	6	7	0	14	0	0	0
b_i	1	1	1	1	1	0	1	0	0	0

从表 5-6 的计算结果来看，当同时考虑上述两个目标时的最优资源调度方案为：

$$\varphi_{TC} = \{(A_1,5),(A_2,10),(A_3,8),(A_4,6),(A_5,7),(A_7,14)\}$$

此方案的开始最早时间为 $T(\varphi_{TC}) = 6$ ，与单独仅考虑开始时间最早的单目标模型结果相同，但应急物资储备库的选择不同，单目标不考虑资源调度成本时的出救点为（$A_1, A_2, A_3, A_4, A_5, A_6$），双目标模型考虑资源调度成本时的出救点为（$A_1, A_2, A_3, A_4, A_5, A_7$）。此方案的资源调度成本为 $C(\varphi_{TC}) = 274$，大于单独只考虑资源调度成本时的成本值 $C(\varphi'_C) = 263$，这主要是因为权衡了时间与成本两个因素的结果。从仿真数据计算的结果来看，虽然最早开始时间没有变化、成本增加很少，但是应急物资储备库的选择却与只考虑时间最早时的单目标有所不同，这对实际应急工作中决策者做出决策具有很大的现实意义。

5.4.4　多资源调度完毕时间最早、出救点最少的应急救援模型

1. 问题描述

对于本节建立的模型，本文做如下假设：

(1)不同性质的铁路突发事件可以由该事故需要的不同性质的应急救援资源加以区别。

(2)同一出救点的不同性质的救援资源到达突发事件发生地的时间是相同的。

在上述两个假设的前提下，设一个路局管辖范围内共有 n 个出救点 $A_1, A_2, \cdots, A_n$，由于不同的突发事件可以由参与救援的不同性质的应急资源加以区别，故设该路局所辖范围内的资源类型（即铁路突发事件类型）共有 m 种，设出救点 $A_i(i=1,2,\cdots,n)$ 点的第 $j(j=1,2,\cdots,m)$ 种资源的可用量为 x_{ij}（$x_{ij} \geqslant 0$），则路局应急资源表示为矩阵形式为：

$$\boldsymbol{H} = \begin{bmatrix} x_{11} & x_{12} & \cdots & x_{1m} \\ x_{21} & x_{22} & \cdots & x_{2m} \\ \vdots & \vdots & & \vdots \\ x_{n1} & x_{n2} & \cdots & x_{nm} \end{bmatrix}$$

其中，$x_{ij} = 0$ 代表第 i 个出救点没有第 j 种应急资源。另外，设 $t_i(i=1,2,\cdots,n)$ 表示出救点 i 到突发事件发生地的最短行进时间，则有时间向量 $\boldsymbol{T} = [t_1 \quad t_2 \quad \cdots \quad t_n]$。

应急事故点的对不同性质的资源需求量可以用资源需求向量表示 $\boldsymbol{D} = [d_1, d_2, \cdots, d_m]$，$d_i(i=1,2,\cdots,m)$ 表示事故点对第 i 种资源的需求量，需要注意其中某些性质的资源需求为 0，即存在 $d_i = 0(i=1,2,\cdots,m)$，其含义是对于某一特定的突发事件，不需要该种应急资源参与应急，故此时有 $\sum_{i=1}^{n} x_{ij} \geqslant d_j$。

多资源调度的出救点出救方案可以表示为：

$$\boldsymbol{\varphi} = \begin{bmatrix} x'_{11} & x'_{12} & \cdots & x'_{1m} \\ x'_{21} & x'_{22} & \cdots & x'_{2m} \\ \vdots & \vdots & & \vdots \\ x'_{n1} & x'_{n2} & \cdots & x'_{nm} \end{bmatrix}$$

其中，$0 \leqslant x'_{ij} \leqslant x_{ij}$，$\sum_{i=1}^{n} x'_{ij} = d_j(i=1,2,\cdots,n, j=1,2,\cdots,m)$，$x'_{ij}$ 表

示按照方案 φ，A_i 点参与应急的第 j 种资源的数量。观察可知，第 i 行表示出救点 A_i 参与应急的资源向量，若该向量等于 0，则表示该点不参与应急；第 j 列表示各出救点参与应急的第 j 种资源的数量。另外，出救方案 φ 又可表示为 $\boldsymbol{\varphi}=[\varphi_1 \quad \varphi_2 \quad \cdots \quad \varphi_m]$，其中 $\varphi_i(i=1,2,\cdots,m)$ 表示第 i 种资源的出救方案。至此可以建立多资源调度完毕时间最早的前提下出救点最少的两阶段应急救援活动模型，如式(5.15)所示。

$$
\min \quad N(\varphi)
$$

$$
\text{s. t.} \begin{cases} T(\varphi)=t_p \\ \sum_{i=1}^{n} x'_{ij}=d_j \\ 0 \leqslant x'_{ij} \leqslant x_{ij} \\ \sum_{i=1}^{n} x_{ij} \geqslant d_j \end{cases} \tag{5.15}
$$

其中 t_p 为仅考虑应急出救时间最短的目标下的最短出救时间。

2. 问题分析

对于前面描述的问题，文献给出了一种连续性条件下的求解算法(所谓连续性条件就是要保证在任何时刻已经到达物资量满足应急所需的物资消耗，即不能出现因物资供应不足引起的应急活动的停止)，但那里的前提是假设每个出救点都拥有全部种类的应急资源，也就是说，出救点的性质相同。出救点的性质是由出救点中拥有的应急资源的性质决定的，也就是说，拥有基本相同的救援资源的出救点具有相同的性质，例如，不同车站的铁路救援队属于同性质的救援资源，因为它们具有基本相同的救援设备配置，其任务功能也是基本相同的，而救援队与救援列车由于具有的救援资源的性质不同、救援任务不同，故它们属于不同性质的出救点。本文认为这种假设还是狭义范围的多资源应急，这种应急救援并没有考虑到具有不同性质的出救点的应急救援。由于铁路突发事件的应急救援多是多业务部门的联合行动，故这种不同性质的出救点参与的应急活动对于铁路更具有现实意义。

对于具有不同性质的出救点参与的应急救援活动，由于它们性质不同造成的可以提供的应急资源的种类不同，造成某一出救点不一定能够提供全部种类的应急资源(可能提供全部，可能提供部分，也可能由于性质不同不需要提供任何应急资源)，故不同于文献中所述的多资源应急救援的问题，因此相应的求解方法也不尽相同，本节正式基于这样的模型对问题进行求解。

3. 问题求解

[定义 5.1] 设有资源需求向量 $\boldsymbol{D}=[d_1,d_2,\cdots,d_m]$，定义资源需求性质向

量为 0—1 型向量 $\boldsymbol{B}=[b_1,b_2,\cdots,b_m]$，其中 $b_i=\begin{cases}0, d_i=0\\1, d_i\neq 0\end{cases}$。

［定义 5.2］设有资源可用量矩阵 H 和资源需求性质向量 B，其中

$$\boldsymbol{H}=\begin{bmatrix}x_{11} & x_{12} & \cdots & x_{1m}\\ x_{21} & x_{22} & \cdots & x_{2m}\\ \vdots & \vdots & & \vdots\\ x_{n1} & x_{n2} & \cdots & x_{nm}\end{bmatrix}, \boldsymbol{B}=[b_1,b_2,\cdots,b_m]$$，定义算子

$$\boldsymbol{H}\odot\boldsymbol{B}=\begin{bmatrix}x_{11}b_1 & x_{12}b_2 & \cdots & x_{1m}b_m\\ x_{21}b_1 & x_{22}b_2 & \cdots & x_{2m}b_m\\ \vdots & \vdots & & \vdots\\ x_{n1}b_1 & x_{n2}b_2 & \cdots & x_{nm}b_m\end{bmatrix}。$$

由于不同性质的出救点往往具有多种应急资源，而且同一应急事故需要的应急资源量有限，也就是说向量 B 中将含有许多的 0 项，故定义 5.2 中的 $\boldsymbol{H}\odot\boldsymbol{B}$ 的计算结果的矩阵中将有许多列是全 0 项，此时定义资源真实需求矩阵为 $\boldsymbol{X}$，它是由 $\boldsymbol{H}\odot\boldsymbol{B}$ 的结果矩阵中去除全部为 0 的行与列后的矩阵组成的，需要注意矩阵 $\boldsymbol{X}$ 中由于去除了行后造成的出救点行标的变化。

本节建立的模型的求解具体步骤如下：

STEP1：根据资源需求向量 $\boldsymbol{D}=[d_1,d_2,\cdots,d_m]$ 及定义 5.1 计算得到资源需求性质向量 $\boldsymbol{B}=[b_1,b_2,\cdots,b_m]$，并根据定义 5.2 计算得到资源真实需求矩阵 $\boldsymbol{X}$。

STEP2：对于资源真实需求矩阵 X 的每一列采用 5.4.1 节的方法求解单资源情况下的资源调度完成时间最早的出救点选择方案。

STEP3：重新计算出救方案。在 STEP2 中得到的全部种类的资源出救方案中寻找具有最大出救时间的出救点，优先利用其全部种类的应急资源，按照出救时间由大到小的顺序依次寻找，以求减少出救点的个数。当最终计算得到参与应急的出救点 STEP2 结束后一样时，在不考虑运输成本的情况下，STEP2 计算的结果即为最终结果，否则采用 STEP3 的具有较少出救点的方案作为最优的救援方案。

4. 仿真算例

设共有 6 个出救点和 5 种应急救援资源，资源可用量矩阵 $\boldsymbol{H}$ 为：

$$\boldsymbol{H}=\begin{bmatrix}15 & 10 & 0 & 13 & 8\\ 20 & 17 & 16 & 11 & 0\\ 0 & 14 & 10 & 0 & 15\\ 5 & 0 & 0 & 0 & 20\\ 10 & 17 & 0 & 15 & 10\\ 0 & 13 & 17 & 0 & 13\end{bmatrix}$$

其中矩阵的行表示 6 个出救点、矩阵的列表示 5 种应急资源，观察矩阵 $\boldsymbol{H}$ 可以发现，A_1，A_5 是具有相同性质的应急资源，故 A_1，A_5 为同一类型的出救点，如 A_1，A_5 是工务部门防洪物资储备点；A_3，A_6 也是同一类性的出救点，如 A_3，A_6 是工务部门处理行车事故的救援设备储备点，A_2，A_4 与其余的出救点拥有的救援资源都不相同，可以假设 A_2 是救援物资储备点，A_4 是公安资源，需要指出，由于不同的应急资源的储备点可能储备有相同的应急资源，故矩阵 H 中可以看到不同的应急资源储备点具有同种性质的救援资源，如都是救援行车事故的救援资源。设资源需求向量为 $\boldsymbol{D}=[0\quad 30\quad 20\quad 10\quad 0]$，由定义 5.1 可得资源需求性质向量为 $\boldsymbol{B}=[0\quad 1\quad 1\quad 1\quad 0]$，时间向量为 $\boldsymbol{T}=[5\quad 7\quad 4\quad 6\quad 8\quad 7]$。利用定义 5.2 可得资源真实需求矩阵为：

$$\boldsymbol{X}=\begin{bmatrix}10 & 0 & 13\\ 17 & 16 & 11\\ 14 & 10 & 0\\ 17 & 0 & 15\\ 13 & 17 & 0\end{bmatrix}\begin{matrix}A_1\\ A_2\\ A_3\\ A_5\\ A_6\end{matrix}$$

矩阵右侧表示拥有需要的应急资源的出救点，注意到这时出救点 A_4（公安资源储备点）由于没有第 2、3、4 种应急资源而不出现在矩阵 $\boldsymbol{X}$ 中。

按照 5.4.1 节中的方案得到资源出救方案为 $\boldsymbol{\varphi}=[\varphi_2\quad \varphi_3\quad \varphi_4]$，其中 $\varphi_2=\{(A_{32},14),\ (A_{12},10),\ (A_{22},6)\}$，$\varphi_3=\{(A_{33},10),\ (A_{23},10)\}$，$\varphi_4=\{(A_{14},10)\}$，这时参与应急救援的出救点为 (A_1,A_2,A_3)，即需要参与应急救援的有工务部门防洪物资储备点 A_1，救援物资储备点 A_2 和工务部门处理行车事故的救援设备储备点 A_3。A_{ij} 表示第 i 个出救点提供第 j 种应急资源。按前述方法，重新计算出救方案得到最优的出救方案为 $\varphi^*=[\varphi_2^*\quad \varphi_3^*\quad \varphi_4^*]$，其中 $\varphi_2^*=\{(A_2,17),(A_3,13)\}$，$\varphi_3^*=\{(A_2,16),(A_3,4)\}$，$\varphi_4^*=\{(A_2,10)\}$，这时参与应急救援的出救点为 (A_2,A_3)，这样只需要救援物资储备点 A_2 和工务部门处理行车事故的救援设备储备点 A_3，而公务部门防洪物资储备点 A_1 不再需要参与应急救援。

观察仿真数据可以发现，在应急资源全部满足时间不变的前提下，出救点的个数减少了一个，从而降低了应急出救的成本。

5.5 多突发事件单资源调度模型及求解

多突发事件资源调度是指应急突发事件同时发生在多个地点，与单突发事件的资源调度不同，多突发事件的资源调度要求应急资源同时满足多个突发事件发生地点的需求，而且又由于多个应急地点之间的特点不同，必然会带来多突发事件调度的模型与单应急地点调度的模型有所不同，本节将进行这方面的研究。

5.5.1 资源调度完毕时间最早、调度成本最小的双目标模型

对于多突发事件的救援活动而言，其实质是一个多点出救、多点应急的运输问题。运输问题是一类研究把某种商品从若干个产地运送至若干个销地而使总运费最小的问题，它可以分为产销平衡和产销不平衡的两类运输问题，实质上也是一种线性规划的问题。

平衡运输问题可以描述为：

已知有 m 个资源储备点 A_i ，$i=1,2,\cdots,m$ 。可供应某种资源，其供应量分别为 a_i ，$i=1,2,\cdots,m$ 。有 n 个资源需求点 B_j ，$j=1,2,\cdots,n$ ，其需求量分别为 b_j ，$j=1,2,\cdots,n$ ，从 A_i 到 B_j 运输单位资源的运费为 c_{ij} 。若用 x_{ij} 表示从 A_i 到 B_j 的运量，对于平衡运输问题，要求 $\sum_{i=1}^{n} a_i = \sum_{j=1}^{m} b_j$ ，故使得总运费最小的运输问题模型可以建立如下：

$$\min \sum_{i=1}^{m} \sum_{j=1}^{n} c_{ij} x_{ij}$$

$$\text{s.t.} \begin{cases} \sum_{i=1}^{m} x_{ij} = b_j, j = 1,2,\cdots,n \\ \sum_{j=1}^{n} x_{ij} = a_i, i = 1,2,\cdots,m \\ x_{ij} \geqslant 0 \end{cases} \tag{5.16}$$

对于不平衡运输问题，只需要增加虚拟的供应点或虚拟的需求点即可转化为平衡运输问题进行求解。

1. 问题描述

在多突发事件、多出救点的应急突发事件中，需要从多个出救点调度应急资源到多个突发事件发生地，决策者同时希望满足应急资源最早全部到位和资源调度成本最低两个优化目标。比如在铁路防洪应急救援中，这种多点出救、多突发事件的问题就十分常见，而因铁路洪水事故引起的行车事故也很常见，故对多点出救、多点应急的研究就显得十分必要。本文将依据运输问题建立多突发事件资源调度完毕时间最早、应急资源调度成本最低的双目标优化模型，并采用5.4.3节的求解方法进行求解。

2. 模型的建立

设有 m 个出救点 A_i ，$i=1,2,\cdots,m$ 。可供应某种应急资源，其供应量分别

为 a_i，$i=1,2,\cdots,m$。有 n 个突发事件发生地 B_j，$j=1,2,\cdots,n$，其资源需求量分别为 b_j，$j=1,2,\cdots,n$。另外，设从出救点 A_i 到突发事件发生地 B_j 的时间为 t_{ij}、单位资源的运费为 c_{ij}。

假设从出救点 A_i 到突发事件发生地 B_j 运送的应急资源量为 x_{ij}，则 $t_{ij}x_{ij}$ 最小意味着有适量的资源尽可能快的运达突发事件发生地。这样可以建立如下的多突发事件发生地、资源调度完毕时间最早、应急资源调度成本最小的双目标运输模型。

$$\min\begin{cases}T(\varphi)=\sum_{i=1}^{m}\sum_{j=1}^{n}t_{ij}x_{ij}\\C(\varphi)=\sum_{i=1}^{m}\sum_{j=1}^{n}c_{ij}x_{ij}\end{cases}$$

$$\text{s.t.}\begin{cases}\sum_{i=1}^{m}x_{ij}=b_j,j=1,2,\cdots,n\\\sum_{j=1}^{n}x_{ij}=a_i,i=1,2,\cdots,m\\x_{ij}\geqslant 0\\t_{ij}\geqslant 0\end{cases}\tag{5.17}$$

式(5.17)建立的模型为平衡运输问题的双目标模型，即要求有 $\sum_{i=1}^{n}a_i=\sum_{j=1}^{m}b_j$，对于大多数应急突发事件资源调度而言，出救点的资源提供量大多数情况下是大于应急地点的需求量的，这时，可以增加一个虚拟的资源需求点，其资源需求量为实际提供量与实际需求量之差，并设从出救点到该点的运输时间为 0，运费为 0，即可以转化为平衡运输问题，然后进行计算，对于最后计算的结果中，凡是从出救点运送到此虚拟应急地点的资源运输，在实际中视为不运输，故根据计算结果即可以判断出哪些出救点参与救援，哪些不参与救援。需要指出，上述模型中的 $T(\varphi)$ 不是严格意义上的时间，而是一个和时间相关的量。

3. 问题求解

本节使用 5.4.3 节相同的方法进行求解，同时设两个目标的权重也同上一节相同，即 $w_1=0.8$，$w_2=0.2$，详细过程不再赘述，可参考 5.4.3 节。

4. 仿真算例

模拟实际情况下的应急出救点可提供资源数量大于突发事件发生地的资源需求量，设 $A_i(i=1,2,\cdots,5)$ 表示救援物资储备点，$B_j(j=1,2)$ 表示具有相同线路等级的突发事件发生地,即救援优先级相同,仿真试算数据如表 5-7 所示。

表 5-7 多突发事件资源调度完毕时间最早、资源调度成本最小模型仿真数据

应急点＼出救点	A_1	A_2	A_3	A_4	A_5	需求量
B_1	$c_{11}=3$ $t_{11}=5$	$c_{21}=5$ $t_{21}=7$	$c_{31}=4$ $t_{31}=10$	$c_{41}=7$ $t_{41}=8$	$c_{51}=8$ $t_{51}=4$	$b_1=9$
B_2	$c_{12}=6$ $t_{12}=13$	$c_{22}=9$ $t_{22}=4$	$c_{32}=4$ $t_{32}=8$	$c_{42}=10$ $t_{42}=9$	$c_{52}=8$ $t_{52}=6$	$b_2=10$
B_3	$c_{13}=0$ $t_{13}=0$	$c_{23}=0$ $t_{23}=0$	$c_{33}=0$ $t_{33}=0$	$c_{43}=0$ $t_{43}=0$	$c_{53}=0$ $t_{53}=0$	$b_3=13$
供应量	$a_1=7$	$a_2=6$	$a_3=6$	$a_4=8$	$a_5=5$	

表 5-7 中的 B_3 为虚拟的突发事件发生地,同 B_1,B_2 一样具有相同的出救优先级。模型求解时采用 LINGO 软件建模求解。下面分别给出利用 5.4.3 节方法求解时的中间计算数据,并以列表形式展示,并对数据进行比较分析。

表 5-8 单时间目标($\min T(\varphi)$)仿真数据计算结果

应急点＼出救点	A_1	A_2	A_3	A_4	A_5	需求量
B_1	$x_{11}=3$	$x_{21}=0$	$x_{31}=6$	$x_{41}=0$	$x_{51}=0$	$b_1=9$
B_2	$x_{12}=4$	$x_{22}=6$	$x_{32}=0$	$x_{42}=0$	$x_{52}=0$	$b_2=10$
B_3	$x_{13}=0$	$x_{23}=0$	$x_{33}=0$	$x_{43}=8$	$x_{53}=5$	$b_3=13$
供应量	$a_1=7$	$a_2=6$	$a_3=6$	$a_4=8$	$a_5=5$	

此时 $\min T(\varphi)=91$,计算可得这时的资源调度成本为 $C_T=111$。

表 5-9 单成本目标($\min C(\varphi)$)仿真数据计算结果

应急点＼出救点	A_1	A_2	A_3	A_4	A_5	需求量
B_1	$x_{11}=7$	$x_{21}=0$	$x_{31}=0$	$x_{41}=0$	$x_{51}=2$	$b_1=9$
B_2	$x_{12}=0$	$x_{22}=0$	$x_{32}=6$	$x_{42}=1$	$x_{52}=3$	$b_2=10$
B_3	$x_{13}=0$	$x_{23}=6$	$x_{33}=0$	$x_{43}=7$	$x_{53}=0$	$b_3=13$
供应量	$a_1=7$	$a_2=6$	$a_3=6$	$a_4=8$	$a_5=5$	

此时 $\min C(\varphi)=81$,计算可得这时的 $T_C=132$。

表 5-10 双目标仿真数据计算结果

应急点＼出救点	A_1	A_2	A_3	A_4	A_5	需求量
B_1	$x_{11}=7$	$x_{21}=0$	$x_{31}=2$	$x_{41}=0$	$x_{51}=0$	$b_1=9$
B_2	$x_{12}=0$	$x_{22}=6$	$x_{32}=4$	$x_{42}=0$	$x_{52}=0$	$b_2=10$
B_3	$x_{13}=0$	$x_{23}=0$	$x_{33}=0$	$x_{43}=8$	$x_{53}=5$	$b_3=13$
供应量	$a_1=7$	$a_2=6$	$a_3=6$	$a_4=8$	$a_5=5$	

此时 $T_d = 111$，$C_d = 99$，下标中的 d 代表双目标。

分析表 5-8 的计算结果，当只考虑与时间相关的量 T 作为优化目标时，此时 A_4，A_5 两个救援物资储备点不参与应急救援。分析表 5-9 的结果，当只考虑资源调度成本 C 时，此时 A_2 点将不参与应急。从表 5-10 的结果可以知道，当上述两个目标都作为优化目标时，并分别赋予 0.8 和 0.2 的权重（表示决策者对各目标的偏好）时，有 A_4，A_5 点不参与应急，此时对比表 5-8 和表 5-10，虽然救援物资储备点的选择都相同（都是 A_1，A_2，A_3），但是 A_1，A_3 两个出救点向 B_1，B_2 两个突发事件发生地调度资源的方案是不同的，而从各自的 A_2 点向 B_1，B_2 调度方案相同。

另外，比较表 5-8、表 5-9 和表 5-10 的优化结果可知，双目标优化时 T 和 C 分别比各自的单目标优化的最优值相比都有所增加，而与单目标优化得出的另外一个量相比又都有所减少，这是由于双目标优化折中考虑了两个目标造成的。

5.5.2 突发事件发生地优先级不同的资源调度模型

1. 问题描述

当突发事件同时在多个地点发生时，即产生多点应急问题，由于各突发事件发生地点的情况千差万别，造成每个应急地点的资源调度权重有所不同，因此应急资源的调度必然要优先满足权重高的应急地点的事故救援。举例来说，当同时有两起铁路突发事件同时发生时（如铁路行车事故或铁路防洪事故），假设其中一件发生在繁忙干线，另外一件发生在其他线路，根据铁路行车运输组织的特点，繁忙干线的事故必然会比其他线路的事故造成的损失要大很多，故这时应急资源的调度会存在优先满足繁忙干线的资源需求，其次再考虑其他干线的资源调度。本节将对多点应急救援建立模型，找出合理的救援方案，在满足应急地点资源需求的前提下，使应急资源调度时间最短。

2. 模型的建立与求解

假设有 n 个出救点（应急资源提供点）$A_i(i = 1,2,\cdots,n)$ 和 m 个应急地点

$B_j(j=1,2,\cdots,m)$，n 个出救点可提供的救援资源分别为 $a_i(i=1,2,\cdots,n)$，m 个应急地点需求的应急资源分别为 $b_j(j=1,2,\cdots,m)$，另外，设从出救点 A_i 到应急地点 B_j 的时间分别为 $t_{ij}(i=1,2,\cdots,n,j=1,2,\cdots,m)$。不失一般性，假设 m 个应急地点 B_j 的出救优先级分别为 $P_{B_1}>P_{B_2}>\cdots>P_{B_m}$，即应急资源调度的顺序分别是 $B_1,B_2,\cdots,B_m$，依据 5.4.1 节提出的方法，对 B_1 建立模型，

$$\min \quad T(\varphi_1)=\max_{i=1,2,\cdots,n} t_i$$

$$\text{s.t.}\quad \begin{cases}\sum_{i=1}^{n} x_i=a_1\\ x_i\leqslant a_i\\ t_i\geqslant 0\\ x_i\geqslant 0\end{cases} \tag{5.18}$$

对 B_2 建立模型

$$\min \quad T(\varphi_2)=\max_{i=1,2,\cdots,n} t_i$$

$$\text{s.t.}\quad \begin{cases}\sum_{i=1}^{n} x_i=a_2\\ x_i\leqslant a_i^2\\ t_i\geqslant 0\\ x_i\geqslant 0\end{cases} \tag{5.19}$$

以此类推，对 B_m 建立模型

$$\min \quad T(\varphi_m)=\max_{i=1,2,\cdots,n} t_i$$

$$\text{s.t.}\quad \begin{cases}\sum_{i=1}^{n} x_i=a_m\\ x_i\leqslant a_i^m\\ t_i\geqslant 0\\ x_i\geqslant 0\end{cases} \tag{5.20}$$

上述式 5.19 和 5.20 中的 a_i^2 和 a_i^m 都是指计算完前一个优先级较高的出救点的出救方案后重新计算得到的剩余的可使用的应急资源。

模型的具体求解步骤如下：

STEP1：对只有一个应急地点 B_1 、n 个出救点 $A_i(i=1,2,\cdots,n)$ 的单目标问题按 5.4.1 节的模型及求解方法求解，并给出方案 φ_1 。

STEP2：重新计算剩余的可供利用的出救点。若 STEP1 计算结束后存在 $x_{1k}<a_k(x_{1k}\neq 0,k=1,2,\cdots,n)$，即第 k 个出救点向应急地点 B_1 提供其部分应急资源，则剩余可供利用的出救点可以用如下方法得到：在去除 STEP1 中已经

参加应急的出救点外，没有参加 B_1 应急救援的出救点和第 k 个出救点，这里第 k 个出救点可以提供的资源量为 $a_k - x_{1k}$ ；若 STEP1 计算结束后只存在 $x_{1k} = a_k$ 和 $x_{1k} = 0$ 两种情况，即应急地点要么提供其全部资源，要么不提供资源，那么只需找到未参与应急地点 B_1 应急救援的出救点即为剩余可供利用的。

STEP3：利用 5.4.1 节提供的模型及解法对剩余可利用的出救点及其可利用的应急资源对应急地点 B_2 进行建模并求解，并给出方案 φ_2 。

STEP4：对剩余的 $m-2$ 个应急地点仿照 STEP1～STEP3 的步骤求解，直到把最后一个应急地点 B_m 求解完毕后，则全部求解过程结束，此时给出每一个应急地点的出救方案。

以上建立的模型及求解步骤实质上是个连续的单目标问题的单阶段求解，最后得到一个出救方案。下面给出仿真算例。

3. 仿真算例

假设某路局归属范围内共有 $A_i(i = 1,2,\cdots,7)$ 个救援物资储备点，同时在具有不同线路等级的 B_1，B_2 两地发生突发事件，其中 B_1 发生在繁忙干线，B_2 发生在其他线路，仿真试算数据如表 5-11 所示。

表 5-11　应急地点权重不同资源调度模型仿真试算数据

出救点 应急点	A_1	A_2	A_3	A_4	A_5	A_6	A_7	需求量
B_1	$t_{11}=5$	$t_{12}=6$	$t_{13}=6$	$t_{14}=8$	$t_{15}=9$	$t_{16}=10$	$t_{17}=15$	$b_1=40$
B_2	$t_{21}=7$	$t_{22}=6$	$t_{23}=10$	$t_{24}=10$	$t_{25}=8$	$t_{26}=9$	$t_{27}=13$	$b_2=30$
供应量	$a_1=8$	$a_2=9$	$a_3=14$	$a_4=15$	$a_5=12$	$a_6=13$	$a_7=7$	

仿照 5.4.1 节利用 LINGO 软件编程求解应急地点 B_1 的出救方案为 $\varphi_1 = \{(A_1,8),(A_2,9),(A_3,14),(A_4,9)\}$ 。重新计算可供利用的出救点及各自资源量，得到表 5-12 中间数据。

表 5-12　应急地点权重不同资源调度模型仿真试算中间数据

出救点 应急点	A_4	A_5	A_6	A_7	需求量
B_2	$t_{24}=10$	$t_{25}=8$	$t_{26}=9$	$t_{27}=13$	$b_2=30$
供应量	$a_4=6$	$a_5=12$	$a_6=13$	$a_7=7$	

使用 LINGO 编程求解 B_2 的出救方案为 $\varphi_2 = \{(A_4,5),(A_5,12),(A_6,13)\}$ 。至此，计算结束，方案 φ_1，φ_2 即为给出的应急地点权重不同情况下对 B_1，B_2 两点同时发生突发事件的应急资源的调度方案。

第六章 铁路应急平台

6.1 铁路应急平台概述

铁路应急平台以安全技术和现代信息技术为支撑，以铁路应急管理流程为主线，是实施铁路应急预案的工具，是处置铁路及需要铁路部门配合处置的突发事件的技术保障系统。铁路应急平台提供铁路应急信息报告、实时图像传输、网上会商、应急资源管理、应急预案管理、应急指挥联动、预测预警、总结评估及辅助决策等功能，为决策者及时、科学地处理应急事件提供实施应急预案的可视化实战指南。

铁路应急平台的建设目标是建成三级应急平台体系，满足突发事件信息的接报处理、跟踪反馈和应急处置等铁路应急管理工作需要，并按照国务院应急平台要求完成相关任务，提供国务院应急平台所需的数据和信息，提高铁路应急管理工作的效率和水平，实现对突发事件全过程的有效控制，确保广大人民群众生命财产安全，确保铁路运输安全畅通。

铁路应急平台的建设以科学发展观为指导，紧密结合铁路运输生产安全和应急管理的实际需要，充分利用已有的信息资源，加强突发公共事件处理的综合指挥能力，提高应急反应速度和协调水平，为铁路运输生产安全和应急处理提供有力保障，满足建设和谐铁路的需要。具体建设原则如下：

1. 坚持预防为主、平战结合的原则，做到“预防与应急并重、常态管理与非常态管理相结合”。

2. 坚持统一规划、分步实施的原则。根据现实需要和实际能力，分步实施。

3. 遵循因地制宜的原则，整合资源，从实际需求和现实基础出发，提高资源利用效率，降低成本，实现应急所需的资源、场所等方面的有机整合，避免重复建设。

4. 遵循实用性、标准性、可扩展性、可靠性和安全性原则。采用国内外成熟可靠、先进适用的技术装备，确保铁路应急平台的高效运行和平滑扩充。

铁路应急平台的具体内容包括：综合应用系统、基础支撑系统、应急指挥场所和安全保障体系四个主要部分。

1. 综合应用系统

铁路应急平台的综合应用系统是以铁路应急管理流程为主线，强调综合应用系统各子系统之间的集成应用，以实现对铁路突发事件的预测预警、应急管理、应急指挥及善后处理。可分为应急值守、监测预警、资源管理、应急指挥、总结评估、模拟演练等多个子系统，每个子系统包含多个业务应用功能模块，实现应急管理全过程的信息化。

2. 基础支撑系统

基础支撑系统包括应急通信网络、视频会议系统及图像接入系统。

应急通信网络依托铁路通信网和公用移动通信网，承载铁路应急通信业务，实现突发事件现场话音、图像和信息的采集、传送和接收，以及应急指挥中心与应急现场的双向信息交互。应急通信网络包括应急通信传输网络和应急通信接入网络两部分。

视频会议系统用于实现固定、移动多级指挥中心间的异地网上会商。

图像接入系统主要用于将事发现场及相关视频监控系统的图像接入到铁路应急平台体系。

3. 应急指挥场所

当发生铁路突发事件时，对突发事件的处置常常需要多个业务部门协调进行，通过建立应急指挥场所，便于各级领导对铁路各类突发事件进行实时指挥，便于与地方政府的应急指挥机构及有关部门的联系。

4. 安全保障体系

遵守国家保密规定和信息安全有关规定，建立健全包括通信保密、网络信息、容灾备份及安全管理在内的铁路应急平台安全保障体系。基于铁路在我国的重要地位，铁路应急平台处理的相关信息的敏感度较高，因此要求铁路应急平台具有较高的安全性。必须建立完善的安全保障体系，制定相应的安全策略和安全管理机制，以保障系统安全高效地运行。

6.2 铁路应急平台综合应用系统

6.2.1 总体结构

铁路应急平台综合应用系统主要由应用软件、应急资源库、软硬件运行环境等部分组成。在服务器、存储设备、主机、网络设备等硬件设备的支撑下，通过对应急资源库的管理，综合应用系统提供铁路应急事务的全部管理功能，包括铁路应急资源的规划管理、相关信息的收集分析、应急方案的辅助制定及应急预案的实施等，是涵盖铁路突发事件预防、准备、响应、恢复全过程的工作平台。

综合应用系统平时主要用于应急值守、应急培训演练及应急资源的动态管理，铁路突发事件发生时用于应急指挥，事后用于总结评估。铁路应急平台综合应用系统的总体结构如图 6-1 所示。

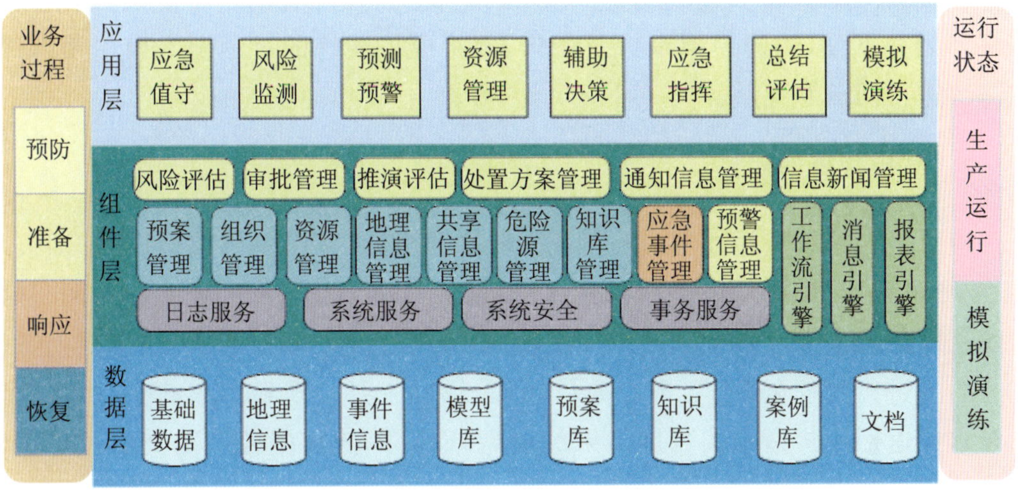

图 6-1　铁路应急平台综合应用系统总体结构图

铁路应急平台综合应用系统分为应用层、组件层及数据层。应用层直接提供铁路突发事件预测预警、信息传递、应急响应及善后恢复等业务处理的应用子系统，包括应急值守系统、风险隐患监测防控系统、综合预测预警系统、应急资源管理系统、辅助决策系统、应急指挥系统、总结评估系统及模拟演练系统等。组件层主要为业务子系统提供基础支持，由地理信息组件、辅助决策组件、通知信息组件及用于管理铁路应急平台的管理维护类各组件等组成。数据层存储及管理铁路应急平台信息资源。

铁路应急管理和突发事件的处置过程，可分为预防、准备、响应、恢复四个阶段。同时，铁路应急平台存在两种应用状态，一种是生产运行状态，另一种是模拟演练状态。

在生产运行状态下，不同的子系统可以在铁路应急管理工作的不同阶段发挥重要作用。在预防准备阶段，预测预警系统可以提供预警信息，应急值守系统处理日常事务，应急资源管理系统对铁路应急所涉及的人、财、物进行动态管理。在对铁路突发事件的应急响应阶段，需要参考来自于预测预警系统的预警信息，通过紧急通告及信息发布的形式通知事件领导小组及相关人员及时到位，并向公众通告预警信息及突发事件处置进度，应急指挥系统对铁路突发事件进行应急指挥调度，利用应急值守系统对有关事件的信息进行收集和协调。在铁路突发事件应急处置结束后，需以紧急通告的形式发布事件处置结果，并利用铁路应急资源管理系统对因处置突发事件而调用的资源进行管理，总结评估系统则对事件造成的损失进行统计分析，并对事件处置过程进行回放和再现，对整个应急处置过程进行综合评估。

在模拟演练状态下，应急平台可以模拟实际生产运行的各个阶段，制定模拟演练计划并下发，构建模拟事件及场景，并将模拟演练的过程记入模拟演练库，对演练进行回放和评估。

6.2.2 应用软件结构

应急平台系统采用业界流行的J2EE技术规范，采用三层架构设计，即表示层、业务逻辑层、数据持久层；数据持久层用于实现与数据库的交互和访问，从数据库获取数据或保存数据到数据库的功能；业务逻辑层承上启下，用于对上下交互的数据进行逻辑处理，实现业务目标；表示层主要实现和用户的交互，接收用户请求或返回用户请求的数据结果的展现，而具体的数据处理则交给业务逻辑层和数据访问层去处理。

客户端软件模式多采用B/S零部署方案，对于客户端和服务器之间数据交换频繁的模块，如应急指挥模块，采用B/S与C/S结合的方式，既兼顾用户使用安装便利性，减轻了客户端的维护工作量，又满足服务器和客户端频繁数据交互的需求。PDA移动应急平台采用C/S模式，支持在线和离线两种工作模式，在线状态下满足与大平台的互动。

应急平台采用MVC设计模式，即"Model-View-Controller"模式。这种结构模式是交互式程序广泛使用的一种体系结构。它有效地在存储和展示数据的对象中区分功能模块以降低它们之间的连接度。这种体系结构将传统的输入、处理和输入模型转化为图形显示的用户交互模型。

MVC模式包括三个部分：模型（Model）、视图（View）和控制器（Controller），分别对应于内部数据、数据表示和输入输出控制部分。MVC模式的一般结构如图6-2所示。

1. 模型（Model）：模型是与问题相关数据的逻辑抽象，代表对象的内在属性，是整个模型的核心。它采用面向对象的方法，将问题领域中的对象抽象为应用程序对象，在这些抽象的对象中封装了对象的属性和这些对象所隐含的逻辑。

模型的作用如下：

（1）抽象应用程序的功能，封装程序数据的结构及其操作；

（2）向控制器Controller提供对程序功能的访问；

（3）接受视图View的数据查询请求；

（4）当数据有变化时，通知对此数据感兴趣的视图View。

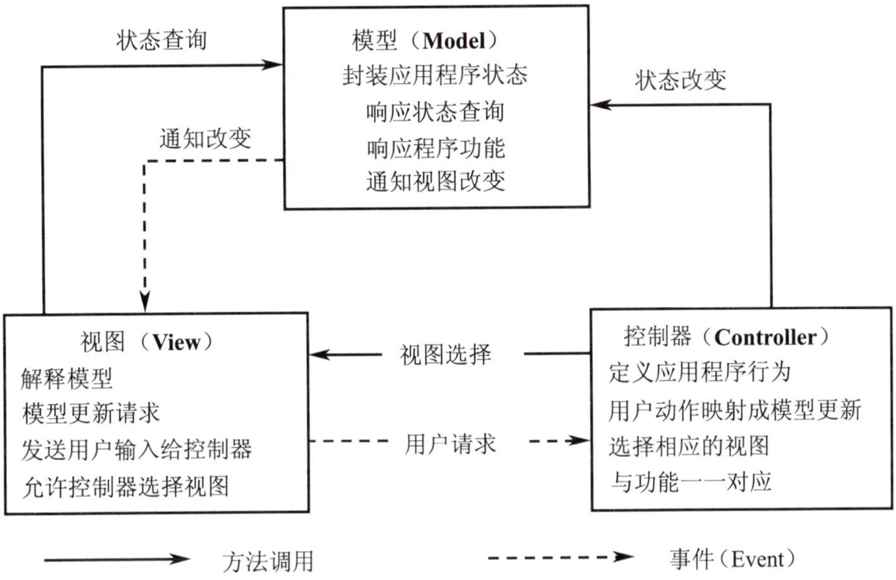

图 6-2 MVC 模式各部分的关系和功能

2. 视图（View）：视图是模型的外在表现，一个模型可以对应一个或者多个视图，如图形用户界面视图、命令行视图和 API 视图；或按使用者分类：新用户视图和熟练用户视图等。视图具有与外界交互的功能，是应用系统与外界的接口：一方面它为外界提供输入手段，并触发应用逻辑运行；另一方面它又将逻辑运行的结果以某种形式显示给外界。当 Model 变化时，它做出相应变化。

View 的作用如下：

(1)对数据的表现部分进行抽象；

(2)将数据展现给用户，获得用户输入；

(3)将用户输入转发给控制器 Controller；

(4)当接到来自模型 Model 的"数据已更新"通知后，更新显示信息。

3. 控制器(Controller)：控制器是模型与视图的联系纽带，控制器提取通过视图传输进来的外部信息，并将用户与 View 的交互转换为基本应用程序行为的标准业务事件，再将标准业务事件解析为 Model 应执行的动作（包括激活业务逻辑和改变 Model 的状态）。同时，模型的更新与修改也将通过控制器来通知视图，从而保持各个视图与模型的一致性。

控制器 Controller 的作用如下：

(1)抽象用户交互和应用程序语义的映射；

(2)将用户输入翻译成应用程序的动作，并转发给模型 Model；

(3)根据用户输入和模型 Model 对程序动作的输出，选择适当的视图 View 来展现数据。

4. 采用 MVC 的优点

(1)低耦合性。

视图层和业务层分离,这样就允许更改视图层代码而不用重新编译模型和控制器代码,同样,一个应用的业务流程或者业务规则的改变只需要改动 MVC 的模型层即可。因为模型与控制器、视图相分离,所以很容易改变应用程序的数据层和业务规则。

(2)高重用性和可适用性。

随着技术的不断进步,现在需要用越来越多的方式来访问应用程序。MVC 模式允许使用各种不同样式的视图来访问同一个服务器端的代码。它包括任何 WEB(HTTP)浏览器或者无线浏览器(wap),比如,用户可以通过电脑也可通过手机来订购某样产品,虽然订购的方式不一样,但处理订购产品的方式是一样的。由于模型返回的数据没有进行格式化,所以同样的构件能被不同的界面使用。例如,很多数据可能用 HTML 来表示,但是也有可能用 WAP 来表示,而这些表示所需要的仅仅是改变视图层的实现方式,而控制层和模型层无需做任何改变。

(3)较低的生命周期成本。

MVC 使降低开发和维护用户接口的技术含量成为可能。

(4)快速的部署。

使用 MVC 模式使开发时间得到相当大的缩减,它使程序员(Java 开发人员)集中精力于业务逻辑,界面程序员(HTML 和 JSP 开发人员)集中业务于表现形式上。

(5)可维护性。

分离视图层和业务逻辑层也使得 WEB 应用更易于维护和修改。

(6)有利于软件工程化管理。

由于不同的层各司其职,每一层不同的应用具有某些相同的特征,有利于通过工程化、工具化管理程序代码。

6.2.3 数据库设计

铁路应急平台的数据库是铁路应急平台的信息基础,数据库中存储的内容包括基础信息数据、地理信息数据、事件信息数据、决策支持模型、应急预案、应急知识、应急案例及文档等。

1. 基础信息数据

基础信息数据是指铁路应急平台常用的基础性数据。基础信息数据可分为两类,即铁路应急基础数据及铁路应急业务数据。

铁路应急平台基础信息数据库存储铁路应急平台所需要的铁路基础信息。这些信息描述各业务信息系统公用的铁路基础编码和数据字典等相关内容，如线路编码、区段编码、区间编码、车站编码、分界口编码等。同时还存储线路字典、车站字典、列车运行时刻表等内容。构建规范的编码和字典，便于实现铁路应急平台与铁路其他信息系统及路外应急系统的信息共享。

铁路应急平台基础信息数据库存储铁路应急平台所需要的铁路应急业务信息。铁路应急业务数据是应急管理业务所涉及的数据信息，主要包括应急组织体系数据、救援资源数据等。

2.地理信息数据库

铁路应急平台地理信息数据库，即铁路应急空间数据库，主要存储铁路应急管理所需要的基础空间数据、专业空间数据。铁路应急平台地理信息数据库将遵循国家及铁道部相关标准进行建设，这样除了供铁路应急平台使用外，还可供其他有空间信息需求的业务系统使用。

基础空间数据主要包括不同比例尺的矢量、栅格、三维数据及其他类型(如多媒体)数据，如铁路基础图、铁路线路纵断面图。铁路基础空间数据主要提供铁路线路分布、铁路局及主要车站信息。

专业空间数据主要存储与铁路应急管理业务相关的专业数据。铁路应急管理业务涉及车、机、工、电、辆等多个专业，需要共享相关专业特有的、内容详细的专业电子地图。在基础空间信息图层上叠加专业的空间信息，可生成相关专业使用的专业图层。专业空间数据形式更加多样化，不仅涉及各种比例尺的矢量、栅格和三维数据，还包括视频、图像等多媒体数据。如车站配线图、车站站场平面图、客运设备分布图、区域性枢纽平面示意图、编组站平面示意图等。

3.应急事件数据

应急事件数据包括应急事件接报信息、预测预警信息、监测监控信息以及应急指挥过程信息等。

4.决策支持模型

决策支持模型主要存储各类突发事件的分析模型，包括各类突发事件的信息识别模型、综合预测预警模型、智能研判模型、应急事件发展趋势预测模型、影响后果分析模型、旅客疏散避难策略模型、评估模型等。模型中要存储的内容包括模型实体、模型目录和模型参数、模型的使用范围、限制条件和使用说明等。

5.应急预案数据

应急预案数据包括国家、铁道部、铁路局、站段及重点防护对象的自然灾害、事故灾难、突发公共卫生事件及突发群体性事件 4 大类应急救援预案。预案的内容包括总责、组织指挥体系及职责、预防预警、应急响应、后期处置、保障措施、宣传、培训和演习等。预案的属性包括预案名称、预案类别、预案级别、版本号、主题词、发布时间、发布单位、预案内容等。应急预案数据采用知识库管理技术实现预案的数字化，并可以文本预案、预案流程、结构化的数字预案等多种形式灵活表现。

6. 应急知识

应急知识存储与铁路应急有关的各种技术、法制及常识等知识，如法律法规、技术规范等文件，在应急工作中积累、总结、提炼形成的信息知识，以及处置一些典型铁路突发事件的专家经验等。

7. 应急案例

应急案例有两类。一类是国内外铁路行业已经发生的、有重大影响的突发事件典型案例，包括案例的基本信息和扩展信息。案例的基本信息包括案例名称、类型、等级、主题词、事发时间、事发地点、案例起因、伤亡人数、经济损失、案例摘要、案例描述、综合评价等；案例扩展信息主要存储不具有普遍共性的案例特征数据，这些数据因突发事件的类型不同而有差别。另一类是国内外与铁路行业相关的已经发生的、有重大影响的突发事件典型案例，存储的内容与第一类案例基本相同。

为检查铁路各突发事件应急预案的科学性、可行性并对应急缺陷进行诊断，检验和提高铁路应急救援体系的反应能力、救援能力、协同作战能力等实战能力，铁路应急管理部门需要进行各种常规及专项演练。这些演练对应急处置具有一定的参考价值和指导意义，对这类演练方案也要进行存储管理。演练方案库存储各类突发事件的铁路应急救援演练情况和演练方案等信息，包括演练的时间、地点、内容、方式、项目、参加单位、参加人员、演练过程记录、演练总结等。

8. 文档

铁路应急平台的文档数据，主要是用来存储和管理铁路应急平台处置突发事件的过程中需要处理和产生的正式文档和公文，包括语音、视频等多媒体信息。

6.2.4 性能指标

铁路应急平台作为平时和战时使用的系统，对其并发量、响应时间、健壮性、准确性、可靠性都有很高的要求。本系统中，将从各个方面、多个层次确保系统的性能。

6.2.4.1　系统性能目标

1.系统精度

本系统将保证数据输入、输出及远程数据传输的100%准确率。

2.系统有效性

在硬件性能保证的前提之下，铁路应急平台系统的有效性不低于99.9%，也就是说系统失效终止运行(包括故障修复)的时间与正常运行的时间比率不应超过0.1%。如果按照一年(365天)的时间来计算，那么系统非计划停机时间为：365×24×0.1%=8.76小时。

3.系统高效性

在硬件性能保证的前提之下，铁路应急平台系统能够快速响应用户的请求，能够有效管理和利用处理器、磁盘空间、通信带宽等系统资源，有足够的处理能力，保证系统的运行安全。

(1)系统在设计的满载条件下运行时，仍然有10%处理器能力和15%系统可用内存留出备用。

(2)系统的设计满载容量：允许50人并发访问流量，支持1 000人同时访问。

(3)在业务高峰时，系统对一般的操作应该在3秒之内响应，对复杂操作应在5秒之内响应。

4.系统可靠性

铁路应急平台系统能够满足：

(1)每月系统影响业务的功能不可使用的次数不超过0.5次，且平均修复时间在4小时以内；

(2)意外宕机次数每年不超过2次；

(3)由于软件问题导致的操作失败率不超过0.5%。

5.系统健壮性

利用成熟的J2EE软件开发框架基础上构建的铁路应急平台系统具有较好的健壮性，能容忍非法输入数据、相关软件或硬件组成部分的缺陷或发生异常的情况，保持继续正常运行。即便出现问题，可以从发生问题的环境中完好地恢复。系统可以满足：

(1)所有操作必须返回成功或失败信息，对于软件可以控制的错误，还将返回具体的错误信息；

(2)模块化的设计和良好的封装性，保证某个应用进程或模块出现的故障不会导致其他进程或模块不可用，也不会导致系统崩溃；

(3)发生用户操作错误或失败的情况下，系统能够继续运行，功能不受影响。

6.人机交互友好性

由于使用本用户系统涉及的范围比较广，层次比较复杂，所以界面也必须根据实际情况进行具体界定，要有适用于用户特点的智能化人机交互界面，便于用户操作使用，具体需求如下：

(1)尽量体现“所见即所得”效果：

客户端由于使用的是网页的格式，考虑到初级用户填报统计表时的复杂性，网页界面尽量与手工填报的报表格式一样，即尽量接近“所见即所得”的使用效果。

(2)操作界面一致、和谐：

应保证录入合理方便，界面的颜色搭配更和谐，不能过于鲜艳，所有界面的操作方式也要求一致(如保存，修改，核对，统计表目列表等，在各页面的位置相同)。各级统计机构的管理统计数据的界面应更为方便、直观，将相关的要求管理的内容尽可能地集中于同一窗体内。

(3)提示标准化、清晰明确：

系统的提示必须清晰明确、统一标准。对不同性质的提示(如一般提示、错误提示、警示等)，应在界面上有明显的区别，提示内容要规范，可理解性强。不允许存在开发工具或数据库的错误提示出现在客户端。对于可能造成比较大影响的操作(如删除、数据恢复)必须有一次或多次的确认。

6.2.4.2 性能解决方案

1. 服务器

由于本系统访问率会较高，实时性强，数据精度要求高，数据交换频繁，客观上要求服务器必须是高质量的，具有优异的性能、足够的处理能力和I/O系统带宽才能保证系统安全可靠、稳定高效。铁路应急平台将采用高性能、高稳定性、高吞吐量的企业级服务器，以保证中间件对硬件资源的需求。

2. 网络

铁路应急平台系统是一个门户系统也是一个集成系统，它不仅需要通过网络为用户提供服务，也需要通过网络与上级系统、现有各个应用系统进行数据交换、应用集成，因此要保证系统的性能，首要是保证网络的带宽、稳定性、可靠性。

在本系统中，对不同节点根据需求采用不同的带宽，对吞吐量大的可以采用千兆甚至万兆的网络适配卡，采用光纤接入。对异地实时性强、重要业务的节点采用冗余网络形式，如除了专线接入以外，增加一条VPN网络，如果专线出现任何问题，可以迅速切换到VPN网络上，减少网络故障带来的损失。

3. 数据库优化

每个系统都离不开数据的保存和查询，特别是本系统，除了本身的门户系统的支撑数据外，还需要与现有各个生产、经营系统和省局系统进行数据集成或者数据交换。如何提高数据存储和查询的可靠性、健壮性和高效性将对系统的性能起着举足轻重的作用。本系统在数据库方面，将采取以下措施来提高系统的性能。

(1)配置：本系统在部署时，会根据本系统以及硬件的配置情况，合理的调整数据库各个模块对资源的使用率，达到资源的最合理分配，提高数据库的执行速度。

(2)索引：索引能够大幅度的提高数据的检索速度，当然同时也降低其他操作速度(如新增、修改)，本系统将根据实际的操作在数据库建立合适的索引，使得数据库的检索性能达到最优化。

(3)分区：对于数据量非常大的表，如生产数据中间库，经常需要进行查询操作，而且对于往年的历史数据可能不需要或者很少查询，则可以采用分区的形式，把进行查询的数据放在一个区内，其他的放在其他区内，这样就可以大幅度的提高访问速度。

(4)SQL 优化：对复杂的查询模块，在开始时，开发组和测试组会采用 SQL Analyze 对 SQL 语句的性能进行分析和统计，对执行时间较长的语句进行优化。

4. 中间件优化

通过调整中间件的各个参数，如内存占用量、缓存大小、并发用户数量、凭证无效时间长度等，从而提高中间件的速度、可靠性和健壮性，避免服务过载而导致宕机。

5. 应用程序优化

(1)输入检验：本系统所有输入页面都将提供输入的检验功能。主要检验输入的有效性、合法性，减少网络的占用率，避免错误的输入导致系统的宕机，提高系统的稳定性和强壮性。

(2)输入内容设置：本系统提供对一些输入内容的参数的设置功能，如附件的最大值、上传图片的大小限制、文本的长度、分页时每页的记录数。管理员可以通过实际的网络情况、访问量等对这些参数进行设置，避免个别用户过长的占用资源，从而提高整个系统的速度和高效性。

(3)模块松耦合：设计时尽量采用松耦合的设计思想，即各个模块之间的联系尽量少或者尽量采用接口形式，避免模块之间的互相影响，使得一个模块的崩溃不影响其他模块的运行，从而提高系统的健壮性。

(4)缓存技术：对一些基础数据和常用的查询采用缓存技术，避免频繁的查询数据库，消耗大量时间在数据库的 I/O 操作上，提高系统的速度。

(5)错开工作时间：本系统的全文检索模块需要对整个系统的全部数据定期

进行查询、重新建立全文检索的索引，该操作对硬件资源的消耗非常大。为了避免工作时间对系统运行速度的影响，本系统将错开工作时间，在晚上非高峰时段进行该全文检索索引的重新创建。

(6)交换数据格式：由于本系统大部分的模块牵涉到数据集成、数据交换，为了提高数据传输的速度，本系统采取压缩的 XML 文档技术，对需要传输的数据进行压缩，从而提高系统的速度。

6.3 铁路应急平台基础支撑系统

铁路应急平台基础支撑系统主要完成铁路应急平台基础系统的建设，实现各应急平台间的通信保障、计算机网络传输保障、视频会议保障、视频接入保障。包括计算机及应急通信网络系统、视频会议及图像接入系统等。

6.3.1 计算机及应急通信网络系统

铁路应急平台计算机网络系统是铁路应急平台的重要组成部分，是实现各级应急平台与突发事件应急现场之间实时信息交互的基础，是保证事发现场的视频、图像、语音、数据等信息能够实时、有效地上传到部及路局应急指挥中心的基础。

应急通信网络包括应急通信传输网络和应急通信接入网络两部分。应急通信传输网络实现铁路三级应急平台之间、应急平台与铁路相关业务应用系统之间的话音、图像和信息传输，确保在应急处置时各种信息传送的安全和畅通。同时满足国家和各级地方政府应急平台接入的需要。

应急的特点要求铁路应急平台能满足各种环境下的通信需要，我国铁路线路情况复杂，行车密度、线路等级和通信线路状况也各不相同，自然灾害和行车事故发生的概率、带来的损失和造成的影响千差万别，因此铁路应急平台应该采取多种方式，在不同环境下采用不同的接入方式，以满足各种情况下的通信需要。应急接入网络主要是解决事发现场信息传送“最后一公里”瓶颈问题。把应急现场采集的各种音频、视频和数据信号，根据现场的不同情况，将相应的信息通过有线接入、无线接入、卫星接入等不同的接入方式传送到邻近车站、区间接入点、铁路局等。

需要指出的是，因无线公网、宽带卫星均与互联网通连，经无线公网及宽带卫星接入的信息在进入铁路应急平台计算机网络前必须经过铁路信息安全保障平台的防护。铁路应急平台应急通信网络总体结构如图 6-3 所示。

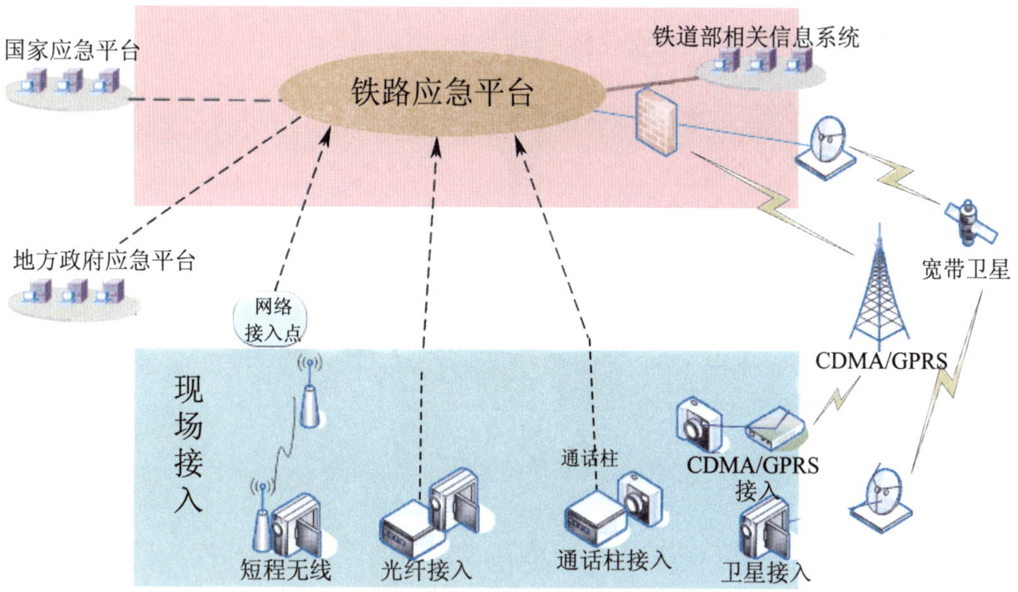

图 6-3　应急平台网络总体结构示意图

6.3.2　视频会议及图像接入系统

视频会议系统主要用于大的突发事件发生时各级平台之间的协调沟通、会议会商。上级图像接入系统主要用于接收下级平台和移动平台的图像信号。铁路应急平台视频会议系统应具有多功能、多业务等特点，除主要用于大的突发事件发生时固定应急平台、移动平台及现场各级平台之间的协调沟通、会议会商外，也可用于培训时的远程教学、现场图像传输展示及其他视频监控系统的视频接入等。

视频会议系统应具有多种级别和权限模式设置，上级指挥员或管理者通过指挥调度终端可以向下级执行者发布指挥和调度命令，上下级各个部门、各级领导与下属之间可以实时地进行音、视频信息的双向交流。

当遇到大的突发事件发生需要应急处置时，应急指挥领导以视频会议系统作为综合协调的通信(语音、数据、图像)平台，召集各有关人员和相关方面专家进行远程会商，与会人员在不同地点通过视频会议系统共享现场的视频图像。实现事故处理过程现场视频图像采集上报、实时音视频交互、应急现场支持等功能，使得相关部门对事件的情况了解更加全面、对事件处置的反应更加迅速、对相关人员之间的协调更加充分、决策更加有依据。同时，系统还大大降低了工作人员的工作难度。

视频会议系统与图像接入系统采用全分布式结构，由监控中心设备、前端设备和用户端设备组成，核心设备为综合视频交换机，对接入系统的各种媒体设备实现统一配置、统一管理。系统总体结构见图 6-4。

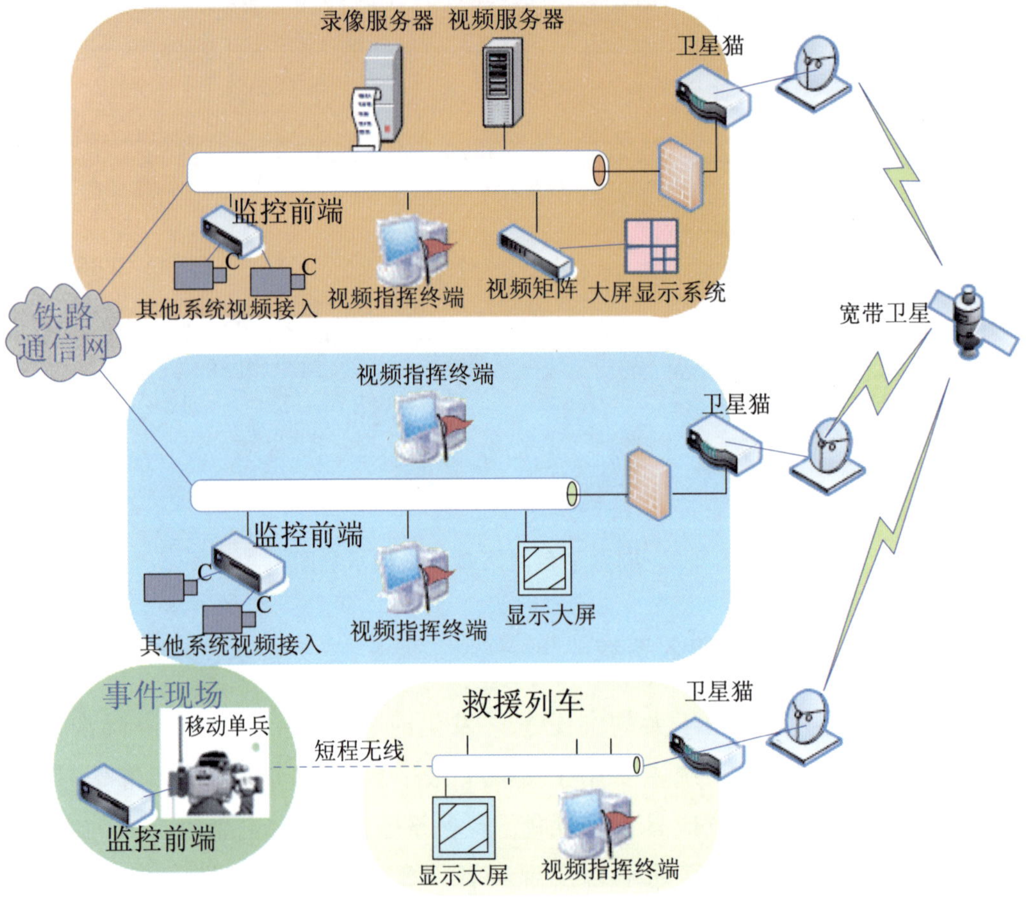

图 6-4　铁路应急平台视频会议与图像接入系统结构示意图

6.4　铁路应急指挥场所

6.4.1　场所建设内容

铁路应急指挥场所是发生铁路突发事件时，有关决策者进行会商、决策及指挥的场所，是各级领导了解现场情况、处理突发事件的重要指挥平台，是实现快速反应、实时沟通、科学决策、高效指挥的基础和关键。

应急指挥场所包括固定应急指挥场所（含各级应急指挥中心等）和移动应急指挥场所（含救援列车等现场应急指挥场所）两大类。场所应满足日常应急管理和多起突发事件同时处置的需要，提供 7×24 小时应急值守和指挥会商的基本条件。应急指挥场所建设涉及大屏幕显示系统、数字会议系统、音频扩声系统、集中控制系统等。铁路应急指挥场所建设总体结构如图 6-5 所示。

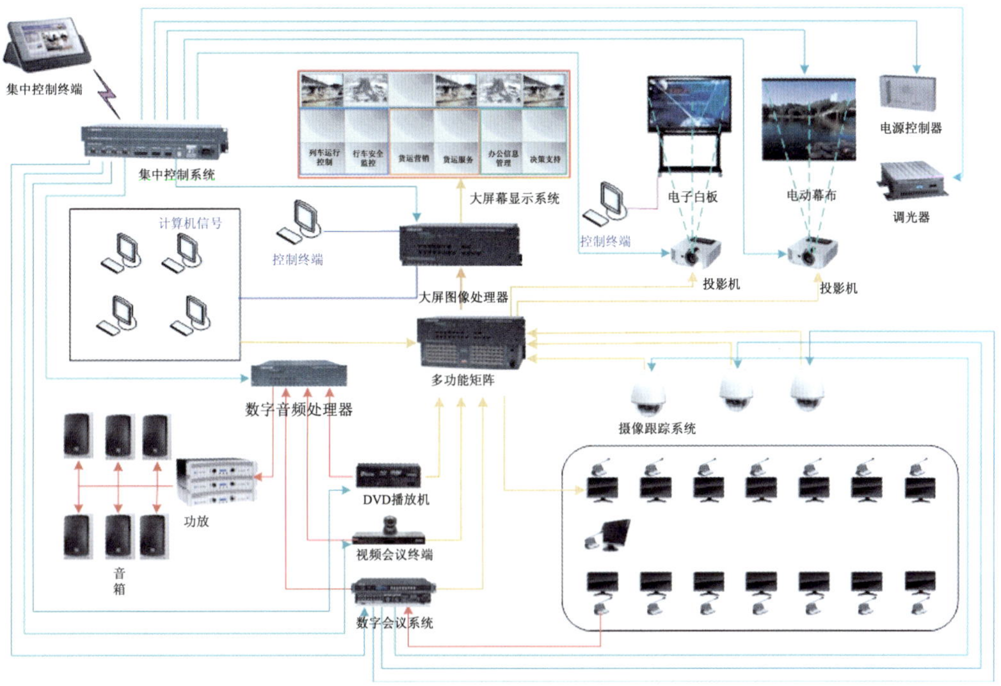

图 6-5　铁路应急指挥场所建设总体结构

1. 大屏幕显示系统

应急指挥场所的大屏幕显示系统，为领导和工作人员创造一个高效直观的显示环境。大屏幕显示系统包括显示单元、多屏拼接控制系统、矩阵切换器以及机架。多屏拼接控制系统包括多屏拼接控制器、控制软件等。

根据不同场所的大小、显示信号数量和整体效果的需求，应急指挥场所大屏幕系统显示墙可采用不同尺寸、不同数量的一体化单片等离子或 DLP 背投单元进行拼接，单屏分辨率应达到 1 024×768，并且系统支持 7×24 小时长期不间断使用。

大屏幕显示系统应具备以下功能：

显示墙应能拼接成单一的逻辑屏，能够在整个大屏幕上显示一幅画面。

在不打开窗口的情况下，能够在多块屏幕上同时显示相同或各不相同的画面。

支持多屏图像拼接，通过外置组合屏控制器可以实现多路信号在大屏幕上任意位置、以任意大小开窗口显示。

所有窗口画面可自由缩放、跨屏移动、不受物理接缝限制，显示的窗口数量不受限制，同时具有足够的控制速度。

所有类型的显示画面都能按相应比例从单屏显示无级放大到全屏显示，全屏范围内显示图形不变形，整个屏幕亮度均匀，画面稳定无闪烁。

采用软件控制窗口的拼接与分割，屏与屏之间的拼缝不能影响字符和图形的正确显示。支持各种信号源输入的文字在大屏幕上的正确显示，屏间拼缝不能产生图形和文字错位现象。

通过控制主机的集中控制，可以实现对各通道任何一路信号的自由切换。可根据用户需要制定常用显示模式，实现简单灵活的使用界面。支持多用户的操作，及对用户的权限进行设定。

2. 数字会议系统

数字会议系统是利用计算机、数字及网络技术进行各系统组网，将会议签到、发言、表决、翻译、摄像跟踪、音响、显示、网络接入等各自独立的子系统有机地连接成一体，由中央控制计算机根据会议议程协调各子系统工作。

数字会议系统相对传统会议系统大大改善了音质，提高了系统可靠性，而且从根本上消除了一般会议系统存在的干扰、失真、串音及系统不稳定等缺陷。使每一位与会代表均能收听到稳定、纯正的声音。

3. 音频扩声系统

音频系统担负着应急指挥中心内部所有音频的整合工作，会议发言系统、大屏幕显示系统等均需要音频扩声系统支持。

根据应急指挥场所的结构特点，音频扩声系统采用双声道扩声的方式来满足会议室的电声需求，整套扩声系统采用以数字网络矩阵处理器为核心的构架方式，主设备均与数字网络矩阵处理器相连接，通过计算机软件的配合实现对音频的控制、处理、分配、混合等功能。同时数字网络矩阵处理器可以通过综合布线系统与其他场所互通，为会议室实现网络化管理奠定基础。

音频系统设备包括调音台、功放、音响、会议话筒接入单元和话筒。调音台完成多路音频信号的控制功能，与功放、会议话筒接入单元一并放置在机柜中，音响均为双声道，放置于大屏幕两侧，会议话筒为手拉手方式连接。

4. 网络通信子系统

应急指挥场所都需设置 10/100/1 000M 交换机，以满足场所内设备联网的需要，并为今后的扩展留有余量。需要联网的设备有办公主机、应急平台综合应用系统主机、大屏幕系统控制器、打印机、视频服务器等。

应急指挥场所都需设置铁路公务电话、铁路调度电话及与国务院/地方政府联系的专线电话，用于支持应急平台内外部机构间日常工作联络、突发事件应急处置时话音、传真等业务的通信需要。

5. 工作平台系统

在应急指挥场所内需设会议桌及终端，每个终端需配置1台可升降的显示屏，根据场所大小及投资，可采用17到21英寸LCD屏，并且实现在部分终端受控的情况下其他终端可自由操作，不受主控终端控制。工作平台系统能通过升降屏控制主机，实现有人使用时显示屏升起，无人使用时显示屏保持暗藏状态，并具备其他会议室必备的周边设备，如电子白板、电子标签、电动投影屏幕等。

6.集中控制系统

铁路应急指挥场所涉及大屏显示系统、会议音响系统、计算机网络系统及应急平台应用系统等，这些系统必须通过集中控制系统，将各个子系统集中控制、集中管理，对场所环境进行调节及控制，减少各个系统的操作难度，通过在集中控制系统上进行统一操作，实现图像接入、计算机显示、视频会议、灯光音响等设备的综合控制。音频系统、网络系统等需要直接控制的设备统一放在定制的机柜中。对于大屏幕系统等需要软件控制的系统，将各种控制软件统一装入一台控制终端，需要时值班人员可利用多主机切换器将控制画面切入办公主机显示器中进行控制。

7.其他系统

为实现讨论会商、指挥决策等功能，铁路应急指挥场所还需要其他支持系统，如实现数据线路、语音线路、音视频线、控制线等合理分布的综合布线系统，包括供配电、UPS、备用发电机、接地、防雷措施等供电系统，以及照明等设备、系统。

6.4.2 场所建设原则

铁路应急指挥场所建设应遵循如下原则：

1.实用性和先进性原则。采用先进成熟的技术和设备，满足当前应急指挥的要求，兼顾未来的要求，尽可能采用兼顾先进与实用的技术、设备和材料，使整个系统在未来一段时间内保持技术的先进性，并具备良好的可扩充能力，以适应未来应急指挥的发展和技术升级的需要。

2.可管理性原则。场所的各系统应具有较强的集中式管理和分布式实施控制的可管理性。鉴于应急管理的高度集中性和事件突发性，管理任务将日趋复杂。因此在设计中，必须建立一套全面、完善的场所管理和监控系统，所选用的设备应具有智能化、可管理的特性，同时采用先进的管理监控系统设备及软件，实现先进的集中管理、实时监控，实现灯光、音响、视频等设备的统一控制管理。这样可以迅速确定故障，提高设备的运行性能、可靠性，简化管理人员的维护工作。

3.安全可靠的原则。应急救援指挥中心是为各类重大突发事件提供应急指挥的场所，场所内各系统的安全可靠性至关重要，因此须把系统的安全可靠作为重中之重加以设计。

4.系统开放的原则。应急指挥中心内各系统要与其他系统进行连接,因此系统的开放性是系统设计的又一个重点。采用标准化的设计,选择标准化的产品,便于备件储备和互换。采用标准化接口和协议,以保证系统和设备之间具备“互操作性”。

5.良好扩展的原则。充分考虑系统及其设备的扩充性,在系统设计预留合理的容量,使系统具有充分的扩展能力,为未来应急指挥中心发展需要留有充分余地,尽最大可能在规模上满足将来相当长的时间内的扩充需要。

6.4.3 大屏幕显示系统建设方案

大屏幕系统包括显示单元、多屏拼接控制器、视频矩阵、桌面液晶升降显示系统以及投影显示系统。用于接入和显示来自于计算机、网络、电视和其他视频设备等多种格式的信号,支持 H.264 等 IP 视频流的接入和显示,满足日常值班的需要,并要求系统具备分屏显示和无缝拼接等功能。

各个模块之间连接如图 6-6 所示。

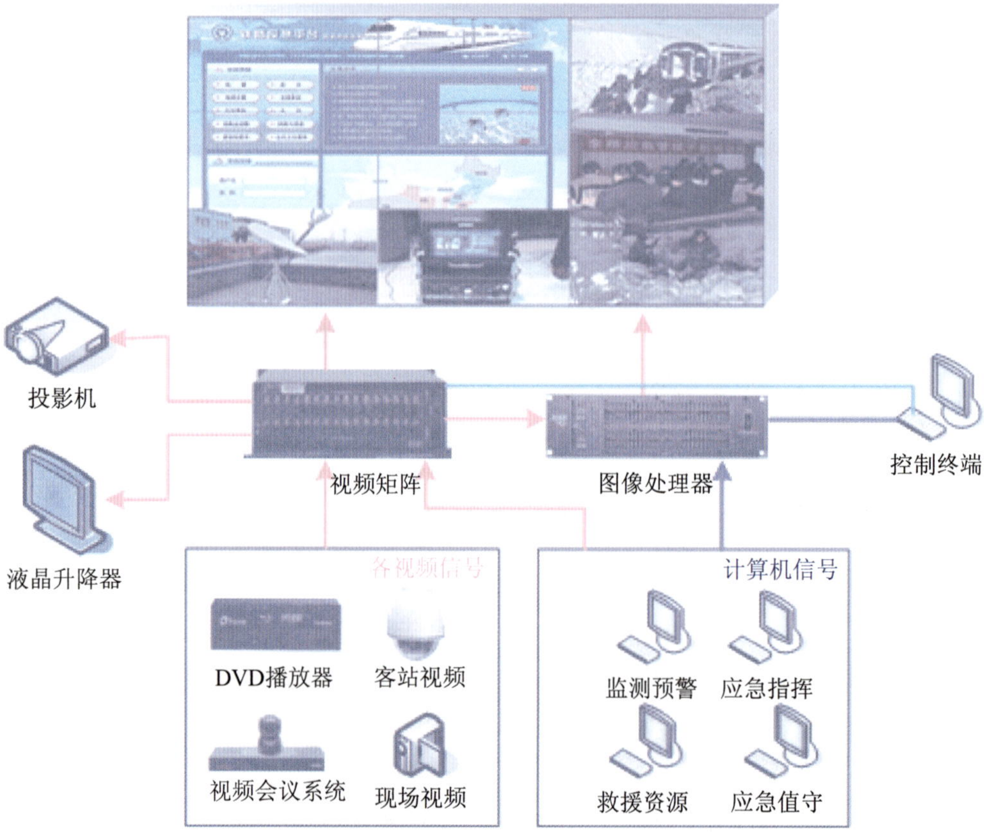

图 6-6 大屏幕系统结构图

1. 目前主流的显示单元有数字光处理(Digital Light Procession,DLP)投影和等离子显示板(Plasma Display Panel,PDP)。数字光处理技术需要先把影像信号经过数字处理,然后再把光投影出来。等离子显示是一种利用气体放电发光的有源平板型显示技术。下面就 DLP 和 PDP 两种拼接方式进行对比,如表6-1 所示。

表 6-1 DLP 背投和等离子屏幕性能对比

性能 名称	DLP	PDP
拼接缝隙(mm)	0.3～1	3～5
尺寸(英寸)	50、60、67、84、100	42
分辨率	较高(单屏满足 1 024×768)	一般(单屏 853×480)
对比度	一　般	较　高
耗　材	有(需要换灯芯)	无

2. 多屏拼接控制器又称电视墙拼接器、多屏处理器、大屏幕处理器、数码拼接处理器等,主要功能是将一个完整的图像信号划分成 N 块后分配给 N 个视频显示单元,完成用多个普通视频单元组成一个超大屏幕动态图像显示屏。多屏拼接控制器可以实现多个物理输出组合成一个分辨率叠加后的超高分辨率显示输出,使屏幕墙构成一个超高分辨率,超高亮度,超大显示尺寸的逻辑显示屏,完成多个信号源(网络信号、RGB 信号和视频信号)在屏幕墙上的开窗、移动、缩放等各种方式的显示功能。

3. 视频矩阵,就将视频图像从任意一个输入通道切换到任意一个输出通道显示。按信号源可以分为:VGA 矩阵、RGB 矩阵 、AV 矩阵、DVI 矩阵等。根据具体信号源情况选择不同矩阵,常用的有 VGA 矩阵和 RGB 矩阵。

6.4.4 数字会议系统建设方案

数字会议系统用于提供高质量的音视频传输、高清晰的会议动态画面,而且实现对会议进程的全面控制,提高应急指挥会商效率。数字会议系统主要功能包括:

1. 会议主席通过主席机来控制会议的发言次序及讨论时间,可允许代表发言或者屏蔽代表发言,会议代表通过代表机来参与会议讨论,会议代表可以得到以下功能的某些部分或全部:听,说,请求发言,发言排队等,并可以通过观看会议室大屏幕显示资料或观看升降屏显示系统所显示的资料,并且可在许可的情况下，使用升降显示系统的独立主机完成其他内容，当许可被限制时则通过升降屏显示系统来观看主席规定显示的内容；

2.通过配套摄像头来完成发言视频跟踪功能，通过视频矩阵切换台及视频控制键盘设置预置位，这样在开启发言话筒时实现发言视频跟踪功能。

数字会议系统主要包括会议系统主机、主席单元、代表单元、无线发言单元、摄像跟踪系统、系统管理软件以及扩声系统。数字会议系统结构如图 6-7 所示。

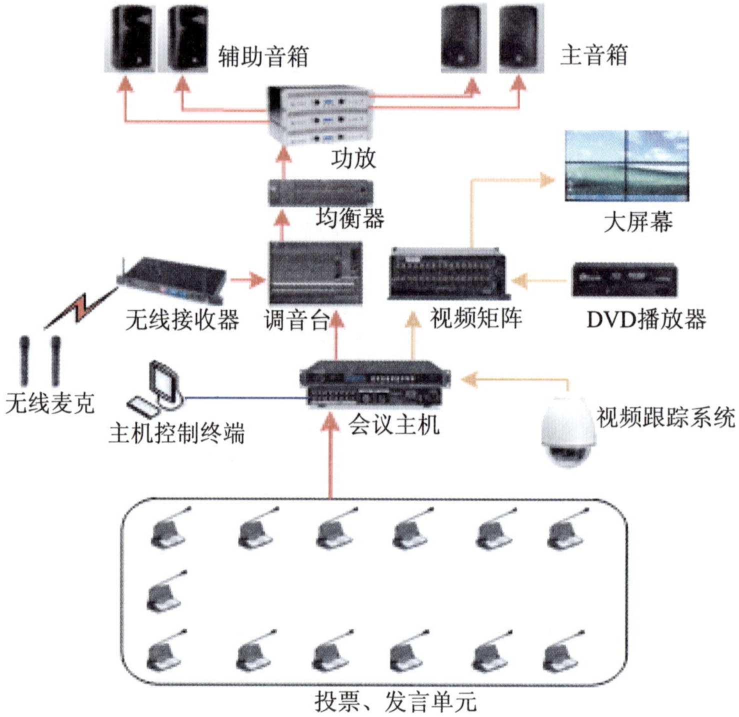

图 6-7 数字会议结构图

(1)数字会议系统主机，即集中控制装置 (CCU)，是会议管理系统的核心部分。CCU 可以独立运行以实现自动化会议控制，或者由操作人员通过 PC 控制 CCU 的运行。如果需要更大的容量，也可以将多个系统连接起来或将不同大厅内工作间链接起来。

(2)主席单元和代表单元，作为基本讨论装置可以使与会人员发言、登记发言请求以及听取他人发言。主席单元相比代表单元具备优先发言的功能，可以抢断代表的发言。

(3)无线麦克由发射机和接收机两大部分组成。

(4)摄像跟踪系统就是视频跟踪，即摄像机可根据发言人的位置实现视频捕捉的功能。根据摄像机预置位的方式实现视频跟踪。

6.4.5　音频扩声系统建设方案

音频扩声系统主要以会议发言为主，其他媒体方式为辅，因此在扩声系统设计时选用具有较高 Q 值、良好的语言清晰度的全频音箱。选用数字网络矩阵处理器内置图示均衡、参量均衡、分频、动态压缩限制以及矩阵输入输出等功能模块，能够通过 PC 机的操作界面随时设定和调取系统构建模式。

音频扩声系统设备一般包括：功放、音箱、调音台、均衡器，以及一些周边的声音处理设备等。扩声系统结构如图 6-8 所示。

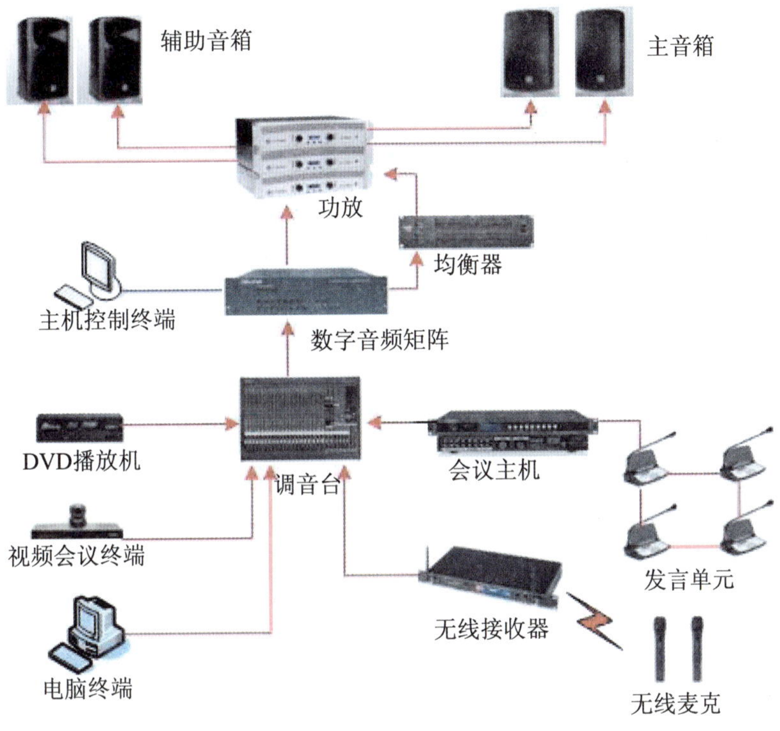

图 6-8　音频扩声系统结构

1. 音箱：声音输出设备。

2. 功放：将音频电流放大至符合现场面积、区域都能清晰收听的设备。指标的选择主要取决于对功率的要求。

3. 调音台：作为功放的前端，解决话筒、DVD 等其他设备的输入，并对声道平衡、输入输出电平进行处理的设备。

4. 均衡器：将人耳能听到声音从 20 Hz～20 kHz，分解成若干个区域并可调节。其功能是根据房间建声的反馈曲线反向修正，或者根据倾听者的习惯调整中高低音的比例。

此外一般还配有反馈抑制器，解决话筒与喇叭之间所形成的高音回路所导致的设备自激、无限放大的音箱啸叫问题。

6.4.6 网络通信系统建设方案

网络通信系统主要包括计算机网络子系统和电话网络子系统两部分。

计算机网络子系统是用通信线路和通信设备将分布在不同地点的具有独立功能的多个计算机系统互相连接起来，在网络软件的支持下实现彼此之间的数据通信和资源共享的系统。

1. 计算机网络子系统用以满足场所内设备互联的需要，应该满足以下功能：

(1)实现计算机与终端、计算机与计算机间的数据传输。

(2)网络上的计算机彼此之间可以实现资源共享，包括硬件、软件和数据。比如，网络上的用户可以共享使用网上的打印机、扫描仪等；按权限共享数据中心数据资源。

(3)满足铁路生产网、铁路办公网、互联网和场所内部局域网四大网络的接入。

应急场所中依托网络的各系统连接图如图 6-9 所示。

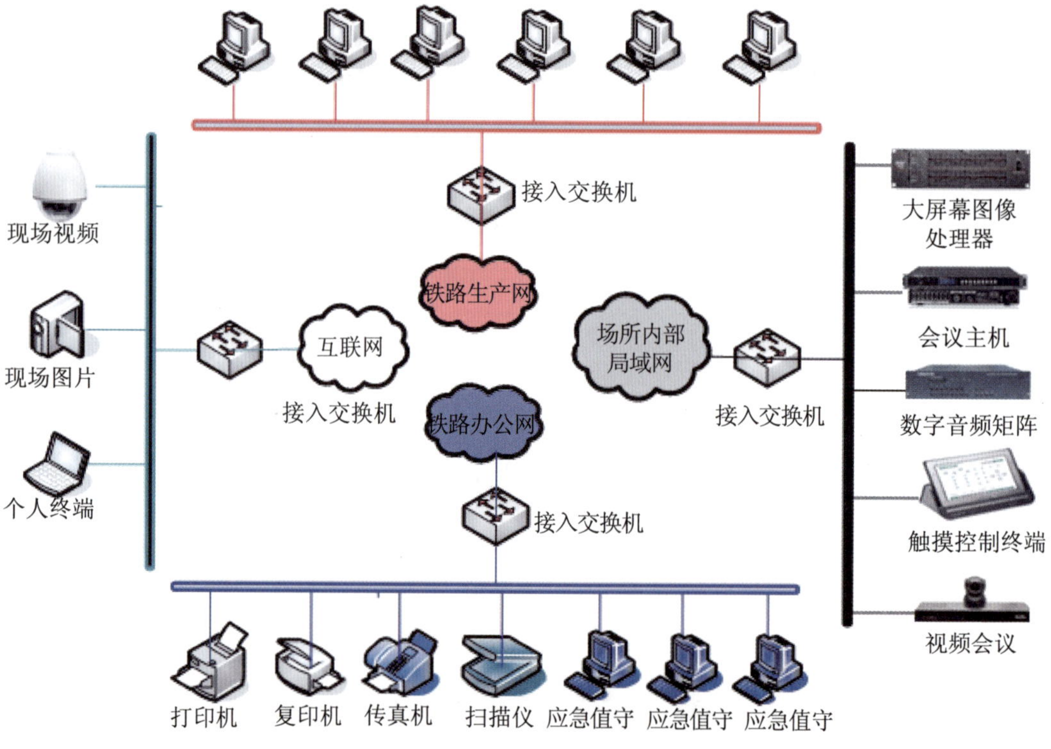

图 6-9 应急场所计算机网络系统结构图

2. 电话子系统需要接入办公电话、调度电话(包括有线、无线、GSM-R)及专线电话。

(1)公务电话系统

根据应急救援指挥中心的调度员坐席及值班工作需求，设置多部专职公务电话、办公电话。

专职公务电话：用于内部及上级相关专项应急单位的业务联系，号码不对外公布。

日常办公电话：用于对内对外日常办公业务的通信联系。

(2)专线调度电话系统

在应急救援指挥中心设立专用调度电话，直接接入既有调度主系统，作为本地调度台采用直连方式与调度主机相连，实现与各业务调度台的调度直通，并在调度主系统设置控制策略，能够同时可视并选择与多个业务调度台的通讯。

(3)无线调度电话系统

应急指挥无线通信系统采用既有的专用无线通信系统设备，利用专用无线网络，建设应急指挥救援中心设调度台，实现在紧急情况下的应急指挥、调度通信功能。

(4)电话数字录音系统

数字录音系统，能同时对多路电话线路或音频线路进行实时语音记录及语音播放。该系统对被录音的监控电话的正常通话没有任何影响，将每个录音文件存储在计算机中，方便进行即时查询，为查找原因等提供准确的原始记录。

6.4.7 工作平台系统建设方案

工作平台系统包括桌面液晶升降显示系统和电子白板、电子桌签、电动投影屏幕等其他方式的显示设备。工作平台系统结构如图 6-10 所示。

1. 桌面液晶升降显示系统可以嵌入装置于会商桌内，以方便会议及显示装置即可在桌面上使用，并在每个会议终端预留网络、电话及视频等接口。升降显示系统必须具备如下功能：

(1)所有显示器显示主控终端的内容，屏幕锁定，各分终端无法操作；

(2)部分显示器显示主控终端内容，屏幕锁定且各自终端无法操作；

(3)在部分终端受控的同时，其他终端可自由操作不受主控终端控制；

(4)在主控终端许可的情况下所有显示器显示其中某台终端的内容而不是显示主控终端的内容；

(5)通过升降屏控制主机实现有人使用的显示屏升起，其他无人使用显示屏保持暗藏状态；

图 6-10　工作平台系统结构

2.投影显示系统由投影机和电动幕布组成。作为大屏幕系统的辅助显示，投影显示更方便快捷。

3.电子桌签系统，是专门为多媒体数字会议室最新开发出来的新型产品，主要应用于大型多媒体智能会议室，解决了以前每次开会用手工制作桌牌的问题，使用方便，经济实用。

4.电子白板结合计算机和投影机，继承黑板的书写功能和投影屏的显示功能，融合大屏幕显示技术和触摸屏控制技术。本系统采用笔式交互技术，解决了人机交互的障碍，使用户在使用软件过程中沿用日常纸笔书写习惯，将笔式输入方式融入到传统的会议放映幻灯的会议中，操作简便，容易掌握，可靠性高。

6.4.8　集中控制系统建设方案

集中控制系统主要功能包括：

1.提供模式化、程序化应用，实现一键式联动操作模式；

2.提供有线或无线触摸屏、网页、电脑、电话等控制面板控制被控设备功能；

3. 提供音视频矩阵/VGA 矩阵/AV 矩阵信号任意切换等功能；

4. 提供控制大屏幕系统的打开、关闭，切换视频信号、VGA 信号、RGB 信号等功能；

5. 提供控制 DVD 的播放、停止、前进、后退、暂停、前曲、后曲、声道切换、字幕切换、菜单选择等功能；

6. 提供控制摄像机水平/俯仰/变焦/聚焦/预设/调用预设等功能；

7. 提供控制音量的增加、减少及静音等功能；

8. 提供对媒体矩阵的模式存储、调用、切换，音量调节等功能；提供控制机柜设备所需电源供应，并能使之按要求顺序开关，以保护设备等功能；

9. 提供其他能实现一键多能或保护设备的程序等功能；

10. 支持控制其他第三方照明灯光系统，实现开关控制等功能；

11. 支持控制相关区域灯光的亮度调节，存储场景，调用场景等功能；

12. 投影幕布的升起及放下。

集中控制系统的设备主要包括中央控制主机、触摸屏、电源控制器和红外控制器。系统组成结构如图 6-11 所示。

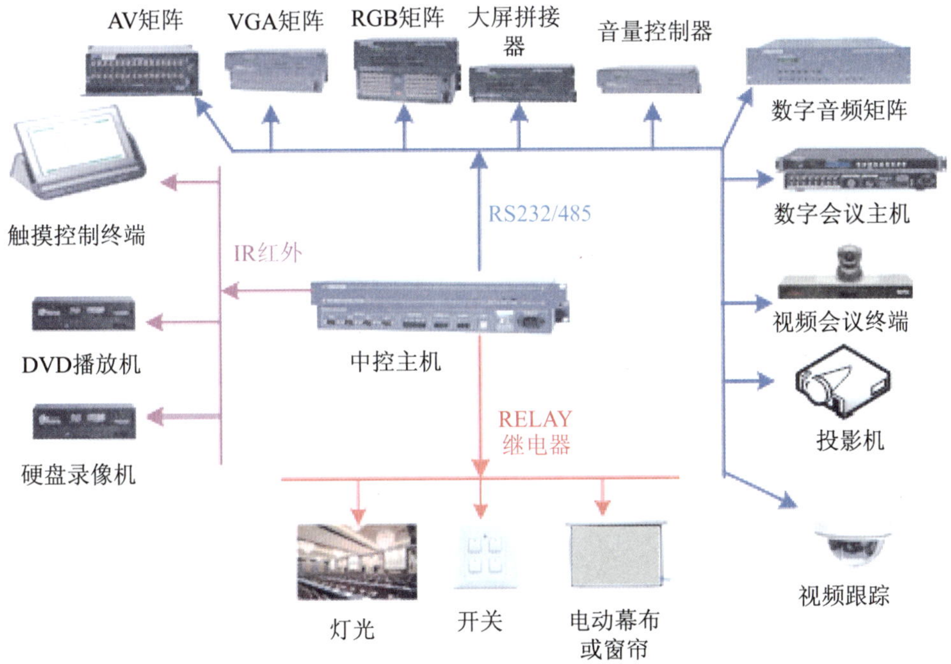

图 6-11　集中控制系统结构图

中控主机。具有强大可编程能力和通讯控制能力；是会议系统控制的大脑，通过相应设备即可将各种设备集中操作。

触摸控制终端。具有支架式整体无线触摸屏性能，能实现任何无线局域网内的双向高速通信。通过此终端和中控主机通信来控制其他系统。

红外控制器。用于对带红外遥控器的设备进行控制，连接在主机的红外端口与被控设备之间。

6.5 铁路应急平台关键技术

6.5.1 应急地理信息系统

据统计，在人类的活动所接触到的信息中，80%与地理位置和空间分布有关。而与铁路运输相关信息，甚至是100%与地理位置和空间相关，因为交通运输系统之所以存在，就是为了将人或物从一个空间位置运送到另一个空间位置。为了有效地描述、采集、处理、存储、管理、分析和应用地理空间信息，产生了地理信息系统(GIS)。

铁路应急管理、应急指挥涉及到大范围路线、车站、救援物资、救援队信息，这些信息具有很强的空间分布特征，应用地理信息系统技术构建铁路应急管理信息系统是行之有效，也是非常有必要的。

6.5.1.1 地理信息系统(GIS)

GIS（地理信息系统）是一门综合应用系统，它能把各种信息与地理位置和有关的视图结合起来，并把地理学、几何学、计算机科学及各种应用对象、CAD技术、遥感、GPS技术、Internet、多媒体技术及虚拟现实技术等融为一体，利用计算机图形与数据库技术来采集、存储、编辑、显示、分析和输出地理图形及其属性数据。这样，可根据用户需要将这些信息图文并茂地输送给用户，便于分析及决策使用，如图6-12所示。

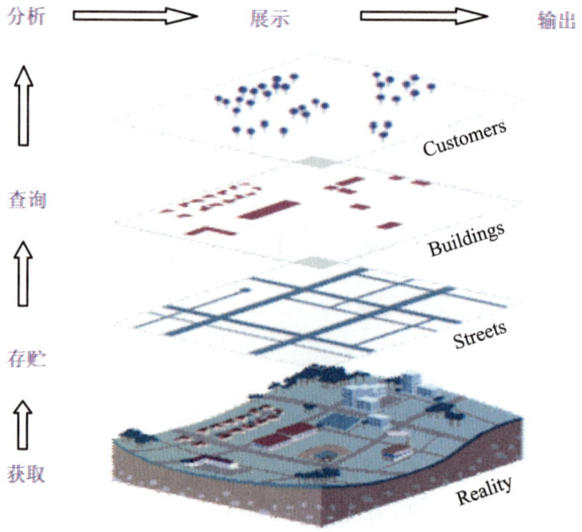

图6-12 地理信息系统原理及功能示意图

在铁路应急管理每一环节中，事前的危险评估规划、预防准备，事发时的快速反应，事后的恢复重建、统计分析，地理信息系统技术都会起重要作用。

(1)危险评估规划

铁路突发公共安全事件管理的首先开始于对潜在危险和紧急事件的认知和定位。各种自然灾害、突发公共卫生事件、化学/生物危险品传播、恐怖袭击等都可以利用GIS进行模型分析和直观显示。这非常有利于决策部门做出准确的灾难评估和制定行之有效的减灾计划，并可以利用GIS进行各种灾难的战略预防和制定实际应对措施。

(2)减灾分析

利用GIS可以快速有效地完成危险评估，一旦认清潜在危险，必需进行减灾分析和应对措施。减灾分析可以判断相关区域内潜在的能够造成人身安全和基础设施毁坏的危险，处于危险中人身安全和其它有价值的资源(如:财产，重要基础设施，环境等)可以被迅速地标示出来，以便及时采取相应地保护措施。GIS的分析功能可以非常容易地确定比邻构筑物、公共设施和人群集散地，可标示出需要加固或改建的建筑或设施。此外，利用GIS技术还可以分析危险材料的存放是否合理、如何建立安全区域、以及进行高危设施(如各类危险源)的管理等。更重要的是，通过建立拓扑专题图，GIS能够明确标出洪水走向、水流方向和风力，判断出火势蔓延趋势和扩散范围等。

(3)预防准备

预防工作包括防备一切不能事先缓解的紧急事件造成的后果。

(4)快速反应——应急响应

在对铁路突发公共事件的应急响应中，GIS将在铁路应急平台中扮演重要角色。根据其所在具体位置，GIS帮助快速选择并按照最优路径调配救援力量。根据紧急事件发生情况，GIS在第一支应急反应力量到达之前提供详细的信息。如:在某大型公共建筑物(如大型客运站)遭到攻击时，GIS可以标出最近的消火栓、电力开关、危险材料、以及受攻击建筑的内部楼层结构等。当危险物品和化学品扩散时，GIS能够建立其扩散的方向和速度模型，从而快速决策出避难区域和制定补救措施。GIS与GPS相结合可以根据其在地图上的实时位置，定位最近的移动设备(救援列车，消防车和急救车)从而进行快速调遣。

当多起铁路突发公共安全事件(如:化学品扩散，爆炸，火灾，洪水等)在不同的地点发生时，GIS可以显示事发地点并使你在指挥中心为不同的营救单元和责任人安排救援任务。若紧急事件演变成更大的灾难性事故，那么GIS帮助你显示和调遣区域外部力量。

(5)恢复重建、统计分析

当对人身安全、财产以及铁路基础设施的威胁消失时,恢复重建的工作将随即开始。这一工作分两步进行:短期恢复和长期恢复。

短期恢复主要恢复必须的服务和系统。事件的后果是持续的,但基本的服务和生命攸关的必需品将发布快速恢复。GIS 在此阶段的工作扮演极其重要的角色。最重要的一项就是损失评估。GIS 与 GPS 的结合可以快速定位每一个受损设施,标出其具体受损程度和数量,并帮助建立采取措施的优先次序,利用便携计算机或掌上电脑可以在野外更新中心数据库的数据。与中心数据库连接的 GIS 系统将对损失做出准确的评估。紧急疏散中心根据地区受损和人口分布等情况进行避难所配给。GIS 还可以显示紧急避难所的数量和具体位置。

长期恢复:长期恢复意味着完全恢复成灾难发生前的状态并建设得更好。长期恢复(如:重建房屋、桥梁等)将持续多年时间。长期恢复建设的规划和实施可以利用 GIS 进行显示和跟踪。主要的恢复建设投资项目先后次序可以用 GIS 辅助管理。

6.5.1.2　铁路应急平台 GIS 的应用技术方案

对铁路突发公共安全事件的分析、预防和战略实施已经不仅仅局限于信息的采集和分析,更重要的是,要采取迅速决策、快速反应和紧急救援等一系列行动措施,简单的 GIS 定位和查询功能已经不能满足要求。因此,必须建立一个基于海量空间信息和强大的 GIS 平台并集成现代 IT 技术(如:Internet、掌上电脑等)、GPS(全球定位系统)技术和通信技术的现代铁路应急平台。

构建铁路地理信息系统与现有业务信息系统的互连和集成,获取其他系统的信息,结合线路、车站分布、危险源、车站配线、应急资源分布等地理信息,以电子地图的形式形象地展现这些信息。通过地理信息系统的空间分析、时空分析功能,建立各类分析评估模型,辅助制定应急方案。铁路地理信息系统的应用技术方案如图 6-13 所示。

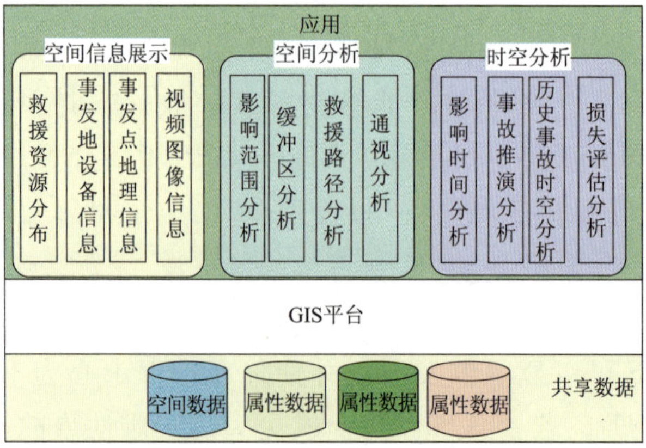

图 6-13　地理信息系统应用方案

通过引入 GIS 技术，铁路应急平台可以实现如下功能：

(1)空间数据展示

- 救援力量分布：以电子地图的方式直观展示救援列车、救援队、救援物资的分布、数量情况，为组织救援、调配各方救援力量提供依据。
- 事发点铁路设施、设备信息：展现事发点周围的桥梁、隧道、涵渠、股道、信号机等铁路专有设备信息。
- 事发点地理信息：展现事发点周围的地形地貌，地质灾害情况等信息。
- 沿线视频信息：显示事发点周围的视频信息及实际图像。

(2)空间分析

- 影响范围分析及缓冲区分析：通过事故影响模型及缓冲区等分析，能够确定应急事件的影响范围，直观的在地图上表示应急事件的波及范围，从而为其他地点提前做好准备提供依据。
- 救援路径分析：分析各种救援力量到达救援点的最佳路径，从而能够迅速展开救援，减少损失。
- 通视分析：对事故点周围的可见范围进行分析，从而分析救援力量的分布是否合理等。

(3)时空分析

- 影响时间分析：根据事发点的地形地貌情况、天气情况、救援力量分布等，初步分析应急事件影响的时间范围。
- 事故推演分析：通过构建典型事故的发生发展模型，预测事故下一步的发展方向，为提前预防提供参考。
- 历史事故统计：统计整个路网的历史事故，从而归纳出事故的易发地点、易发种类、易发时段等，为事故预防作好准备。
- 损失评估分析：通过对事故的详细信息进行分析，借助事故损失评估模型，对整个事故的损失进行评估。

由于铁路应急管理、应急指挥涉及多个业务部门、多个业务信息系统，不同用户对铁路应急平台的数据存储形式、使用方式的要求各不相同，因此，铁路应急平台的 GIS 系统必需要有科学的解决方案，以满足铁路应急平台数据量和业务不断发展的要求，以最大限度节省软件投资和维护费用。

GIS 技术通过提高信息交换和协同处理的水平，在众多的领域如辅助决策、资源及资产管理行业，在强化工作流程等方面极大地体现出其价值。为了将空间信息和空间功能扩展到企业的整个组织中去，传统的面向桌面的 GIS 正在向面向服务的 GIS 转化。因此，铁路应急平台的 GIS 系统除了应用桌面软件管理和使用铁路空间数据资源、创建各种地图、组织面向不同需求的分析模型之外，还需要将这样的 GIS 信息和成果发布出去，使铁路应急体系内各个层次、各个部门的人员使用相关的空间信息和空间服务，同时还可通过网络对外向普通大众提供空间信息发布。因此，铁路应急平台的 GIS 系统必须以此为目标，为用户提供一套可伸缩而完整的 GIS 平台，提供无论是在桌面、服务器、野外还是通过 Web 应用。图 6-14 是铁路应急平台 GIS 系统的基本构架。

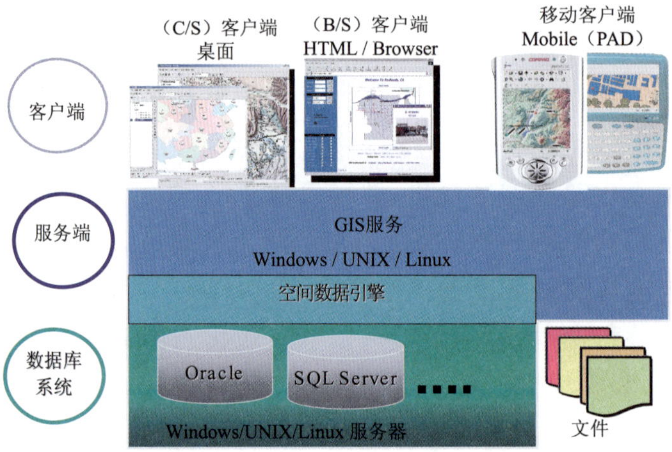

图 6-14　铁路应急平台 GIS 应用方案

（1）数据库系统

在数据层次，铁路应急平台管理的空间数据可以两种形式存放。对于使用者众多、存在并发访问的数据，为保持数据的安全性、完整性、一致性，应充分利用关系型数据库系统的优势，这类数据应该存储在关系型数据库系统（如 Oracle、SQL Server 等）通过空间数据引擎进行管理；对于使用者数量相对较少的一些专业图形，可以发挥文件管理简单直接的优势，以文件形式存储。

（2）服务端

服务器端需要对铁路应急平台的各类空间数据进行管理，并提供 GIS 应用服务。服务器 GIS 的应用正在快速增长，因为服务器 GIS 可以以集中的方式利用 GIS 专业人员创建管理的空间信息和资源。服务器 GIS 是建立用于空间数据管理、分析、可视化以及发布的基础，通过组织、建立和部署铁路应急平台地理信息的通用框架，提供对铁路应急平台空间信息的广泛访问能力，实现铁路应急平台地理信息的跨部门、跨区域的应用，铁路应急平台体系内部的空间信息、功能及服务的共享。通过 GIS 服务端技术，铁路应急平台的用户不仅可利用铁路应急平台内的空间数据，还可利用其他系统（如国家应急平台）发布的 GIS 服务。服务器端的应主要功能如下：

• 集中式的管理和共享 GIS 资源，可以被广泛的访问和使用；

- 客户端应用和工具可以支持多种类型的任务——无论是基于浏览器的GIS访问、移动设备、还是GIS桌面应用；
- 可以与其他基于IT标准构建的企业级系统集成，为基于空间的面向服务架构(SOA)提供基础；
- 可通过工业标准的编程环境，如.NET，Java，AJAX，XML/SOAP，J2EE，EJB和C++定制开发应用；
- 提供GIS目录服务、数据共享、数据下载服务，提供对共享信息的访问；
- 支持GIS领域(如OGC，ISO)和其他IT领域(如W3C和ISO)的互操作标准。

(3)客户端

应用铁路应急平台地理信息系统的客户端有三种形式：C/S客户端、B/S客户端及移动客户端。

①C/S客户端

C/S客户端交互能力强、运行效率高，用户通过安装一个客户端软件，构建特定的应用，实现对空间数据及其关系的可视化表达，从而解决用户的问题，提升工作效率以及制定科学决策。在铁路应急平台中，对于采用C/S模式的铁路应急平台的应急指挥系统，以及对空间数据进行管理维护时，采用C/S客户端。铁路应急平台地理信息系统的C/S客户端可具有如下功能：

- 浏览地图；
- 创建、编辑和维护地理空间数据；
- 空间分析和空间建模；
- 用二维、三维地图进行可视化并能够显示基于时间的动态现象；
- 管理和维护多用户并发访问的地理空间数据库；
- 创建面向大量用户访问的GIS资源服务；
- 创建定制的应用来共享GIS；
- 将GIS处理的结果——地理数据集、地图、GIS服务、应用等创建为文档和目录等。

②B/S客户端

B/S客户端使用简单，不需在用户端安装额外的应用程序，通过通用的网络浏览器(如Internet Explore、Netscape)访问服务器，获得服务端提供的各类GIS服务。在铁路应急平台中，一般用户都可通过这种方式获取铁路应急平台服务端提供的各类GIS服务。实现如下功能：

- 空间查询和选择工具；
- 地图提示和要素查询功能；

• 平滑的地图浏览、平移和缩放等功能。

③移动客户端

对于铁路应急平台体系的移动平台及铁路突发公共事件的现场来说，也需要 GIS 功能，如救援列车、事件现场的精确位置等，因此，铁路应急平台的 GIS 系统必需可以部署在不同的移动设备上，如 PDA、笔记本电脑以及平板电脑。通过将应用程序定制成简单的移动工作任务以及对中心 GIS Web 服务器的无线访问，实现在野外工作中使用铁路应急平台的 GIS 功能。对于铁路应急平台的移动客户端，GIS 系统应提供如下功能：

• 数据获取—获取铁路应急平台服务端提供的各类支持信息；
• 数据采集—提供事件现场数据采集功能，确保了 GIS 数据的准确性；
• 制图和导航—为具有地图能力的移动应用提供的解决方案。

6.5.2 多模式紧急通知系统

铁路突发事件应急处置的基本要求是快速通知相关人员。目前，铁路已有多种通讯方式，多模式紧急通知系统搭建一个科学、合理的紧急事件通知平台，综合利用交换技术、CTI 技术、多媒体技术和网络技术，在现有通信手段基础上实现整合电话、短信、传真、邮件等多种方式的智能通知途径，实现对铁路突发事件的及时、快速、准确、高效发布，进而提升铁路突发事件应急效率。

6.5.2.1 网络及服务器系统结构

图 6-15 是多模式紧急通知系统网络、服务器系统及设备部署的总体结构图。

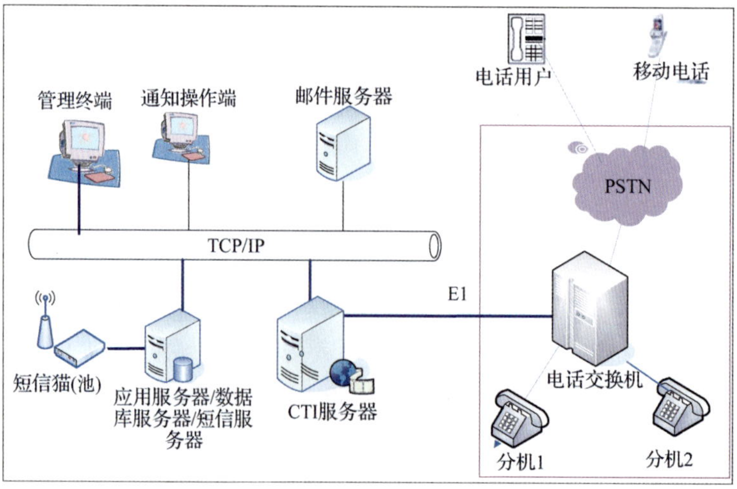

图 6-15 多模式紧急通知系统网络、服务器系统结构图

多模式紧急通知系统主要由应用服务器、数据库服务器、短信服务器、CTI服务器、管理终端组成。CTI 服务器采用基于分布式 IP 一体化呼叫中心解决方案,充分保证了系统稳定性、可靠性、可扩展性又兼备业务开发的灵活性和系统维护的简易性;短信服务器采用短信猫(池)方式进行配置,将 8 块 SIM 卡进行串接,实现短信的收发;应用服务器和数据库服务器记录了系统的业务数据和系统数据,通过业务接口和管理终端可方便地管理和查看系统的业务使用信息。以下为各设备的具体说明。

(1)CTI 服务器

CTI 服务器一体机是一种能够处理多种应用的计算机融合通信平台,它将通讯板与 Ware 软件结合在标准的服务器平台上。一体化呼叫中心是建立在一体机平台上的系统,可提供一系列先进功能,主要包括:电话交换机(包括自动话务台功能和预知拨号、监听插话等呼叫管理功能)、自动话务分配、IVR 生成、VoIP 功能、文本转语音(TTS)、传真及录音、CDR(通话详细报告)、系统级联等,用于实现电话自动语音通知、电话广播通知、自动传真通知、来电的自动分配等功能。同时将系统的电话外拨、传真收发、TTS 转换进行整合,实现各种通知方式高度兼容和系统稳定性,更有效地实现复合式通知。

(2)应用服务器/数据库服务器

用于实现电子邮件、电子通讯录、系统监控、简单报表统计等功能,实现系统应用功能部署及相关业务数据存放。

(3)短信服务器

用于实现短信自动通知功能,包括短信收发(接收短信,短信发送支持单发、组发、群发)、短信查看、短信到达通知、短信回执确认,本方案中无线设备采用短信猫(池)方式。

(4)通知操作端

用于发布通知的计算机终端,即操作人员工作服务界面,实现各类通知业务及复合通知业务。

(5)管理终端

用于对系统的进行日常运行的配置管理、系统运行状态监控及报表统计。

6.5.2.2 系统功能及软件结构方案

多模式紧急通知系统提供电话语音、电话广播、自动传真、电子邮件、手机短信、电子通讯录、系统监控、系统配置、业务数据报表统计等功能。上述不同的业务功能通过不同的硬件设备配合完成的,电话语音在 CTI 服务器的配合下实现的,语音传真消息是通过 IVR 平台实现的,电子邮件由通过邮件服务器处理的,手机短信是通过无线 GSM 设备实现的。针对不同的设备收到的信息处理方法，先建立发送列表，以容纳上述所有消息的全部信息；然后对各类信息分类处理，对于消息内容进行透明转换，并通过不同的通知方式进行通讯；最后，及时处理对通知的回执并进行监控管理。

整个系统由五个层次构成，应用服务、业务接口层、业务服务层、公用服务层、系统资源层等五个层次，系统的全部功能按模块特点分布在这五个层次中，具体如下图所示。

(1)应用服务

提供用户所需要的各种服务；实现手机短信、电话、传真、电子邮件、业务应用等业务渠道。应用服务层作为系统的最上层，在设计结构充分考虑其扩展性，随着业务的需要和新的通信手段的出现可以不断扩展。

(2)业务接口层

提供各种媒体渠道的接口服务；实现电话语音、传真、短信等服务媒体的控制、交换、发布功能。同时也提供了系统的业务接口如电子通讯录等，如图 6-16。

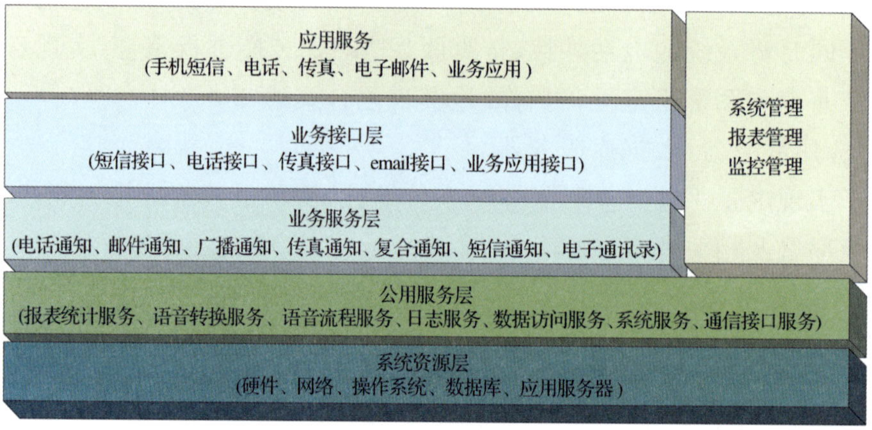

图 6-16　多模式紧急通知系统软件结构图

(3)业务服务层

业务层是具体业务表示层，主要业务功能包括：电话通知、短信通知、邮件服务、传真通知、复合通知、广播通知、电子通讯录、系统管理等业务功能。

(4)公用服务层

公用服务层是平台的核心层，它对各类服务渠道提供统一服务处理、统一服务管理、统一资源管理。具体服务内容包括：报表统计服务、语音转换服务、语音流程服务、日志服务、数据访问服务、系统服务、通信接口服务等。

(5)系统资源层

系统资源层主要为支撑前几层的业务运行，提供各种数据存储、硬件和网络通信的支持。这种分层结构的好处是具有较大的灵活性与可扩展性，将数据与服务组件和具体的应用系统分开，基于数据资源可构建不同的服务组件，而通过调用不同的服务组件和数据资源又可以构建各种应用业务系统，在业务应用层之上则向外部提供统一的信息。这样就实现了业务系统的高度集成。

多模式紧急通知系统是铁路应急平台的一个重要组成部分，应急值守人员通过使用此系统实现各类通知及指令的高效率远程送达，系统应坚持预防为主、平战结合的原 ，平时服务于日常应急管理，有紧急事件时服务于应急处置，以达到迅速找到人、迅速通知到人、迅速传递信息的目的。

6.5.3 应急平台信息集成与交互技术

6.5.3.1 铁路应急平台的信息集成与交互需求

铁路应急平台的信息集成与交互享需求来自路内业务信息系统和路外业务信息系统两个方面。首先，铁路应急平台需要集成共享行车安全监控系统、客票发售和预订系统、工务管理信息系统、电务管理信息系统等多个异构专业信息系统中的大量信息。其次，铁路应急平台作为国家应急平台体系的一个重要节点，和国家应急平台、省市级应急平台之间也存在着数据交互。具体的数据交互需求如图 6-17 所示。

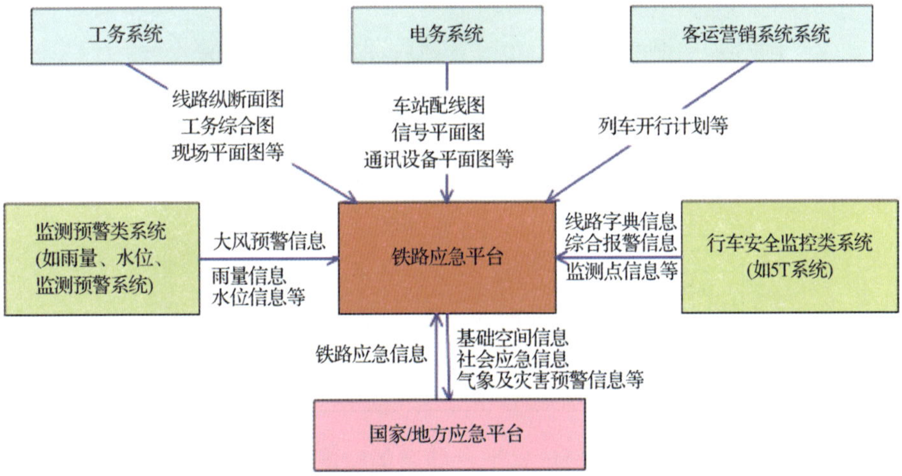

图 6-17 铁路应急平台信息集成与交互示意图

铁路应急平台和路内相关业务信息系统间的信息集成与交互内容可分为两大类：静态信息集成与交互和动态信息集成与交互。静态信息又分为属性信息和空间信息。此外，作为国家应急平台体系的重要组成部分，铁路应急平台也和国家应急平台之间存在数据交互关系，国家应急平台需要铁路应急平台提供铁路相关的信息需求。

同时铁路应急平台则需要国家应急平台提供基础空间信息、社会突发事件应急信息、气象和自然灾害预警信息等。

6.5.3.2 信息集成与交互方案

铁路应急平台需要和路内多个业务信息系统共享数据，但这些系统由不同单位主持开发，各业务系统的操作系统平台、开发工具、数据库平台各不相同，且系统独立开发，自成体系，缺乏整体考虑，系统间缺乏信息交换和共享机制以及相关的编码、接口等标准。由于铁路应急平台需要和多个业务信息系统交换信息，传统的点对点方式，由于其耦合性强、接口开发工作量大等特点，无法有效解决应急平台和上述多个业务信息系统间的信息集成与交互，必须根据应急平台的共享需求特点，采用跨系统、跨平台、跨网络的信息集成和共享技术，解决应急平台的信息集成与交互问题。

1.静态基础信息的共享方案

铁路应急平台需要共享的静态基础信息包括属性信息和空间信息两大类。解决基础信息集成与交互的关键是数据的同步更新技术和数据更新维护机制。静态基础信息的共享采用“共享库＋接口服务器”的模式实现，如图 6-18 所示。

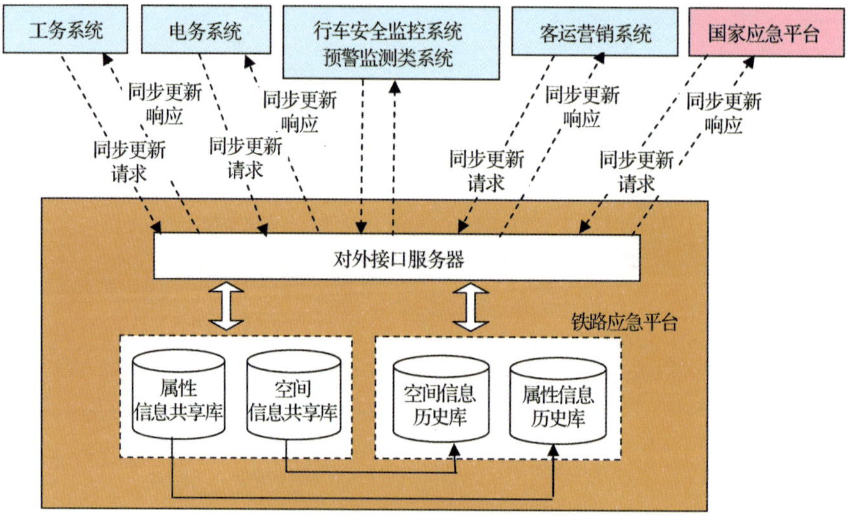

图 6-18 铁路应急平台静态基础信息共享方案

铁路应急平台内建立属性信息集成与交互库和空间信息集成与交互库，以及相应的历史信息库。初期建设时可直接从相应的业务信息系统导入所需的基础信息。

静态基础信息的维护采取分布式维护方式，即由应急平台进行统一身份认证和授权后，各业务系统分别维护本系统提供的数据，当某些数据发生变化时，直接将变化的数据同步更新到接口服务器中，铁路应急平台通过数据库同步技术，实时获取接口服务器中数据库的更新状态，同步完成共享库中基础数据的更新，并将更新前的信息保存到历史库中，便于事后的版本管理和统计分析。

2. 动态信息的集成与交互方案

根据信息更新的主动和被动关系，动态信息的共享可分为“推送式”和“拉取式”两种模式。推送式是指各业务信息系统主动将共享信息提供给铁路应急平台，属于被动接收。拉取式是指铁路应急平台根据相关条件在各业务信息系统中检索所需的共享信息，属于主动查询。推送式的优点是实时性高，但是业务信息系统的负担相对较重，网络压力相对较大。拉取式的主要优点是针对性好，应急平台针对本系统的需求有目的地去查询搜索所需的信息，业务信息系统的任务相对轻，但及时性差，特别是当业务信息系统中信息更新变化时，用户难以及时拉取新的动态信息。

根据两种方式的特点，铁路应急平台的动态信息集成与交互应结合采用“推送”和“拉取”两种模式。对于实时性要求极高的共享信息须采取推送式。而对于实时性要求一般的、需要设定检索条件的共享信息，则采取拉取式。

铁路应急平台与相关业务信息系统间动态信息的共享应采取通用性好、松散耦合、符合先进集成理念的 ESB 技术来实现共享，实现模式如图 6-19 所示。

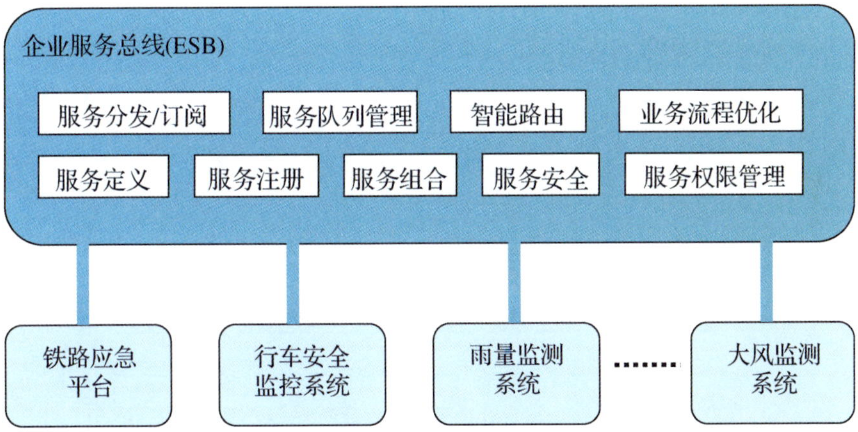

图 6-19 铁路应急平台动态信息集成与交互方案

6.5.4 铁路应急平台分级分类协同指挥技术

分级分类协同指挥是实现铁路突发事件高效、科学处置的核心。分级分类协同指挥是在异地分布的铁路应急通信网络环境下，在铁道部、铁路局、站段（救援列车）等多级应急平台之间或多个应急管理相关部门之间，按照约定的应急处置流程，分工协作，实现对一个或多个铁路突发事件的跨部门、跨系统的联合指挥和联合处置。铁路应急平台的分级分类协同指挥主要包括信息协同、流程协同和指挥协同。

1. 信息协同

铁路应急处置所需大量信息由不同级别、不同地域的多个业务信息系统提供并维护，数据类型、数据标准不统一，给信息共享和综合利用带来很大问题。同时分布存储在不同节点上的大量突发事件接报信息、应急资源信息、应急处置信息等需要在上下级应急平台之间、车机工电辆等不同部门之间协作处理。由于以上各种原因，因而需综合研究信息协同技术，使分布在不同级别、不同节点上的应急相关信息构成一张“信息网”，实现铁道部、铁路局、站段（救援列车）应急平台对相关数据的透明访问。

2. 流程协同

铁路突发事件的应急管理和处置涉及到多个部门、多个流程，包括突发事件信息的并行发布、应急接警处警、应急响应启动、应急物资调拨的联合审批、应急响应结束等。必须遵循高效、便捷、有效的原则，研究流程协同技术，实现部门内部、部门之间以及与国家应急平台之间应急处置流程的协同。

3. 指挥协同

铁路突发事件的应急处置由多个部门协同指挥，应急指挥过程中，各部门将根据应急事件的种类、性质、规模，对应急物资的调度、应急事件的处置、应急信息的调用、智能处置方案等进行联合处置，需研究支持多种接入模式的指挥协同技术，实现应急决策指挥数据指令下达/上传，现场数据信息的反馈，分级式决策指挥，可用资源的调度等多种方式、多部门、多层次的协同指挥。

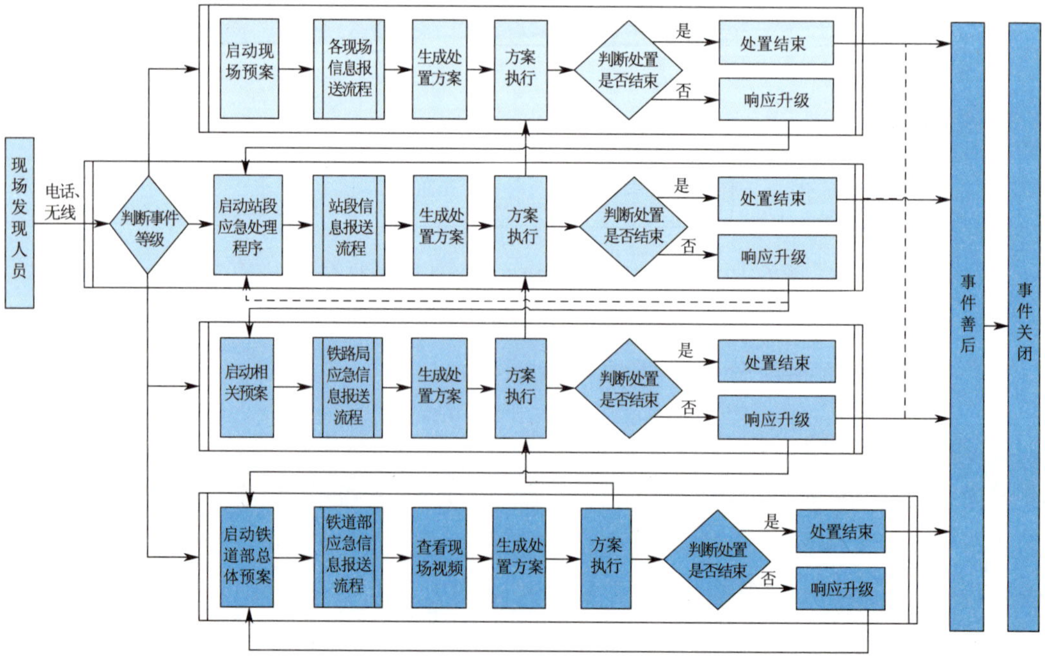

图 6-20 铁路应急平台分级分类协同指挥

6.5.5 铁路应急平台标准化技术

铁路应急平台标准体系是指铁路应急管理范围内的若干标准,按其内在联系形成的有机整体。在制定铁路应急平台标准体系方面,应遵循以下原则:

1)在内容层次上充分体现科学系统性。标准体系表全面成套,标准体系层次结构恰当。

2)尽量采用已有标准。铁路应急平台需要的标准,凡是已有相应国家标准的,一律贯彻国家标准;凡已列入国家有关标准制定规划的,不再另行制定,在急需情况下可先提出适用于铁路应急平台的有关约定或指南;凡是需要制定但一时未能纳入标准制定规划的标准(含规范、指南、约定等),若有相应的国际标准,则应按国家规定,酌情选用等同、等效、参照三种级别中的一种方式进行制定;若无相应的国际标准,则在可能的情况下,参照类似的国外先进标准制定。

3)同其他领域的标准化协调一致。铁路应急平台的标准化不是孤立的活动,涉及到铁路应急平台相关的机械、传感、电子、通讯等各个领域,因此需与其它领域的标准化协调一致。

4)可扩展性。在考虑到目前需要和技术水平的基础上,对未来科学技术发展有所预见,以适应现代科学技术发展的要求和需要。

5)制定标准必须遵守 GB/T1. X 系列《标准化工作导则》的具体规定。

铁路应急平台标准体系包括通用基础标准、场所建设标准、应急通信标准、应急数据库标准、应用系统标准五大部分,如图 6-21 所示。

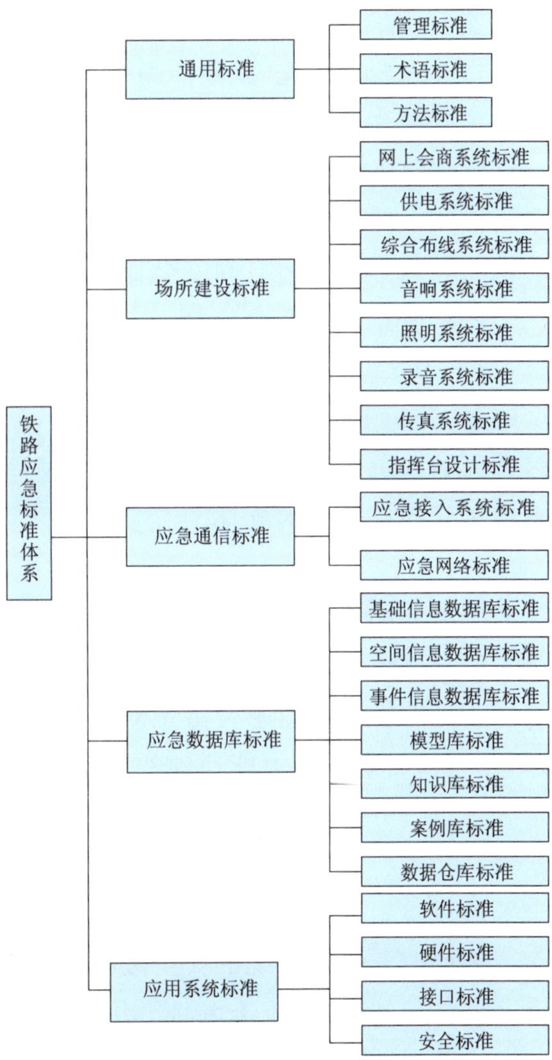

图 6-21 铁路应急平台标准化技术体系

通用基础标准包括应急处置过程中的管理标准、方法标准、术语标准等;

场所建设标准包括网上会商系统标准、供电系统标准、综合布线系统标准、音响系统标准、照明系统标准、录音系统标准、传真系统标准、指挥台设计标准等；

应急通信标准包括应急通信网络标准和应急接入系统标准等；

应急数据库标准包括基础信息数据库标准、空间信息数据库标准、事件信息数据库标准、模型库标准、知识库标准、案例库标准、数据仓库标准等；

应用系统标准包括软件标准、硬件标准、接口标准、安全标准等。

6.6 铁路应急平台的安全保障方案

鉴于铁路应急平台的特殊重要的地位，加强铁路应急平台安全保障措施就显得格外重要。首先，铁路应急平台与众多铁路其他业务系统及国家、地方政府应急系统都存在信息交换与共享，一旦铁路应急平台出现重大安全故障，不仅影响铁路应急平台本身的正常运行，还会影响铁路其他业务信息系统，甚至会对铁路运输产生的影响。另外，铁路应急平台处理的相关信息的敏感度较高，因此要求铁路应急平台必须有的安全保障机制。

铁路应急平台安全支撑系统必须依据国家相关安全保密管理的政策和要求，根据国家应急平台体系和铁路应急平台的体系结构、所处环境以及面临的安全威胁，分析安全需求，明确安全目标，建立整体的安全保障策略，采取多层次、多方面的安全保障措施来保障铁路应急平台的安全运行，实现对铁路突发事件管理工作的有效技术支撑。

6.6.1 安全保障需求分析与目标

1. 安全保障需求分析

为确定铁路应急平台体系对安全的需求，需要对铁路应急平台的安全风险进行分析，研究系统可能遇到的攻击和各种薄弱环节，并对系统的安全漏洞和安全管理进行分析。铁路应急平台的安全风险与网络系统结构和系统的应用等因素密切相关。它有物理安全、链路安全、网络安全、系统安全、应用安全和管理安全等的风险。

铁路应急平台系统的安全威胁主要来自两个方面：

外部威胁：黑客攻击、病毒侵袭、网络通道阻塞和单点故障等。

内部威胁：系统漏洞、误操作、数据备份及用户权限管理等问题。

铁路应急平台的安全保障系统应能阻止来自以上两方面的侵害，所涉及的安全防护对象主要有信息资源、软件资源、硬件资源、存储介质等。此外，健全的安全管理机制对保护系统的安全也是至关重要的。

2. 安全保障目标

铁路应急平台系统安全建设的总体目标是：遵照国家相关标准，尤其是着重加强网络安全和应用系统安全建设，针对可能遇到的各种安全威胁和风险，采取行之有效的安全措施，保障系统中信息的保密性、完整性和可用性。确保系统能够安全、稳定、可靠地运行。具体目标包括：

严格保密。确保铁路应急平台体系的正常稳定运行、确保一些具有密级的内部信息的安全是安全保障体系最基本的目标。但这种保密性要求又不是上下完全相同的。具体来说，差异主要体现在两个方面：一是不同级别应急机构的保密性要求不完全相同，越接近核心的机构，其管理、决策的职能越多，需要保密的重要信息越多；二是不同业务系统的保密性要求不同，如确保铁路公共安全的系统与铁路公共服务系统的保密性要求有可能不同。

严格的权限管理。铁路应急管理体系是有明确的领导和岗位责任制度的。铁路应急平台体系的正常运行，必须要建立一套行之有效的“权限”划分和管理制度。铁路应急平台安全体系必须要保证“权限”的分配和管理得到良好的实现。

确保政令畅通，信息准确。铁路应急平台体系是由固定及移动应急平台多级组成的统一整体，因此“上令下传、下情上达”是对铁路应急平台安全保障的基本要求。同时，确保铁路应急平台体系与国家、地方政府、其他行业部门及社会公众之间的信息畅通也是铁路应急平台建设的基本目标。

确保铁路应急平台体系连续运转。铁路应急平台是铁路重要的信息系统之一，它的安全正常运行是铁路突发事件公共安全业务连续运行的保障。但是铁路应急平台与路内外多个系统相连，其用户涉及多个部门，为此，必须对保障体系“连续性”进行设计，确保铁路应急平台的连续运行。

维护铁路部门的形象。铁路应急平台是铁路部门处置铁路突发事件面向社会公众的窗口，铁路局应急平台的效率、服务品质等都代表了铁路部门的“形象”，必须确保铁路应急平台的安全稳定运行，提高社会公众对铁路的信心。

6.6.2　安全保障体系结构

1. 安全设计原则

铁路应急平台安全保障体系的设计遵循如下原则：

统一规划、统一要求。参加国家应急平台体系规划，对铁路应急平台安全保障架构进行统一的规划和设计。一方面，各级平台均能满足铁路突发事件管理的信息安全保障要求；另一方面，也确保各级应急平台间信息安全保障机制之间能够有效地互联互通，避免形成安全孤岛。

分级实施安全保障。按照国家实施信息安全等级保护的政策要求，建立铁路应急平台体系中分级的信息安全保障架构，针对不同级别铁路应急平台系统的重要性、涉密程度，采取不同等级的安全保障措施，确保重要系统得到保护。

充分利用已有技术和设施。充分利用已有的、成熟的信息安全技术和已有的信息安全保障设施，从而加快建设进度，避免重复投资。

分步实施，不断完善。由于技术和管理等诸多方面的复杂因素，必须根据各级应急平台的具体情况，整体规划、分步实施信息安全保障措施。同时，由于铁路应急平台体系不断增加功能、扩大规模，技术发展、运行环境和条件变化等因素也会不断发生变化，铁路应急平台面对的安全威胁也会发生变化，因此，铁路应急平台的安全保障措施应满足不断变化的安全需求。

技术与管理相结合。信息安全保障是复杂的系统工程，涉及人、技术、操作、管理等诸多要素，单一的技术或管理措施都不可能完全解决信息安全问题，必须将各种安全技术与管理机制结合起来综合应用，以满足各级平台的信息安全保障要求。

2.铁路应急平台安全保障体系结构

保证铁路应急平台体系的安全运行，需要多种策略的综合作用，需要多项对策和措施的综合作用，从而构成一个有机的安全防范体系。同时还需从安全技术、安全法规和安全管理等多个方面，保障铁路应急平台的安全稳定运行。

铁路应急平台由基础支撑系统、综合应用系统、数据库系统、应急指挥场所以及移动应急平台组成，为实现对铁路应急平台各组成部分全面系统的安全保障，铁路应急平台的安全体系应包括物理安全、网络信息安全体系、管理安全、容灾备份等多个部分。铁路应急平台的安全体系构成如图6-22所示。

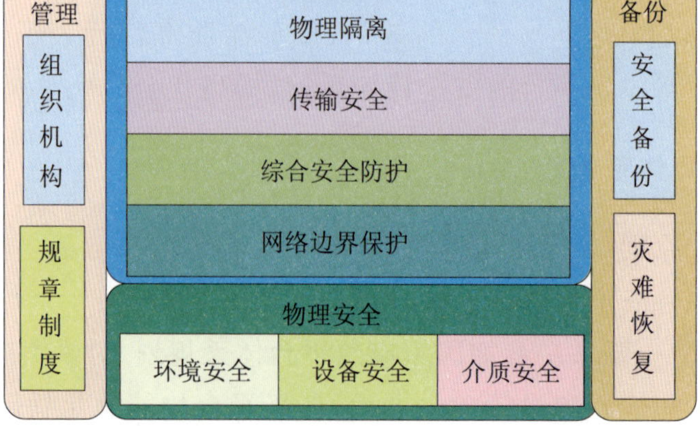

图6-22　铁路应急平台安全保障方案示意图

在上述铁路应急平台安全保障方案中，物理安全防护是整个铁路应急平台信息系统安全的前提，它包括环境安全、设备安全和介质安全，保护铁路应急平台系统的设备、设施、介质和信息免受自然灾害、环境事故及人为操作失误或错误导致的破坏、丢失，防止各种以物理手段进行的违法犯罪行为。

网络信息安全包括内外网间的物理隔离、同一网络内传输的安全措施、网络边界保护及网络信息安全等综合安全防护措施，以满足铁路应急平台间通过多种网络接入手段的安全连接，防止对铁路应急平台网络的恶意攻击，保障铁路应急平台敏感信息的传输、存储和使用的安全。

在铁路应急平台安全保障体系中，各级应急平台还需采取合理的容灾备份措施，保障铁路应急平台在遭遇病毒破坏、黑客攻击、人为失误、硬件故障等情况下快速恢复正常运转，保证铁路应急平台在遭受突然灾难时不至于中断正常业务的运行。

最后，必须建立有效的安全管理机制，将系统手段和制度手段两者相结合，才能保证系统的整体安全。同时，还应该依靠技术管理系统，制定安全规章制度，在安全制度的支撑下，实施对铁路各级应急平台的安全管理，保障铁路应急平台体系的安全运转。

6.6.3　安全设计方案

1. 网络信息安全方案

网络信息安全是铁路应急平台安全稳定运行的基础，铁路应急平台体系将部署在铁路综合业务网的内部服务网内，铁路应急平台网络信息安全保障将由铁路综合业务网的管理保障体系进行管理。建议采取综合手段确保铁路应急平台网络信息的安全，包括在多个网络间建立严格的物理、逻辑隔离机制，对各个网络的边界进行保护，加强广域网的传输安全，并采取多种措施进行综合安全防护。

(1)构建严格的网络隔离

在《国家应急平台体系建设项目(一期工程)可行性研究报告》中，明确要求国家应急平台要建立内外网系统间的隔离机制。同时，在《铁路信息化专项规划——铁路计算机网络与信息安全平台》中，也明确提出铁路计算机网络与信息安全平台将通过动态物理隔离技术和防火墙技术构建面向服务的、具有层次结构的网络，形成外部服务网、内部服务网、安全生产网和国家涉密网四个逻辑安全区域，铁路计算机网络与信息安全平台结构如图 6-23 所示。

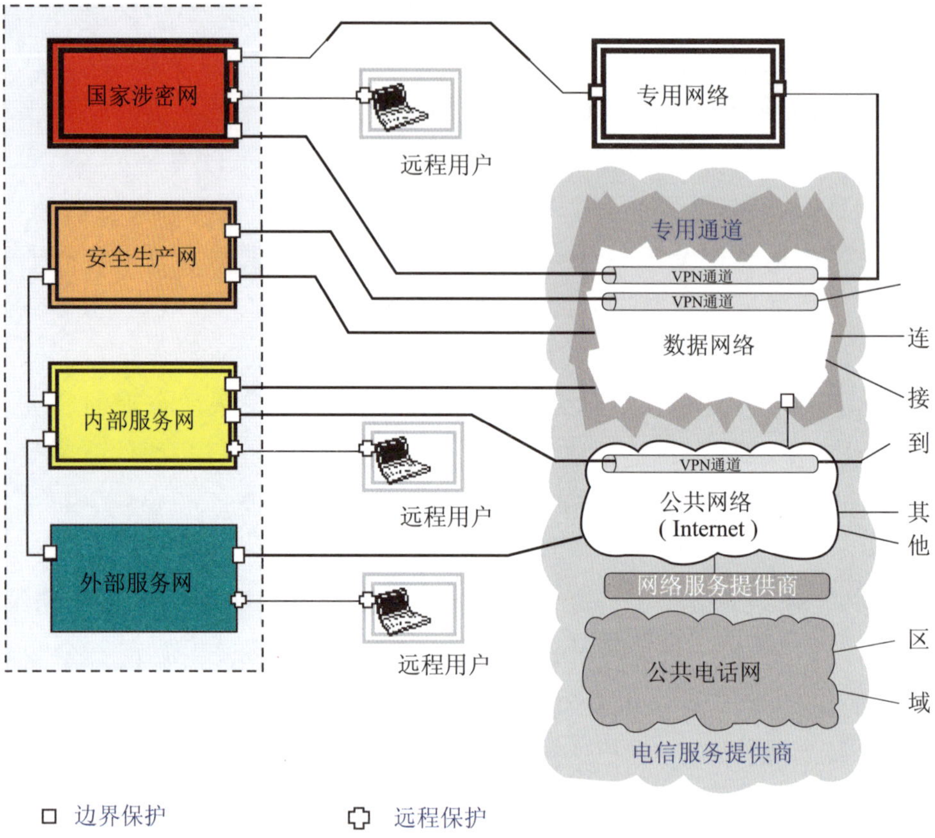

图 6-23 铁路计算机网络信息安全平台结构示意图

按照《铁路信息化专项规划——铁路计算机网络与信息安全平台》规划方案，外部服务网、内部服务网、安全生产网和国家涉密网四个逻辑安全区域的功能如下：

外部服务网区域，是一个为互联网用户提供业务服务的可信区域；内部服务网区域，是一个为路内用户提供服务的区域；安全生产网区域，是一个为铁路各生产应用系统提供服务的区域；国家涉密网，是一个位于铁路网络内部的专用涉密网络，不与铁路计算机网络直接连接。

作为一个涉及所有网络区域的业务系统，铁路应急平台将按照《铁路信息化专项规划——铁路计算机网络与信息安全平台》、《国家应急平台安全保障体系》的要求，严格遵守网络隔离机制对各种应用进行网络部署，从根本上确保铁路应急平台的网络信息安全。同时，涉及所有网络区域的铁路应急平台在网络隔离的基础上又需与其他逻辑网络进行适度的信息交换，各逻辑网络安全区域之间必须设置边界保护功能，以实现信息的安全交换。

(2)网络边界保护

如前所述，铁路应急平台系统边界是比较复杂的，涉及铁路通讯网络体系中的所有物理/逻辑安全区域，必须采取有效的控制措施，防止外来攻击，实现对各安全区域内系统的保护。具体可采取两种措施：

采用防火墙对网络边界进行逻辑隔离。防火墙作为不同网络或网络安全区域之间信息的出入口，能根据系统的安全策略控制出入网络的信息流，且具有较强的抗攻击能力。它是提供信息安全服务，实现网络和信息安全的基础设施。在逻辑上，防火墙是一个分离器，一个限制器，也是一个分析器，能有效监控内部网络、外部网络(各安全区域)之间的活动，保证内部网络的安全。在铁路应急平台体系内，对网络各安全区域之间的隔离和访问控制可通过防火墙技术设备实现。通过防火墙可以防止非系统内用户的非法入侵、过滤不安全服务以及规划管理网络信息的流向。在铁路应急平台体系计算机网络的所有网络边界处安置防火墙，通过配置防火墙的集中管理策略、访问控制策略及安全联动策略，对进出各节点的数据信息进行安全过滤，通过执行访问控制策略来控制信息流，将安全策略不允许的用户和数据包隔断，屏蔽非法请求，有效防止超越权限的数据访问。同时对外屏蔽铁路应急平台的内部网络结构、信息和运行情况，保护内网安全。

采用入侵检测系统(IDS)和漏洞扫描对非法入侵与恶意攻击进行检测。利用防火墙，通常能够在内外网之间(或不同安全区域间)提供安全的网络保护，降低网络的安全风险。但是，如果仅仅依靠防火墙，网络和信息还远远不够安全，因为防火墙不能规范不经过防火墙的攻击，例如如果允许从受保护的网络区域内部向外拨号或利用 GPRS/CDMA，这个用户就可能形成与 Internet 的直接连接，由于这类连接避开了防火墙所提供的安全保护，从而造成一个潜在的后门攻击渠道，且对于不通过防火墙的数据包(如内部用户的误用、滥用及内部用户的攻击行为)，防火墙并不对其进行检测。入侵检测系统，对网络进行实时监控与阻断响应，不仅能即时监控网络资源的运行状况，为网络管理员及时提供网络入侵预警和防范解决方案，还使得对于检查黑客入侵变得有迹可寻，为用户采取进一步行动提供了强有力的技术支持，大大加强了对恶意黑客的威慑力量。因此，铁路应急平台安全保障系统必须采用入侵检测系统及对非法入侵与恶意攻击进行检测。根据铁路应急平台的网络情况，可在边界保护、各级主干网和各个本地计算机环境中设置网络入侵检测系统，实现对网络入侵的监控管理。

(3)传输安全

传输安全功能主要保障系统数据传输的安全性。在铁路应急平台体系内，各种数据、文件在通过电信运营商的公共通信网络实现跨地域传输的同时，必然面临安全问题。使用公用网络会导致机构间的传输信息容易被窃取，同时攻击者有可能通过公网对应急平台体系的内部网络实施攻击。在铁路应急平台体系中，可采用虚拟专用网（Virtual Private Network，VPN）技术，实现网络数据加密，保障数据的安全传输，并通过人工审核等流程，防止非法数据进入铁路应急平台系统。

虚拟专用网络（Virtual Private Network，VPN）技术指的是在公用网络上建立专用网络的技术。VPN 技术能够利用 Internet 或其他公共互联网络的基础设施为用户创建专用隧道，并提供与专用网络一样的安全和功能保障。VPN 为保证传输数据的安全主要采用四项技术：隧道技术、加解密技术、密钥管理技术及身份认证技术。

VPN 网关可以是一套单独的设备，也可以将该功能集成在防火墙中。从保护投资的角度出发，建议采用“防火墙加装 VPN 模块”的产品模式，这样就不必分开购买防火墙、VPN 网关两套设备，即在每个防火墙上都内置 VPN 网关模块。同时，对出入 VPN 的数据采用高强度的加密算法的方式对数据加密。

（4）综合安全防护

在保证铁路应急平台体系网络隔离、边界保护及传输安全的基础上，还需实现安全防御、安全管理等综合安全防护，具体措施如下：

访问控制。通过对特定网关、网段、服务建立的访问控制体系，将绝大多数攻击阻止在到达攻击目标之前。通过防火墙、网闸等安全边界产品，严格控制不同安全等级间的访问，保证数据由安全级别较高的专业生产系统向安全级别较低的管理系统的单向流动。

ACL 策略控制。在对外路由器上设置过滤规则，形成第一道防护网。使用过滤规则设置功能，作过滤防护，形成网络与 Intranet 的第一道防护网。

采用 VLAN 技术。局域网均采用以太网技术，为了更好地保证局域网的安全，应按照用户群组和系统资源的访问权限进行安全划分。也可以按照机构的设置来划分 VLAN，如将领导所在的网络单独化为一个 Leader VLAN（LVLAN），其他人员分别作为一个 VLAN，并且控制 LVLAN 与其他 VLAN 之间的单向信息流出，即允许 LVLAN 查看其他 VLAN 的相关信息，其他 VLAN 不能访问 LVLAN 的信息。

防火墙使用管理。正确地配置和使用防火墙。正确实现防火墙功能的关键是其安全策略的配置和管理。

检查安全漏洞。通过对安全漏洞的周期检查，即使攻击可到达攻击目标，也可使绝大多数攻击无效。

网络防病毒措施。为了使网络免受病毒侵害，保证网络系统中信息的可用性，必须构建一个从主机到服务器的、完善的防病毒体系。服务器作为网络的核心，为资源共享和信息交换提供了便利条件，但同时也给病毒的传播和扩散以可乘之机，所以应重点加强对服务器的保护，安装服务器端防病毒系统，以提供对病毒的检测、清除、免疫和对抗能力。另外，在客户端的主机，也应安装单机防病毒软件，将病毒在本地清除，而不致于扩散到其他主机或服务器。网络防病毒系统基于策略集中管理的方式和病毒检测、清除能力，使得移动、分布式的企业级病毒防护不再困难。并提供了病毒库的实时自动更新功能，使得用户无需担心由于忘记更新病毒库而引发病毒事件的问题。

2. 物理安全方案

如前所述，物理安全防护是整个铁路应急平台信息系统安全的前提，它包括环境安全、设备安全和介质安全等。

环境安全主要是指铁路应急平台物理场所的安全，应参照《信息系统安全等级保护基本要求(试行)》和国家保密局颁发的《涉及国家秘密的信息系统分级保护技术要求》进行设计建设，其中包括机房的选址、机房建设、重点部位监控、区域控制、防电磁辐射及机房供电等，使机房内的设备有一个良好的防电磁辐射工作环境、防止非法用户进入机房和对机房进行各种偷窃、破坏活动。

设备安全包括门控措施、设备的标示和安放、输出设备、设备携带、网络接口、设备的维修和报废等的安全管理控制。对于重要的服务器核心主机等要加强保护，减少物理上的安全威胁。

介质安全包括对铁路应急平台使用的各种介质进行统一管理，实现对各种介质的标示、收发、传递、使用、保存、维护和报废等。

3. 容灾备份方案

备份和恢复的目的是对铁路应急平台系统和数据进行备份，使铁路应急平台具备灾难恢复能力，保证系统的可靠运行。通过备份和恢复，可以保证铁路应急平台在病毒破坏、黑客攻击、人为失误、系统硬件故障等情况下从系统级和业务级快速恢复正常运转，具备持续不断地提供各种业务的能力，保证铁路应急平台在遭受突然灾难时不至于中断正常业务的运行。

结合实际情况，建议铁路应急平台采用如下措施：

电源备份。对铁路应急平台主机房采用 2＋1＋1 的供电方式，即采用两台UPS、一路电力供应、一路发电机，保证主机房正常动作的供电。

线路备份。对采用不同路线的光纤线路进行备份。

主机备份。对重要的应用系统，可适当采用双机热备份。

数据备份。主要数据采用磁盘阵列备份，非关键数据采用硬盘备份和磁带备份，建立规范的介质保管制度。

主干网络。主干网络采用双主干交换机，其中一台为工作机，另一台为备份机。

建立必要的应急措施和灾难处理措施。

4.安全管理方案

铁路应急平台是一个大型网络系统，网络主机的数量都比较多，特别是在增加了多种网络安全产品之后，会给安全管理带来新的挑战。为避免出现管理上的混乱，实现低成本、高效率的安全管理，有必要建立全网的安全管理监控中心或责成专人进行管理，为铁路应急平台提供安全体系管理、监控及各类紧急情况服务，保障系统的整体安全。具体管理措施如下：

统一管理。实现对边界产品的统一管理。使得网络的安全管理人员能在同一个界面上完成不同安全产品的配置、修改和查询，提高管理效率。

集中监控。集中监控可以在一个统一的界面上直观地监视每个设备的应用情况，并对不同设备上报的时间进行分析，及时发现安全隐患和攻击行为，减少管理上的混乱，提升安全设备的信息价值。

统一审计。将不同安全新产品的报告统一分析和处理，得出分析报告，使管理员从海量的数据中跳出来去关注最重要的问题。

协同处理。实现协同处理是最有效的防御方式之一。比如防火墙和入侵检测系统，在进行联动后，当入侵检测系统探测到网络中存在的攻击后，会及时通知防火墙，防火墙则根据入侵检测系统上报的事件，动态调整其安全策略，将攻击源头发出的数据包阻断在保护网络之外，从根本上杜绝此类攻击事件的再次发生。

第七章 突发事件典型案例分析

7.1 自然灾害事件——汶川大地震

2008年5月12日，北京时间14时28分，四川汶川县（北纬31°，东经103.4°）发生了8级地震，持续时间近1分钟。地震的冲击余波波及大半个中国，全国许多省区市，包括宁夏、青海、甘肃、河南、山西、陕西、山东、云南、湖南、湖北、上海、重庆等在内的16省（区、市），甚至东南亚的越南、泰国都有不同程度的震感。地震灾区总面积约50万平方公里，涉及四川、甘肃、陕西、重庆等10个省区市的417个县（市、区）、4 667个乡（镇）、48 810个村庄，受灾群众达4 625万，其中极重灾区、重灾区面积13万平方公里。震中所在地汶川县位于四川省西北部、阿坝州境东南部的岷江两岸，大部分位于山区，山体崩塌、滑坡、泥石流等次生灾害频发，加重了地震的灾情。从震情看汶川大地震是新中国成立以来破坏性最强、波及范围最大、救灾难度最大的一次地震，遇难总人数超过8万人，直接经济损失超过8 451亿元。

在汶川大地震这场突如其来的巨大自然灾害面前，党和国家快速反应、全面协调、救灾全过程透明，充分体现了党和国家在应急管理方面的有序与高效，受到了世界舆论的一致好评。

第一，快速反应。汶川大地震中的快速反应主要表现在如下几个方面：①发布消息快。第一时间向公众公布地震的消息。地震发生时间为2008年5月12日14时28分，而在14时46分29秒，新华网就发布消息：四川汶川发生7.8级强烈地震，北京通州发生3.9级地震。从汶川大地震发生到网上发布消息还不到20分钟。②决策指挥快。地震发生后，党中央、国务院迅速启动应急预案。胡锦涛总书记立即作出重要指示，要求尽快抢救伤员、保证灾区人民的生命安全，温家宝总理火速赶赴灾区指导救灾工作。从地震发生，到胡锦涛总书记作出重要指示、温家宝总理赶赴灾区，都在2小时内完成。③救援行动快。大地震的发生，往往在几秒至十几秒的瞬间即可释放出极具破坏力的巨大能量，能否在第一时间进行救援就成为减少伤亡的关键因素。汶川大地震发生后，在党中央的决策指挥下，各方救援工作迅速展开，救援力量从四面八方向灾区汇集。地震发生 13 分钟后，军队应急机制全面启动，解放军和武警部队迅速出动开始抢险救灾，为灾区民众赢得了宝贵的获救机会。

第二，应急救援全面启动，各部门协调有序。①中央各部门建立了协调机制。5 月 12 日晚和 5 月 13 日上午，国务院多个部门分别召开有关救灾的会议，传达中央抗震救灾精神，并相应成立应急机构。另外，中国红十字会、中华慈善总会等也在第一时间发出紧急呼吁，号召全社会伸出援手。部门之间的协调机制，使得此次救援人员非常专业，参与的部门非常协调，提高了救助反应的效率。②中央和地方协调有序。灾害发生后，四川省省委、省政府高度重视，立即启动应急预案，研究部署抗震救灾工作，从中央到地方，救援工作迅速展开。同时，各省各地紧急动员，采取各种措施，积极支援灾区。地震后第二天，北京、天津、重庆、湖南、广东、江苏等省市派出的各种救援队先后赶赴灾区，来自全国各地的救灾物资、救灾队伍及器械、药品、血浆、食品、捐资等纷纷涌入四川。各省的援助极大地支持了四川的抗震救灾工作。③全社会大动员。在此次抗震救灾过程中，政府表现出强大的社会动员能力。来自全国各地的民众，纷纷向灾区伸出援手，救援物资、救灾款项通过各种途径源源不断地进入四川灾区。“灾难见真情”，此次救灾真正达到了全民族动员，体现了中华民族的强大凝聚力。

第三，救援过程开放透明。①充分发挥媒体在救灾过程中的作用。汶川大地震与之前的几次灾害相比，信息发布更及时、透明。网络、电视、广播、报纸等各种传播方式源源不断地提供及时可靠的信息，并发布各种防震减灾的科学知识，最大限度地满足了民众获取信息的需求。信息发布如此公开、透明，达到了前所未有的水平。这既减少了人们的恐慌情绪，避免了谣言的传播，也对凝聚民心、鼓舞斗志、增强政府公信力，增加全国和全世界对地震情况的了解发挥了重要作用。②对待国外援助更开放。汶川地震发生后，许多国家和国际组织都有意为中国政府和人民抗震救灾提供支持和援助。在此次抗震救灾中，中国政府首次接纳多国专业救援队前往灾区，也在历史上首次接受外国军队提供的救灾款物。中国政府的开放姿态没有降低中国正在崛起的大国形象，反而因真正贯彻以人为本，将人民的利益放在第一位，而成为国际典范。

“5·12”汶川特大地震，不仅造成了灾区的重大人员伤亡和财产损失，也直接导致交通设施严重受损、交通通讯中断。就铁路而言，直接造成了宝成、成昆铁路干线，成汶、德天、广岳支线严重受损，达成、成渝、内六、襄渝等其他干线和支线不同程度受损，铁路行车一度中断。仅成都铁路局管内，就有 29 公里线路设施报废，2 500 多公里线路设施不同程度受损；58 个车站信息设备报废；236 座桥梁直接受损，98 条隧道直接受损，669 公里路基受损；生产用房毁损 163.2 万平方米。

在这次特大地震中,铁路部门在最短时间内启动应急预案、组织数十万人开展救援、恢复运输生产,保证了大量救灾部队、医疗人员和救灾物资的运输,实现了灾区救灾工作的顺利进行和运输的安全畅通。在这个过程中铁路部门表现出反应灵敏、指挥统一、协调有序、运转高效的特点。铁路部门在地震中所表现出的快速反应能力和强有力的处置能力,迅速恢复了运输大通道能力。大量的救灾物资通过铁路大动脉,源源不断地向灾区输送,为四川抗震救灾工作赢得了宝贵时间,为迅速恢复生产和进行灾后建设提供了巨大支持。

总结铁路部门在这次特大地震中的成功经验,可以得到以下几点启示:构建科学的应急管理体系,是保证应急机制高效运作的前提;制定科学完善的应急预案,是保证灾害面前应对有方、决策科学的基础;加强应急日常管理工作,是保证应急机制发挥作用的重点;加强应急演练和培训、提高应急实战能力,是保证快速反应和有效处置的关键;铁路必须进一步提高行车设备质量,才能增强抵御自然灾害的能力;应急管理机制只有在实践中不断完善,才能有效抵抗各类灾害。

7.2 交通事故——德国 ICE1 重大脱轨事故

自 1991 年以来,德国各大主要城市均联入了高速列车系统,即 ICE-1。ICE 高速列车已运载超过 1 300 万乘客,截至 1998 年 6 月没有发生过严重事故,其最高时速可达每小时 175 英里。

但是,德国 ICE-1 型高速列车于 1998 年 6 月在德国北部小镇埃舍德发生了德国铁路有史以来最为惨重的列车脱轨事故,造成 100 余人死亡,60 多人重伤,使运输技术装备(车辆、线路和桥梁等)遭受重大损失,引起世界震惊。

1998 年 6 月 2 日深夜,一列具有动力车头 401051 和 401551 的 ICE1 动车组驶入慕尼黑列车段。工作人员对动车组进行了历时 88 分钟的检修。几个小时以后,它于 6 月 3 日 5 时 57 分作为 ICE884 次高速列车开往汉堡。

1998 年 6 月 3 日 10 时 30 分刚过,列车从汉诺威驶往下一站汉堡。列车行驶在扩建线上还不足半小时,第 1 节拖车 802808－6 号上的旅客听到了很大的嘎嘎响声,并且车厢开始左右摇晃。迄今查明的原因是由于该拖车后转向架上的轮箍在事故地点前 6 公里处、列车速度为 200 公里/小时时断裂、轮心松弛,这部分断裂的轮箍拥塞在高速运转的转向架中。

此后,列车第 1 节车厢虽然缺少了轮箍,但还是在线路上运行了 5.5 公里。在埃舍德车站事故发生地前方 200 米处,轮箍卡在道岔的护轮轨中造成冲撞。这种冲撞的能量使损坏的轮对向右倾斜,轮心从轨头上滑脱,使左面车轮脱轨,在大约运行了120米之后撞在了远方道岔的辙轨上。前面的动力车头401051号与其后的车辆分离，继续向车站北方行驶了2公里，由于强制制动而停车。这种冲撞的动能使道岔组移向右方，并使第1节拖车及其后继车辆相继脱轨。第3节拖车横在桥下，其尾部猛烈冲撞桥墩；第4节车辆冲下边坡，横在防护墙前；第5节车辆撞到了线路附近的桥墩，冲过倒塌桥梁的前半部，后半部被倒塌的桥梁砸坏；第6节车辆被混凝土块掩埋；其余7～12节车辆由于尾部动力车头401551—7未来得及切除及巨大惯性的推动，彼此错位挤压在一起。这次灾难造成100余人死亡，60多人重伤，见图7-1。

图7-1 德国ICE1事故

ICE1高速列车事故发生后，德国铁路当局迅速组织紧急救援并抢救受伤旅客，同时由国家检察院、联邦铁路署官员及技术专家组成专门委员会，对事故进行调查和处理。调查发现，这次事故的根本原因是由于低噪声橡胶弹性车轮的轮箍崩落，最终使列车在通过道岔时引发脱轨。同时，没有定期对轮对进行超声检验，无法事前发现车轮和轮箍可能存在的问题，也是事故发生的原因之一。

ICE列车会定期检查。根据一家严谨的新闻事实杂志(明镜 Der Spiegel)的报道，该火车在事故前一天晚上曾通过电脑进行检查，这是定期维护计划的一部分内容。德国的高速列车，每节车厢均有两个转轮装置或拖车，分别位于车厢的前后两端。各转轮装置或拖车均有两根固定轴，两端各有一个车轮，所以每个装置共有四个车轮。在每个车轮的顶部有一个金属套筒，其作用是提高乘客舒适度。

在检查中心，有48个声共振传感器测量各车轮的外径和套筒的厚度。各车轮的直径为93厘米，套筒的厚度仅为6厘米，总外径为99厘米。验收公差为

± 0.6 毫米，即 1 英寸的千分之三。而脱轨列车的一个车轮显示，其公差为 1.1 毫米，即 1 英寸的二百分之一。安全工程师认为，这个公差会引起一些震动，但仅仅影响到行驶的平稳度，尽管这明显超出规定的公差范围，但也不至于不安全。正是由于这个疏忽，导致最后事故的发生。

事故发生的过程中，德铁相关部门采取的应急和救援行动主要分为四个阶段，其过程如下：

第一阶段——星期三(6 月 3 日)上午 11 时～下午 3 时：调度应急人员和设备、使用大型营救运输设施解救受困人员；伤员鉴别归类、治疗和运送；协调各应急机构间的工作(190 名军事人员使用大型设备及直升机，726 名消防人员使用消防车，514 名医务人员使用 19 架 EMS 直升机和 98 辆救护车，至少 40 名医生)。

第二阶段——星期三(6 月 3 日)下午 3 时～星期四(6 月 4 日)中午 12 时：二期搜寻工作；后勤工作；尸体回收工作；媒体回应工作；举行首次新闻发布会；首批应急人员的接替工作；死亡、受伤及未受伤乘客的登记工作；慰问家属、开始现场纾压解说。

第三、四阶段——星期四(6 月 4 日)中午 12 时～星期六(6 月 6 日)早上 7 时：尸体回收工作、事故调查工作、公关关系工作(现场有 200 多名记者)、政府高官接应工作、后勤工作；私人物品的收集工作、残骸的打捞工作、尸体部位的搜寻工作。

星期五(6 月 5 日)：又发现并回收了 4 具尸体。许多尸体需要通过牙科病历或 DNA 检验才能辨认出来；调查证明这些人死于初始冲击。

星期六(6 月 6 日)早上 7 时：事故现场的指挥任务由消防队移交给警务队。

事故发生过程中，德铁采取的紧急医疗服务行动如下：

紧急医疗服务(EMS)由县政府组织，由两个 EMS 公司提供。当时，EMS 有自己的调度中心，独立于消防调度中心。策勒县(Celle)拥有 7 辆 24 小时值班的 ALS 救护车(其中一辆在埃舍德镇)、3 辆白天值班的 BLS 救护车和 1 个 24 小时值班的急诊医师小组。在德国、法国 、比利时、奥地利和其他一些国家，急诊医师是事故现场 EMS 的一个组成部分。急诊医师由当地医院和创伤中心提供，他们乘坐 ALS 救护车或其他有特殊装备的医疗队专用车辆赶往现场。

德国 EMS 于 3 日上午 11 时 03 分开始初步调度，派遣了 5 辆 ALS 救护车、3 辆 BLS 救护车、1 个急诊医师小组和 2 架待命于其他县的救护直升机。几分钟以后，第一个到达现场的急救人员报告了灾难的严重程度。然后，调度员向其他邻县的调度中心寻求资源帮助；向本县的志愿救护车和 EMT 分队通报了此次事故；并请求从县医院增派急诊医师到现场(该医院的 14 名医师在 1

小时内赶到了现场);通知了志愿者 EMS 组织全国总部(即红十字会)。

11 时 19 分,县 EMS 的医务主任赶到了现场,承担起作为“医务队长”进行指挥的重任,并组织所有 EMS 行动。

EMS 直升机主管部门、志愿者组织(如红十字会)、德国和英国的军医及 EMT,以及志愿者 EMS 小组也收到了事故通知或听说了这一灾难,他们也都立即赶往现场参加援救,有些还制定自己的营救计划。“自由行动”是 EMS 的一种文化态度,一般情况下,救护车单位可以按天数独立执行任务,他们将重点放在护理个人病人身上。因此,在较大的事故应急指挥过程中,要整合 EMS 单位是相当有难度的,这需要事先培训。创伤小组(急诊医师/外科医生和资深护理员)分别来自策勒(Celle)县医院(距事故现场 15 英里)、汉诺威(Hannover)医科大学(距事故现场 40 英里)和汉堡(Hamburg)的创伤中心。

中午 12 时 05 分,直升机开始运送大部分重伤人员。

下午 1 时 45 分(事故发生后 3 小时内),除了 1 人,其他 100 多名伤员全都通过 60 辆地面救护运输车和 27 架救护直升机送往医院治疗。伤员被分别送往 100 英里范围内的 23 家医院,这样就避免了急诊室病人过多的情况发生。危重伤员在运往医院的途中有急诊医师护送并进行诊治。

事故发生过程中,德铁采取的消防行动如下:

策勒县的每个镇市都有志愿消防部门。最近的职业消防部门位于汉诺威市,在南部约 50 英里处。同职业消防部门的消防员一样,志愿消防部门的消防员也接受了同样的培训,配备有同样的消防设备。

埃舍德的志愿消防部门在事故发生后立即做出了反应,县消防局长也立即做出了反应。在听到首批无线电报道以后,他立即要求县里所有消防部门利用救援和营救设备参加救援,并向周围邻县的互助援救队寻求援助。此外,州立消防学院和汉诺威(Hannover)及希尔德斯海姆(Hildesheim)的职业消防部门也做出了反应。

配备 108 辆消防车的 726 名消防人员,在事故当天就赶到了埃舍德现场。他们的主要任务是营救受伤的幸存者(主要在局限空间内和艰难的营救环境下);寻找被埋和被压在车厢中的幸存者等。

在接下来的几天中,他们的主要的任务是搜寻回收遗体和残躯,支持救助及列车援救行动,事故地点照明,指导交通、运送事故人员,设立和维护救火指挥所等。

事故发生过程中,德铁采取的主要技术救援行动如下:

因现代高速列车无法辨识的材料和结构,技术救援行动受到了阻碍。由于气压的缘故,事故列车车窗几乎牢不可破,即使用长柄大锤也难以打破。营救工具(如电锯、液压切割机等)在载客车厢的抛光面上会打滑。

即便是在灾难发生一年后的1999年,德国铁路运输提供商(德意志联邦铁路股份公司)仍未在消防和紧急服务的技术营救方面提供任何教育材料或技术救援培训。另外,事故倒塌桥梁的大型混凝土块至少掩埋了两节车厢(第5和第6节),这些残片的重量超过了150吨。为了打通搜寻被埋车厢的通道,不得不向民营公司征用重型起重机。

事故发生过程中,德国军队部门采取的行动如下:

有190名士兵的德国武装部队从附近的基地做出反应,其中有56名应急医师、28名内科医生、19架直升机、31辆汽车和3辆救援坦克。一架直升机用作中继站/移动控制塔,协调来自民间EMS机构、联邦及州警察和军队的所有直升机的救援活动。所有直升机都使用同样的VHF频道,但它们却经常无法和事故指挥官取得联络。

事故发生过程中,德铁指挥部门采取的指挥行动如下:

在初始阶段,协调、指挥和控制工作几乎都是临时准备的。美国使用的事故指挥系统(ICS)在中欧大陆并不为人所知。县消防队长和县EMS负责人在现场成立了临时指挥部。为了方便急救、营救、筛选、分类治疗和运输,他们将事故地点分建成了2个必要的部分:第一部分(西区)由第1～3节车厢(出轨,但没有翻倒)、第4节车厢(脱轨、翻转、撞入路堤旁的林区)和第5节车厢的前半部分(大部分已毁坏)组成;第二部分(东区)由倒塌的桥梁和挤压在一起的第5～12节车厢组成。

一个统一的指挥体系于下午3时组建起来。一个由消防、联邦及州警察和相关媒体的设施组成的最终指挥基地,在离事故500码左右的停车场上建立起来。该停车场与公共建筑相邻。事故基本情况介绍会每1～2个小时举行一次,与会单位为所有援救和搜寻机构。所有营救决定和任务分配都作为同一个团队来处理。

下午2时,邻县的灾难管理机构的高精密通讯车辆和移动指挥站抵达事故现场。他们是由经验丰富的事故处理技术人员组成,并在下午3时开始工作。此时,因为缺乏适合设备,通信仍然较为薄弱。作为事故指挥官,县消防队长在一辆没有传真机和复印机的小型指挥车中工作,同军方及其他一些单位没有直接的无线电通信。消防及EMS无线电信道高度拥堵,移动电话网络完全瘫痪。

协调工作因不明确的标识而受到阻碍。许多EMS医生都穿着标有“医务队长”功能标识的制服外套,因为他们在自己的辖区内担任这样的角色。“消防队长”和“指挥车”车辆也存在同样的问题。因此,刚刚抵达事故现场等待分配任务的救援单位很难找到事故指挥官或 EMS 领导。一些单位(特别是 EMS)甚至根本不向事故指挥官汇报情况。

事故发生过程中,德铁采取的后勤管理行动如下:

后勤管理部门主要调配 1 889 名应急人员以及接下来几天内到达的其他人员需要的食物、水和饮料、住宿区,以及卫生区地面运输,包括保证通讯工具运行的燃料、空间和设备。在事故早期,一个有效的交通指挥系统就被建立起来,警察、地方消防员和社工在主要的高速公路路口等待从其他城市和县来的消防车和急救车,急救服务车被护送前往分断区域或是两个已经被确立的事故现场。

在事故处理的最初,管理部门忽视了记录归档工作。EMS 把重点放在伤员的救治和根据伤员的伤势把他们送到适当的医院或康复中心上。但不幸的是,没有人跟踪了解伤员的姓名或目的地等情况。因此,伤亡人员的鉴定花了事故结束后的数周时间。因为没有人对幸存者的情况进行跟踪,许多家属都不知道自己的亲人是受伤住进了某个医院还是已经死去,他们对获救伤员(特别是失去意识的伤员)所在医院的地址也毫无所知。

州/地方警察和联邦警察(BGS)都对此次事故做出了快速反应。州/地方警察负责公共安全;联邦警察负责铁路轨道系统(联邦政府财产)安全。该段铁路的服务提供商即德意志联邦铁路股份公司(Deutsche Bundesbahn AG)是一家使用联邦铁路的私营铁路运输服务提供商。

除了标准警务外(交通管制、现场通道封锁、文件记录、刑事调查等),警察还负责媒体打交道。最初,媒体被要求在埃舍得(Eschede)火车站集合,这里距事故地点约 1 英里。多达 7 个警方发言人接受采访并向 250 个媒体记者提供信息。后来,警务小组转移到指挥基地的一辆拖车上(装备有电话线、传真、电脑等)并继续执行媒体应对工作。

本次事故应对过程中,由县政府负责处理媒体事宜。获知此消息后近 250 名媒体代表和摄影组赶到了现场。为此,政府负责部门快速指定了一名信息发布员(PIO),并考虑到灾难性事件的 PIO 必须经过训练并能同时应对多家媒体代表这一具体要求。同时,参与事故救援指挥的各方有一个明确的协议,议定在事故的不同阶段哪个部门在哪个时间对哪些细节进行披露,因为不同发言人(警察、消防、政府、铁路提供者等)的不同信息会导致公众的误解。最开始的新闻发布会,每个部门的 PIO 都必须要参与。由于事故中可能涉及拉美国家的人员,会吸引使用西班牙语的媒体,因此必须要有一个有具有特定语言能力的 PIO。

在 ICE1 事故发生之后,德国政府及铁路部门在如下 3 个方面采取了相应措施:

(1)ICE交通应急计划:在事故发生后,德国铁路对拥有的动车组限速,并且恢复列车段人工超声检验的程序,为了检验轮对而使ICE1列车队多次退出运营,作为应急措施只能用其他车队代替ICE1来完成远程客运的任务。在事故刚发生后的几天内,除事故线路停止运营外,多条ICE线路运营被缩减,用大量机车(主要是101,103和120型)牵引列车来代替ICE1动车组。在橡胶弹性轮对问题被公开后,德国铁路又于1998年6月13~14日发布命令,将所有动车组返回列车段,从而恢复ICE1列车的运行。

(2)整体车轮代替橡胶弹性车轮:1998年6月13~14日,德国联邦铁路局发布命令,用整体车轮更换所有59列ICE1动车组的橡胶弹性车轮。ICE1列车队720节拖车更换下的Bo84型橡胶弹性车轮全部停止使用。

(3)恢复轮对超声检验及故障诊断机制:由于原来的ULM轮对诊断装置超声检验的缺陷,德国铁路公司曾经在汉堡和慕尼黑高速列车段的常规检修中放弃了超声检验。在事故发生后的几周内,德国铁路公司恢复了ICE轮对的常规超声检验,用人工操作的方法对轮对实施超声检验,以保证在短期内达到较高的运行安全度。德国铁路公司除了用人工方法进行超声检验作为应急措施外,还力图使用新型自动化的超声检验装置,作为客观监控的轮对诊断方法。针对前述ULM轮对诊断装置裂纹错报率过高的状况,德国Hegenscheidt公司开发了一种新型轮对诊断装置Argus,并于1998年9月在柏林Rummelburg ICE列车段首次投入使用。

德国高速铁路ICE1事故,不仅给德国铁路系统带来重大启示,而且给世界上其他发展高速铁路的国家也带来重大启示。我国铁路部门更是从中得到如下教训与借鉴:

(1)这次高速列车脱轨事故所造成的人员伤亡和财产损失是惨重的。因此我国在开展铁路建设,尤其是高速铁路建设的过程中,应特别强调可靠性和安全性的研究,尤其注意高速列车可靠性和安全性设计问题,同时从整体上提高铁路部门的应急能力。

(2)由ICE1高速列车橡胶弹性车轮轮箍断裂而造成的重大脱轨事故可以得知,对于高速列车关键部件(如走行部等)采用的先进技术应持审慎的科学态度,要利用可靠性和可维修性技术精心设计,并经历可靠性试验,通过长期运用考验,否则不能装车运营使用。

(3)维修工作是确保铁路运输安全可靠的重要环节。德国ICE1高速列车的这次重大事故原因分析表明,事故的主要责任之一在于维修工作未能严格按照维修规程执行。可以看出,维修工作对安全性、可靠性的作用是重大的,维修工作应严格执行维修规程,维修工作中每个环节的疏忽都会泱及安全,造成事故。因此要格外重视维修工作,确保铁路运输工作的安全可靠。

ICE1 高速列车事故的发生确实给德国铁路运输带来了不利的影响,但德国高速铁路事业却并没有因此停滞。在吸取事故的教训后,德国的铁路运输官员和铁路技术人员依然坚信高速铁路的发展前景。他们研制了新型的 ICE3 动力分散高速动车组,降低了列车轴重。科隆—法兰克福高速新线也已建成通车。事故至今已过去 11 年有余,事故并不能阻止高速铁路事业的发展,德国铁路在悲痛和反思的气氛中及时吸取了事故教训,对高速列车技术的运用和发展更充满了信心。

7.3 交通事故——日本尼崎市高速铁路脱轨事故

日本尼崎市是一座工业城市,位于神户和大阪之间、东京西南 360 公里处。2005 年 4 月 25 日晨,一辆途经尼崎的快速列车脱轨撞在市区的一栋公寓上,此次事故导致 107 人死亡和 549 人受伤。事故发生后的 4 天里,100 多名医生和护士、1 000 多名消防人员和紧急医疗服务人员以及 7 000 多名警务人员参加到了援救行动中来。尼崎市列车脱轨事故及日本政府的应急反应如下。

2005 年 4 月 25 日上午 9 时 18 分,日本铁路公司的一辆市郊往返列车在尼崎市区内脱轨后撞向一幢公寓的底层停车库。本次列车在前一站停站时超越了停车线,从而导致列车比预定时刻晚点 90 秒,列车长为了弥补列车晚点所造成的时间损失,在下一站(尼崎市)提高了列车速度。事故现场弯曲路段的建议速度为 60 公里每小时(35 英里每小时),但列车脱轨时的速度已超过 120 公里每小时(75 英里每小时),因此,列车长的失误是此次事故的一个主要因素。列车脱轨事故现场如图 7-2 所示。

图 7-2 列车脱轨 30 分钟后的场景

基于日本中央政府和尼崎市当地政府，以及尼崎市各大医院对此次列车脱轨事故的公开官方报道，同时收集对应急行动个人通信、互联网搜索引擎、医院和政府记录人员，以及执行灾难应急指挥的几名主要官员的相关信息。归纳此次救援行动的时间进度表见表 7-1。

表 7-1　尼崎市列车脱轨事故应急行动进度表

时间	事　　件
4 月 25 日	
09 时 18 分	列车脱轨
09 时 22 分	第一次呼叫消防部门；出动五辆救护车和几辆消防车；当地居民自动开始帮助救援
09 时 24 分	救护车和消防车到达事故现场
09 时 33 分	设立第一个指挥中心
09 时 40 分	成立信息和指导中心(IIC)
09 时 45 分	在现场成立国家政府管理办公室
10 时 00 分	第一支医疗小组到达现场，并开始在消防部门的帐篷中对伤员进行鉴别归类
10 时 30 分	另外四个医疗小组到达现场
10 时 48 分	第一个伤员通过直升机得以转移
11 时 04 分	兵库县请求获得日本国防部(JSDF)的援助
11 时 30 分	更多医疗小组到达现场
12 时 00 分	伤员人数开始减少；医疗小组逐渐撤离现场；开始搜寻遇难者尸体
13 时 00 分	日本国防部(JSDF)所派单位到达现场
13 时 56 分	医疗小组发现 3 名伤员
14 时 48 分	寻找生还者
16 时 00 分	救援队又发现 3 名生还者；一支医生小队开始了局限空间医疗工作
17 时 30 分	另一支医生小队被召回现场
20 时 29 分	第二支医生小队到达现场
4 月 26 日	
00 时 06 分	第一名生还者被救出
02 时 44 分	第二名生还者被救出
07 时 08 分	最后一名生还者被救出
08 时 33 分	撤销灾难模式
09 时 30 分	所有医疗小组撤离现场

事故发生后的第 1 个小时：

接到事故报告后，尼崎市消防部指挥中心立即出动了 5 支紧急医疗服务队和多辆消防专用车。第一支紧急医疗服务队到达现场时，估计伤亡人数为 20～30 人，但后来伤亡人数增加到 100 多人。当地工厂和店铺的工人都主动放下手中的工作来帮助营救生还者。有一名工厂经理将他工厂的 230 名工人全部都派去加入到救援营救行动中。

尼崎市政府就在事故现场 100 米处设立了消防部指挥中心(见图 7-3),现场情况如图 7-4。同时,因为造事车体将事故现场一分为二,限制了列车两边的通信和协调,所以尼崎市政府分别在车体东西两侧建立了两个事故救援队。西侧的救援队于上午 9 时 26 分进入事故列车后,发现列车的第一节车厢已经完全撞入了公寓的底层,随后便展开了营救。东侧的救援队于上午 9 时 31 分进入事故列车,也发现了第一节车厢的情况。尽管两支救援队使用了相同的射频波段,但由于造事车体的阻碍,东西两支救援队之间的通信仍然相当困难,一线援救人员不能够及时共享最新信息。同时,由于被撞公寓停车库内的车辆泄露出汽油,使停车库内发生火灾的可能性极大,从而不能使用金属切割机和大型机械设备,救援队不得不徒手进行营救。

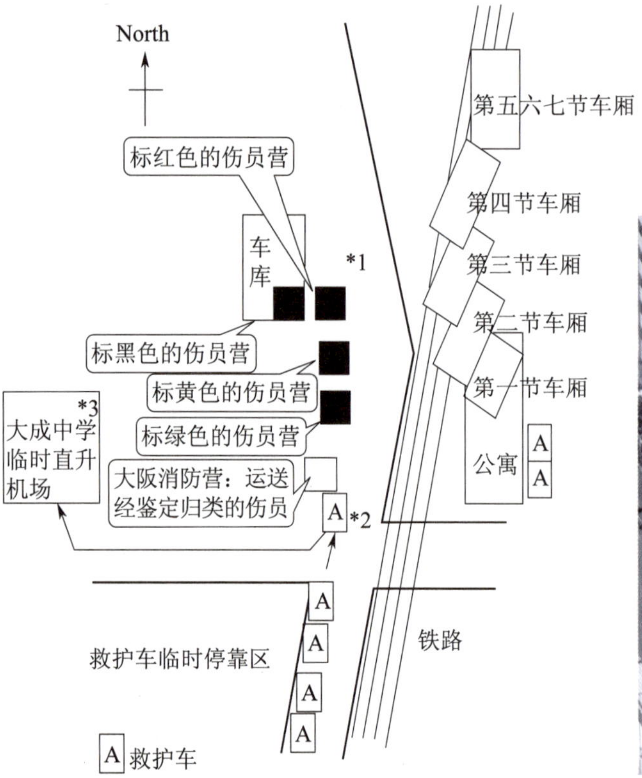

图 7-3 事故发生 2 小时后的援救活动

图 7-4 尼崎市列车脱轨事故现场概貌

注:*1 医生在现场给伤员检查分类,请求空中协调员(神户消防部)用直升机运输重伤者;

*2 救护车在此装载伤员,将伤员运到直升机或附近医院;

*3 神户消防部出动飞行员,用直升机运送伤员。其他医疗小组在临时直升机场管理等待运送的伤员。

尼崎市消防部指挥中心就启动了信息和指导中心(IIC)、病床登记处以及神户地区的150多家联网医院的信息交换中心。这些联网医院可向IIC提供病床使用情况等信息，IIC再向调度中心的医疗机构和消防部指挥中心传递信息。

第一个医疗小组（包括两名内科医生、两名护士、两名药剂师和一名司机）在事故发生后40分钟内从兵库县紧急医疗中心赶到了现场。该小组到达现场后立即分散行动，在消防部指挥中心的帐篷中对伤员进行鉴别归类，但伤亡人数远远超出预期人数。

伤亡人员均被转移到距离现场25公里范围内的20多家医院里。由于技术故障，事故现场不能获得IIC的信息，医疗和消防部指挥官不得不猜测哪些医院可以接收病人。经过医疗小组的鉴别分类后，标有黄色和红色标签的重伤员被转移到最近的医院（尼崎市中央区医院）和附近两个配置较高的医院（兵库县医学院医院和关西劳工医院）。受轻伤的病人标示绿色标签。最初轻伤人员被转移到尼崎市中央区医院，但由于这个医院规模不大，很快病床就被全部占满。IIC意识到这个问题后，命令那里的医疗小组提供帮助，将绿色标签的伤员转移到其他社区医院。表7-2显示的是该地区各大医院的轮廓和位置，以及病人的分布情况。

表7-2　尼崎市列车脱轨事故应急行动中的医院信息（ED＝急诊科）

医　院	距离事故现场公里（英里）	接收伤亡人数	病床数量	医生数量	急诊科	三级医疗机构
尼崎中央病院	1.0(0.6)	9	199	23	有	无
兵库县立塚口病院	1.1(0.7)	5	400	58	有	无
大腰病院	1.5 (0.9)	1	92	10	无	无
安藤病院	2.2 (1.4)	1	153	8	无	无
近藤病院	2.4 (1.5)	5	92	4	有	无
兵库尼崎医院	2.5 (1.6)	1	500	100	有	无
关西劳工医院	3.7 (2.3)	0	670	133	有	无
兵库县医科大学附属医院	5.0 (3.1)	1	1 195	428	有	有
兵库西宫医院	7.7 (4.8)	0	400	84	有	无
兵库宝塚医院	7.2 (4.5)	1	480	68	无	无
大阪市医院	10 (6.3)	2	1 063	153	有	有
国立病院机构大阪医疗中心	11 (6.9)	2	698	122	有	有
千里急救医疗中心	12 (7.5)	2	43	11	有	有
大阪总医院	14 (8.8)	2	662	98	有	有
大阪大学医院	15 (9.3)	4	1 076	489	有	有

续上表

医　院	距离事故现场公里（英里）	接收伤亡人数	病床数量	医生数量	急诊科	三级医疗机构
大阪府立中河内救命急救中心	18 (11.3)	2	30	15	有	有
兵库县紧急医疗中心	20 (12.5)	1	30	18	有	有
神户红十字医院	20 (12.5)	3	310	86	有	无
神户大学医院	23 (14.3)	3	1 004	178	有	有
神户市医院	22 (13.8)	1	912	153	有	有

事故发生后的 2～5 个小时：

事故发生后 100 分钟，来自其他五家医院的 5 个医疗小组也赶到现场，帮助对伤员进行鉴别归类和治疗，如气管插管、快速输液、张力性气胸的空针减压等。

20 分钟后，指挥中心将第一位伤员通过直升机从设立在距离事故地点 200 米的临时直升机场运往医院（见图 7-3 和图 7-4）。同时，指挥中心命令盘旋在事故现场上空的媒体直升机飞离现场，以免影响救援人员作业。

事故发生 3 小时后，伤员数量开始减少，医疗小组的重点工作转移为搜寻遇难者的尸体。下午 2 时，随着被困在列车内的最后 3 名受害者被救出，所有救援人员也都走出了列车，然后开始静听其他幸存者的声音。由于基本推断火车内已经没有更多伤员，大部分医疗小组开始撤离现场。下午 4 时左右，仅有一个医疗小组没有撤离现场。

事故发生后的 6～24 个小时：

下午 4 时，被困于事故列车第一节车厢驾驶室附近的四名幸存者被救出，其中一名幸存者在被救出后几分钟内死去。随后，救援人员开始对其余三名幸存者进行抢救。3 支医疗小组对这些受困的幸存者施用局限空间医疗法进行医治，医生将幸存者的静脉稳定在一个局限空间内，施以液体防止出现挤压综合症。但三名获救者还是都出现了挤压综合症，并接受了紧急血液透析。第一名幸存者（46 岁女性）在事故发生 14 小时后获救；第二名幸存者（19 岁男性）在事故发生 16.5 小时后获救；第三名幸存者（18 岁男性）在事故发生 22 小时后获救。

事故发生后第二日，各医疗小组开始沿着事故列车的车厢彻底搜寻和呼叫生还者。当人们意识到不可能再有生还者时，最后一支医疗小组才撤离现场。

事故发生后的 2～4 天：

事故发生后的第 2 天，事故救援队继续使用遥感仪器搜寻遇难者遗体，警察和政府检查员开始着手调查此次事故的真正原因，铁路公司随后恢复正常运营。事故发生后的第 4 天，失事列车的车头通过起重机移出了公寓的底层。随着车头内的最后一具尸体被移出，所有救援队都撤离了现场。

事故灾难总结：

此次事故中共有107名乘客死亡（59名男性及48名女性）和549名乘客受伤（139人重伤及410人轻伤），事故并未造成列车碰撞的公寓内的人员伤亡。根据兵库县地方警署提供的信息，死亡原因总结如图7-5。死亡原因主要有：(1)39%死于头部重伤；(2)20%死于胸部或腹部出血；(3)19%死于创伤性窒息；(4)14%死于颈骨折；(5)8%死于骨盆骨折。列车脱轨撞向公寓时，受害者承受了相当于900公斤（2 000磅）的巨大冲击力，从而导致大多数受害者在撞击后的几分钟内死去。

在整个事故过程中，消防部指挥中心移送了240名伤亡人员；警务部门移送了135名伤亡人员；当地志愿者移送了137名伤亡人员。大部分伤员都是通过救护车、警车、消防车、运货卡车和私家小汽车等进行转移，只有极少部分伤员是通过步行的方式被移送到医院的。在4天的营救行动中，共有6 800名警务人员、250名警力援救工和34名日本自卫队员加入到搜寻工作中来。尼崎市消防部指挥中心共命令75个消防小组（328人）、65个兵库县地方小组（249人）和70个救援小组（252人）加入到此次救援行动中。此外，来自19家医院的20个医疗小组也参加了营救行动。

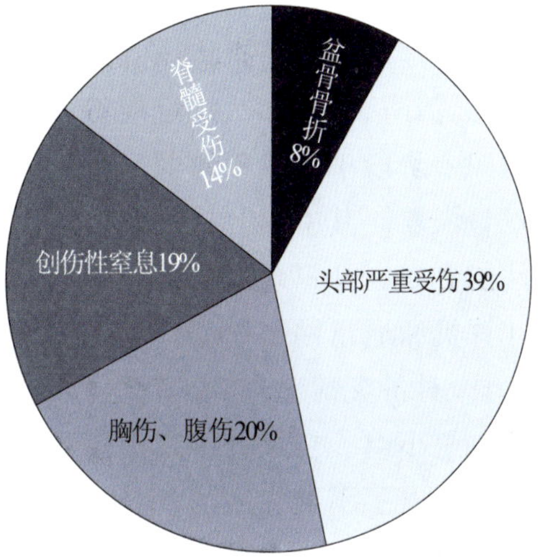

图7-5　死亡原因分析

2005年尼崎市列车脱轨事故并非尼崎市经历的第一次灾难应急行动，参加此次应急行动的大部分应急人员均是日本受过最佳应急培训的人员。尼崎市列车脱轨事故给日本政府的灾难应急上了关键的一课。

日本近年来重大灾难事故：

日本尼崎市列车脱轨事故是日本火车史上第四次大灾难，也是日本近40年来最大的一次灾难。在尼崎市列车脱轨事故之前，日本最近的一次重大火车事故发生在1991年，满载乘客的信乐铁路公司（Shigaraki Railway）的本地列车和日本铁路公司（Japan Railway）的高速列车因信号失误而迎头相撞，此次事故造成42名乘客死亡，614名乘客受伤。由于事故发生在农村地段，给救援工作带来了诸多不便。同时，事故发生地附近的医院规模小，缺乏诊治大量伤员的经验，从而造成过多伤员被延误医治。在此次应急救援行动中，并没有成立专门的指挥中心，从而导致救援工作的无组织性，医疗机构没有对伤亡人员进行鉴别归类，也没有使用直升机转移伤员。

同尼崎市列车脱轨事件应急行动相比，1991 年的火车事故应急现场显得混乱不堪，主要原因是尼崎市列车事故发生在市区，参加救援工作的大部分应急人员都接受过专业的应急培训，相对有经验。这主要是因为日本政府在发生过一些危机事件过后，已经建立起了一套完善的危机管理体系，该体系包括了警局、医院、消防部、学术机构、国家及当地政府机构。

在日本经历过神户大地震并宣布在未来的 30 年里东京有 70％的可能再次发生大地震之后，防灾备灾工作已成为日本政府的当务之急。神户大地震是日本灾害管理的一个转折点，在经历神户大地震这次惨剧后，日本政府大大增加了在应急、消防、警务和医疗反应等领域的投资。神户官方人士试图从应急管理体系的四个阶段中寻找到薄弱环节。这四个阶段分别是：(1)减灾；(2)备灾；(3)反应；(4)恢复。其中，减灾是最优先考虑的一项，主要工作是将建筑物加固使之抗震性能更好。神户政府还通过在其警署、医院、消防机构、自卫队中组织培训应急计算机和通讯网络而革新了原有的应急体系，并在神户市和尼崎市交界处的兵库县，对备灾情况进行了彻底检查，并确定了兵库县的灾难应急小组是全国最好的应急小组。在尼崎市列车脱轨事故中，兵库县的应急小组为有效地应对此次事故做出了不可忽视的贡献。

尼崎市列车脱轨事故应急优势：

日本政府对尼崎市脱轨事故的反应是非常迅速的、彻底的、有组织的。反应行动的几个方面值得借鉴：(1)医疗小组进行了专业的现场伤员鉴别归类工作；(2)参与救援的大部分应急人员都经过专业的应急培训；(3)当地民众自发地加入到救援行动，为救援工作提供了很大的帮助。

尼崎市列车脱轨事故标志着日本首次在危机中大规模使用现场伤员鉴别归类工作，使伤亡人员得到高效快速地救治。伤员鉴别归类全称为“简单鉴别归类和快速治疗法(START ©)”，医疗人员通过使用不同的颜色对伤亡人员进行分类，从而对伤亡人员提供更高效的救治。医疗人员将已经死亡的人员贴上黑色标签，不再对其进行救治，从而节省医疗资源；将重伤及稍重伤人员贴上红色及黄色标签，派遣大部分医疗资源对其进行救治；将轻伤人员贴上绿色标签，派遣部分医疗资源对其进行救治。尼崎市列车脱轨事故的现场医生和当地医院都使用了相同的鉴别归类方法对伤亡人员进行归类，从而大大提高了医疗资源的使用效率。在此种归类方法下，仅有七名伤员在移送至医院后死亡；在等待转移的过程中没有造成人员死亡。在医疗机构的救助活动中，均没有运送贴示黑色标签(表示已亡)的尸体，这样就节约了医院资源，从而可以救治更多的幸存者。但是，不可能给几百名轻伤人员全部贴示绿色的标签，这也是伤员鉴别归类法存在的一个问题。

在尼崎市列车脱轨事故中，现场医疗小组和医院医疗小组使用相同的医疗协议术语，这种标准化的过程使得护理工作像流水线一样，对防止出现混乱局面起了很大的作用。过去，事故发生地的当地民众对于有效应急基本是一种障碍，而在尼崎市列车脱轨事故中，本地志愿者提供的帮助大大地提高了救援工作的效率。根据现场的专业人士分析，这是因为大部分志愿者都在神户大地震中学到了救援经验，神户大地震中70%以上的受害者都是当地居民救出来的。在尼崎市列车脱轨事故中，来自30多个公司的志愿者在官方警务和消防单位建立之前就一直提供急救服务，并救出了许多幸存者。尽管当地居民的行动值得赞扬，但是他们却不能够正确地对伤员进行鉴别归类或护理。因此，为潜在志愿者提供最基本的应急技巧指导，是本次灾害得到的一个启示。

相关人员在尼崎市列车脱轨事故中救援行动之后提出了4个重要问题：

(1)最初医疗小组的撤离决定是否恰当?

(2)IIC在应急救援行动中是否真正地发挥了作用?

(3)临时直升机场是否设置过晚?

(4)局限空间医疗护理服务是否还需要更多的培训?

对于第一个问题，相关管理人员认为在事故发生6小时后停止救援行动的决定是不成熟的，因为后来又找到3名幸存者。由于没有建立统一的指挥机构，一线救援人员不能及时地共享最新信息，从而导致部分医疗小组在救援工作还没有完成的情况下做出撤离现场的决定。这个错误决定反映出营救过程中的指挥工作相对混乱。相关管理人员认为由于通常情况下不可能预测出营救行动的结果，所以在决定医疗小组是否需要撤离及何时撤离时要十分谨慎，建议在事故后24小时内现场应至少保留一个医疗小组，即使看起来不可能再找到幸存者。

对于第二个问题，IIC所收集到的信息对指挥中心的指挥人员如何正确地应对各种事态起了很大作用。比如，当指挥人员意识到尼崎市中央医院伤员人数过多时，就可以派两个医疗小组前去协助。由于技术原因，现场指挥人员要在IIC系统启动后至少1个小时后才能收集到所有医院的病床信息，因此现场消防人员、EMS(紧急医疗服务)人员和医疗小组不能将伤员移送到那些没有充分数据信息的医院，从而导致某些医院伤员人数过多。在尼崎市列车脱轨事故中，IIC仅成功了一部分——它可以警告附近的医院，但是却不能阻止这些医院接收过多伤员。

至于第三个问题，指挥人员最初计划将临时直升机场设在距现场1.5公里的广场上，但由于广场周围可能出现交通堵塞，所以不得不将地点改在大成初级中学操场上，这里离事故现场仅150米。由于临时机场位置的协商用了20～30

分钟，导致事故发生 90 分钟后，指挥中心才通过直升机转移了第一名伤员。因为在事故现场 20 公里范围内，有 15 家以上高级医院，使用救护车运送伤员到任何一家医院，所需时间均不超过 20 分钟，而使用直升机运送需 5 分钟，所以直升机节约的时间也不是很多，所以在整个救援过程中，仅用直升飞机转移了 10 次伤员。

关于最后一个问题，局限空间医疗护理服务使得救援人员能够在伤员被困在局限空间的情况下对其进行医疗评估，并使用适当的医学疗法。同时，局限空间医疗护理服务还能介入到受害者的解救行动过程中，使之尽早地被从局限空间里解救出来。局限空间医疗技术对于难以实施简单医疗程序的情况至关重要，这些技术能够有效地防止因长时间受困而出现挤压综合症。局限空间医疗的关键作用是在神户大地震中被意识到的。地震后，神户市和尼崎市的许多急诊医师都接受了局限空间医疗培训，其中一些医师也出现在了尼崎市列车脱轨事故的现场。

尼崎市列车脱轨事故应急行动中存在的问题：

尼崎市列车脱轨事故中死亡 100 多人，现场相当混乱。各救援机构尝试着协调，但是消防、警务及医疗小组的总体营救行动并没有得到有效统一的协调。此次事故应急行动存在两个主要问题：(1)事故列车东西两侧及各救援机构之间的通信不良；(2)整个事故现场的指挥机构不统一。

在此次事故救援行动中，各救援机构均有自己的通信系统和指挥系统，虽然各机构内部通信顺畅，但由于没有制定总体的响应方案，从而导致各机构之间的通信并不顺畅。在日本，EMS 和救援队都是由消防部统一指挥，所以这些小组之间的通信比较顺畅。但是，由于事故列车的妨碍，在事故列车东西两侧的救援队之间通信不畅。警员和消防部人员共同运送轻伤人员，警务指挥中心设在消防指挥中心旁边，使得双方能在援救过程中随时共享信息，但由于两个机构同时向医院输送伤员，一些医院已经出现伤员过多的情况却并没有在这两个机构之间相互共享，从而导致更多的伤员被送往同一家医院。

在救援行动中，很快组建各救援机构的指挥链，但由于缺乏一个统一的指挥结构，各机构的援救活动完全不同步，导致救援现场的相对混乱。尼崎市消防部官员首先赶到现场并开始组织应急行动，随后，经验更丰富的神户和大阪消防部官员也赶到了现场。三个消防部之间不存在领导上的冲突——尼崎市消防部为指挥机构，神户和大阪的官员只为尼崎市消防部指挥人员提供建议和支持。在医疗小组方面，来自兵库县急救医疗中心的第一医疗小组的高级医师成为现场医务指挥员，其他医疗小组均在他的指挥下开展行动。在事故救援过程中，这名医师曾试图同消防部门的 EMS 小组协同行动，但他没有权力协调 EMS 的应急行动或指派 EMS 人员到具体营救区域，从而导致部分救援资源的浪费。事故救援过程中，铁路技术员和当地居民也同官方人员一起加入到了救援工作中来，但却没有人直接监督他们的活动。

建议建立统一的应急指挥系统（ICS）。

尼崎市列车脱轨事故应急行动中，除通信问题外，缺乏适当的应急指挥系统（ICS）也是最关键的问题之一。最初，在究竟由警局还是消防部来领导援救行动之间产生了混乱，警局和消防部的车辆随意停放在现场，一些车辆阻碍了本来就狭窄的道路。再次，过多医疗小组同时赶往现场，而不是在 ICS 系统的指示下轮流进入现场，导致事故发生当天至少有 20 个医疗小组没有发挥作用。

在意识到需要建立一个统一的指挥系统后，尼崎市应急人员立即开始整合。警务和消防机构分别在现场附近设立了相邻的指挥中心，这样就能共享信息和后勤服务。医生和 EMS 人员共同对伤员进行鉴别和归类，当地应急人员在专业救援人员的领导下展开营救行动。但是，如果有 ICS 的统一指挥，整个援救过程会更加快速高效。

尼崎的应急行动相对而言较为有序，这在日本其他地方是难以找到的。正如前面所述，尼崎在灾害应急方面富有经验。然而，尽管它有着全日本最佳的应急小组，在通信和指挥方面同样存在问题。日本各城市的灾难反应经验不尽相同，在一些地区，消防人员、警务人员和医务人员之间少有往来。为了持续提高灾难应急能力，日本应将 ICS 体系引入其培训协议。

尼崎市列车脱轨事故的总体反应是迅速而有效的。近年来日本本国所发生的城市灾难成为备灾的推动力，这些经验对于尼崎列车脱轨事故的有效救援是至关重要的。兵库县信息指导中心、兵库县急救医疗中心和当地居民所作的努力都为救援行动提供了巨大的帮助。

7.4　交通事故——韩国大邱地铁火灾

2003 年 2 月 18 日发生的大邱地铁火灾导致至少 198 名乘客死亡、147 名以上乘客受伤。纵火犯向停靠在韩国大邱广域市地下铁公社中央路站区间的列车纵火。大火很快蔓延到从相反方向驶入车站的另一辆列车上。

纵火犯名叫金大汉，56 岁，无业人员、曾经做过出租车司机，2001 年 11 月中风后身体部分瘫痪。金大汉对其治疗效果十分不满，曾有暴力情绪和抑郁症状。事发后，坦白实施纵火的原因是他想自杀。

金大汉于 2003 年 2 月 18 日早上搭乘 1 号线大邱方向的 1079 次列车。他的提包内装着两个绿色牛奶盒，里面盛满可燃液体很可能是油漆稀释剂或汽油。

9 时 53 分左右，随着列车驶离大邱地铁站，金大汉拿出盒子和打火机，并警告尝试着阻止他的乘客。挣乱中，其中一个盒子被打翻，液体溅溢出引发了火灾。这时，列车正驶入大邱市区的中央路站。金大汉的后背和大腿均着了火，他同一些乘客逃出了 1079 次列车。然而，不到两分钟，大火就蔓延至 6 节车厢。列车壳体的铝合金层、座椅的乙烯基塑料材料、皮带把手和厚质塑料垫上都被点燃，随之产生了大量浓烟。

列车驾驶员崔正焕未能将该事件及时通知地铁官员，这个失误使这次灾难恶化。地铁官员从闭路电视监视器上看到浓烟后，通过无线电通知 1080 次列车驾驶员崔相烈。1080 次列车在 1079 次列车燃烧约 4 分钟后驶入中央路站并停在其旁边。车门仅开启了一瞬间又被关上了，这样是为了防止整个地铁站的浓烟进入列车。1080 次列车到站后不久，火灾自动检测器就自动切断了这两次列车的电源，导致 1080 次列车无法开离地铁站。

列车广播稿表明崔相烈在尝试同上级取得联系的过程中曾做了三次广播，通知 1080 次列车上的乘客坐着不要动。最后，他被告知"撤离现场，立即关闭列车引擎"然后，崔相烈打开车门逃离了列车。这样，他就带走了列车车门启动电源电池的钥匙，从而将所有乘客都密封在列车之中。后来的调查显示，有 79 名乘客被困在并烧死于 1080 次列车上。

应急设备不充分使得灾难加重。大邱地铁列车没有配备灭火器，地铁站缺少洒水装置和紧急照明设备。在充斥着浓烟、一片漆黑的地下车站里，许多受害者分不清东南西北，在寻找出口的过程中窒息而亡。这次火灾还证明，车站紧急通风系统不够充分。

在出动了 1 300 多名消防人员和应急人员之后，大火于当日下午 1 时 25 分左右熄灭。但是，烟气中的毒气阻碍消防人员和应急人员的营救活动。直到 3 个半小时以后营救工作才得以实施。火势强度使准确估算受害者人数变得困难。大多数受害者被烧得面目全非，许多死者都需要通过 DNA 分析来进行辨认。此次火灾事件一共找到并识别 191 具尸体；另有 6 具尸体由于被大火彻底烧毁而不能辨认；仅有一个人的随身物品得以识别，其他物品不知去向。

由于火灾发生在早上交通高峰期晚期，所以大多数受害者都是学生或在市区百货公司上班的年轻女性(百货公司一般是早上 10 时 30 分开始上班)。许多受害者都曾通过手机联络他们的亲人，所以，电话接线员所记载的电话连接及通话目的记录可以帮助当局确定哪些人在地铁站内。

崔相烈在事故后 11 小时内去向不明，随后调查者发现，在此期间他曾联系过地铁公司的官员。1080 次列车的钥匙最后在安希(Ansim)地铁站的一个办公室里找到。无线电通讯稿中的删节也增加了相关人员试图毁灭证据的可疑性。

2003年2月26日，当局逮捕了金大汉，这时他正在一个医院疗伤。当局还逮捕了崔相烈及大邱广域市地铁公司的6名官员。当天，该公司最高领导人被解雇。

整个韩国及国际社会都对此次火灾悲剧表示同情与愤怒。官方人士承诺会在各地铁车站安装完备的安全设备，并在大邱广域市地铁公司所有列车内部增加喷洒式防火化学物。6个地铁车站均中止运营进行翻修，并于2003年4月恢复运营。此次惨案使韩国政府地位尴尬，人们怀疑韩国在快速的工业化进程中，是否过于疏忽安全方面的相关问题，随后，韩国对全国的地铁快车进行整新，提高其防火标准。

8月7日，大邱地方法院宣判1080次列车驾驶员崔相烈和1079次列车驾驶员崔正焕，分别以过失犯罪判处有期徒刑5年和4年。金大汉被判纵火罪和杀人罪。尽管原告及受害者家属强烈要求判处金大汉死刑，但考虑到其悔过及精神不稳定，法院最终决定判处其无期徒刑。2004年8月31日，金大汉死于晋州市的监狱之中。他一直在此接受医务治疗。

曼彻斯特大学(英国)结构消防工程小组对此次事件的分析详见表7-3及下列报告。

表7-3 韩国大邱地铁火灾事故分析综述

地点及其他	事故描述
火灾事件	2003年2月18日 中央路站一列地铁被浇汽油而着火燃烧，导致两列列车被烧毁，大量人员伤亡，其中包括192人死亡，148人受伤。 火灾燃烧持续时间：3小时
火灾损失	隧洞顶部剥落
建造类型	钢筋混凝土
防火性能	无火灾防护；平台层无喷水装置
功　　能	地铁站
尺寸规格	三个地下室： B1(中心/购物中心)，楼面面积：3 847平方米 B2(中心/办公室)，楼面面积：4 586平方米 B3(平台—耐火楼层)，楼面面积：2 004平方米

1. 大邱地铁站概况

大邱(也称大丘)，是一座内陆城市，位于韩国首都首尔东南约300公里处，见图7-6。

大邱市地铁1号线的运营里程为25.9公里，从Daegok站到Ansim站，共设30个站点。该线路的钻挖隧道长达4.15公里，带箱形截面的路线长达23.45

公里，采用明挖覆盖法建造而成。

发生火灾的地铁站，即中央路站，位于大邱市区，是最繁忙的地铁站之一。该地铁站是钢筋混凝土结构，有三个地下室（见图 7-7）。三个地下室分别是：

地下室 B1（楼面面积：3 847 平方米）包括中心大厅。与地铁站垂直的地下购物中心一直延伸到地下室的中心部分；

地下室 B2（楼面面积：4 586 平方米）包括中心大厅及办公室；

地下室 B3（楼面面积：2 004 平方米）为耐火楼层，包括两个 169 米长的平台和两条轨道。

图 7-6　大邱所在地图示

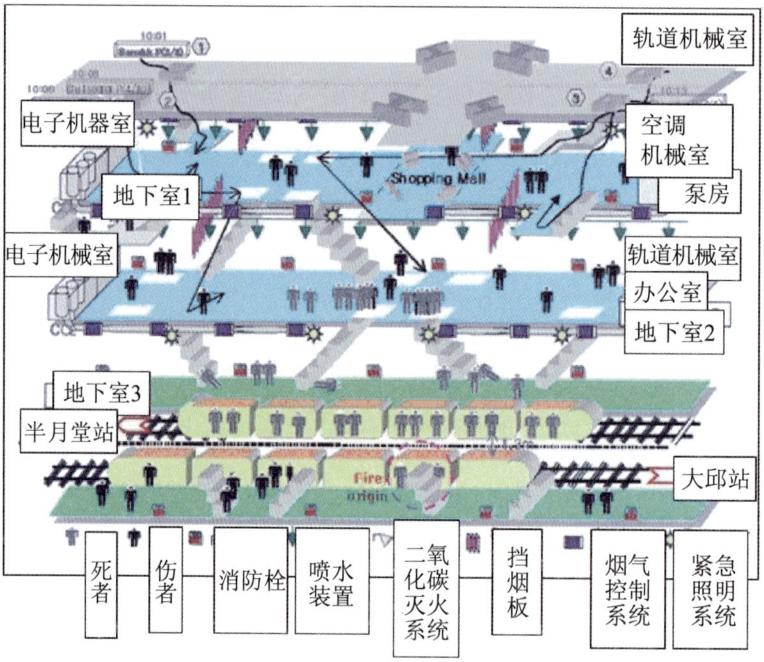

图 7-7　大邱中央路站火灾的图示分析

2. 大邱地铁站防火系统分析

2003 年大邱地铁站火灾发生之时的防火系统状态如表 7-4 所示。

表 7-4　大邱地铁站防火系统分析

防火系统	2003 年火灾发生之时
混凝土的防火	无
防火分区	1. 地下室 B1 和 B2 各设两块 5 米高挂墙式挡烟板，将大区域分隔成三个分区； 2. 地下室 B1 购物区的开口处横向安装一个防火卷闸，同时作为进出控制点

续上表

防火系统	2003 年火灾发生之时
火灾探测系统	所有地下室均设有下列火灾探测系统： 1. 火灾自动探测器(B3 除外) 2. 烟雾探测器 3. 火灾警报器
火控系统	地下室 B1 和 B2 均设有： 1. 二氧化碳灭火系统； 2. 便携式灭火器； 3. 喷水装置； 4. 烟雾控制设施(各段分别为 40 000 立方米/小时)； 5. 消防栓。 平台 B3 设有烟雾控制设施和消防栓
应急计划	所有地下室均有指向灯和应急灯

3. 事故过程分析

2003 年 2 月 18 日，韩国大邱中央路站的一列地铁被一名暴力情绪病人放火点燃。由于列车内部均由高度易燃材料制造，大火在 2 分钟内就快速蔓延到六节车厢。尽管座椅、地板和广告牌等均由防火材料制作而成，但其材质也含有易燃玻璃纤维、碳酸乙烯基和聚乙烯等成分。大火还串延到停靠在旁边的反向列车上，导致被困在内的所有乘客被活活烧死。

12 节车厢完全被烧毁，产生了巨大的热量，有毒烟气充斥于整个地铁站。平台没有喷水装置，也没有人试图灭火。地下室 B3 上平台的温度很快就上升到 1 000 摄氏度，将平台上所有的设施、路标及天花等化为灰烬。随后，大火又蔓延到 B2 中心和检票处。

刚着火的前几分钟，火警探测系统关闭了地铁站的电源以及 B1 和 B2 的所有挡烟板。安装在 B1 购物中心过道口的防火卷闸也已被关闭了。防火卷闸的关闭使得 B2 中心部分的热量和烟雾高度集中，从而导致大量的人员伤亡。

在此次火灾事件中，总共死亡 192 人，另有 148 人受伤。火灾的发展情况简要介绍如表 7-5 所示。

表 7-5　大邱地铁火灾发展情况分析

时　间	火灾的发展
09 时 53 分 (韩国时间)	由半月堂站(Banwoldang Station)开来的 1079 次列车停靠在中央路站(Jungangno Station)； 列车进站前，一名 56 岁的暴力情绪病患者在第五节车厢用两盒汽油(约 4 升)将列车点燃，其目的在于自杀； 列车靠站后，纵火犯同一些乘客一起逃离了列车； 火灾警报响起，但是机械设备控制中心的官员却忽视了警报

续上表

时　间	火灾的发展
09 时 55 分	大火在 2 分钟内即迅速蔓延到列车的 6 节车厢； 1080 次列车由相反方向驶离大邱站(Daegu Station)，向中央路站(Jungangno Station)驶来
09 时 57 分	1080 次列车停靠在燃烧着的 1079 次列车旁边，两列车相距约 1.3 米； 由于 1079 次列车一直燃烧，平台层充满了烟雾； 1080 次列车的车门开启了一瞬间，但司机很快又关闭了车门，意在阻止烟雾进入车厢； 1080 次列车的电源被火警探测系统关闭
09 时 59 分～10 时 03 分	1080 次列车的驾驶员等待电源重新开启，并等待上级的命令，没有让乘客撤离列车； 驾驶员在没有打开乘务车厢的门的情况下逃离列车； 大火蔓延到该列车并烧死被困的 79 乘客
13 时 30 分	大火熄灭。但是，由于充满了毒烟，营救工作直到 15 时 30 分才开始

在大火当中，地铁站除 1080 次列车中间部分上面的隧洞顶部出现大量剥落、露出两层钢筋外，没有其他严重的结构性损坏。非结构损坏包括平台地下室的完全毁坏以及整个地铁站的烟尘污染。除此之外，两列列车总共 12 节车厢也被完全摧毁。

在大型高速运行车辆内使用易燃材料是不符合常规实践的。大邱地下铁列车中使用了易燃性座椅和地板，导致了火势的快速蔓延。塑料材料的燃烧产生了大量的有毒浓烟，阻碍了受害者寻找逃生之路，以致最终窒息而死。

更糟糕的是，地铁站的应急系统和火控系统在出现火灾时不能够及时正常运转。对火灾事件的调查表明，地铁站的主要控制官员犯了职业过失罪。

在公共领域很少有关于火灾事故中如何运用应急系统和火控系统的信息。同时，地铁站缺乏应急照明设备，通风系统不够充分，喷水设施不能运行。此次火灾事件还充分表明了公共交通工具驾驶员的安全培训十分重要。

此次火灾悲剧发生后，韩国政府承诺会提高全国范围内所有地下铁系统的消防安全。所有客运列车内部必须使用防火材料。但是，有报告称，除大邱地下铁以外，韩国的其他地下铁系统用防火材料替换易燃材料的进度，因预算限制而进展缓慢。

7.5　交通事故——英吉利海峡海底隧道火灾

1996 年 11 月 18 日的英吉利海峡海底隧道中，一列从法国开往英国的运有载重卡车及卡车司机的高速火车发生火灾。

火车装载好以后，在从法国段驶向隧道入口时开始着火。火车开进隧道前不久保安人员就发现了火焰并随即发生警报，但当驾驶员被告知火车可能起火时，火车已经开进了隧道。他试图将火车开到隧道的另一端去，但此时却出现了一个其他故障，所以火车不得不在隧道内停下来。乘客和乘务人员在充满烟雾的空气中待了 20 分钟左右后，被疏散到了另一条隧道中。

此次火灾事故没有造成人员死亡，尽管有七人因吸入烟雾而被送去了医院。大火焚毁了一个火车头和 10 辆载重卡车，给约 1 公里的隧道基础设施造成了严重损失。这场大火也严峻地考验了英法两国消防队的消防能力。火灾发生后，欧洲隧道公司对其安全程序作了重大调整，并对载重卡车装运车进行改造，配备水雾灭火系统。

事故火车是运送载重卡车的 7539 次区间列车。该火车由两个火车头(前后各一个，驾驶员位于前火车头)、一节载着卡车司机的乘客专用车箱和两个载重卡车装运车车厢的推车(推车是型号和功能相似的非机动轨道车辆的集合体)组成。推车由若干载重卡车装运车车厢组成(前推车 14 个，后推车 15 个)。前后推车均设有平车，用来帮助装载和卸载载重卡车。

火车长度约 800 米，驾驶员位于前火车头，其他人员(包括两名乘务人员和 31 名乘客)也都在头等车厢。此次共运送 29 辆载重卡车，每辆装运车装载 1 辆，放于前平车之后。其中一辆载重卡车上贴示，该卡车装有危险物品(聚苯乙烯珠颗粒，UN2211)，这辆卡车大致位于火车中部。其他 28 辆卡车也分别载有不同的货物，一些是易燃品，一些是惰性物，包括玉米片、洗衣机、葡萄糖、钛屑、菠萝、纸张和冻油等。

火灾事故发生时，隧道内还有其他火车经过，在 7539 次火车前另有 3 列火车，这些火车都正常地驶出了通往英国的隧道口。事故火车后面另有 2 列火车驶入了隧道。一列是单独的火车头，紧随 7539 次火车之后(驾驶员逃到了另一条隧道)；另一列是“欧洲之星”客运火车，该火车在单独的火车头后面行驶(后来从通往法国的出口退了回去)。

反向区间隧道中也有 3 列从英国开往法国的火车，这些火车都受到了大火的影响。其中两列火车因大火所产生的烟雾而微受影响；另一列火车受命停在靠近火灾现场的隧道内，以用作救援列车。该火车在现场停了近 1 个小时，直到事故火车上的人全都上车后才驶离隧道。

英吉利海峡隧道和经过该隧道的所有火车均配备了一系列安全设施。海峡隧道设有三条，三条隧道相互联接，但从某种形式上又相互独立。逃生通道将三条隧道连接起来，但各通道均安装了防火门，防火门平时是关闭的。两条跨道均设置了滑门。滑门开启时，火车可以从一条隧道开到另一条隧道；滑门关闭时，两条跨道就被隔离开来。一般情况下,所有门都是关闭的。但在火灾事故当晚,两条跨道的滑门都是开启的。两条区间隧道通过泄压管道相连。它们是常开的,都配有可以遥控关闭的电动蝶阀。服务隧道设有通风系统。这样,隧道内的气压就比另外两条区间隧道的气压要高。正常通风系统持续运行,这意味着不论跨道的哪一个门被开启,空气都会从服务隧道流向区间隧道。

隧道还配有消防水管网络,三条隧道各有一条水管。隧道通过跨道连接到一起。各跨道均设有消防栓。区间隧道每隔 125 米也设有消防栓。消防水管通过阀门分成几个部分,这样,漏水的地方就可以隔离开来进行维修。隧道通过两个控制中心进行控制,主要控制中心是轨道控制中心(RCC)。该中心控制铁路交通并运作信号、牵引、照明及通风等。英法两国均设立了轨道控制中心(RCC),但每次只由一个中心负责。

英法两国各设立了一个消防设备管理中心(FEMC),负责管理火车站及隧道内的火灾和火警。两国的消防设备管理中心(FEMC)分别管理各自的火车站及所属的部分隧道。该中心还是隧道专设工企消防队的控制中心,主要消防行动由肯特郡(Kent)和加莱海峡大区(Pas-de-Calais)的消防队来执行。

隧道沿途每隔 1.7 公里设置一个火警探测器。包括光学火警探测器、离子火警探测器和一氧化碳火警探测器等不同类型。系统设定为:如果其中两类警报同时响起,那么消防设备管理中心和轨道控制中心就会响起“已确认警报”;如果三类警报中只有一类警报响起,那么消防设备管理中心就会响起“未确认警报”

隧道内没有设置带水雾灭火系统的应急站点(这不同于青函隧道、勒奇山隧道和尚未竣工的哥达基线隧道)。隧道大部分通过高强度混凝土块相连,但却没有采取防止剥落的措施。剥落后混凝土的厚度仅有 50 毫米。针对火灾对隧道衬砌造成损坏的常用对策在“防火和耐火等级”部分有所描述。

事故时间线:

中部欧洲时间 21 时 42 分:7539 次火车驶离法国火车站。

21 时 47 分:进入隧道前遇红色信号而短时间停留。

21 时 48 分:4 名保安人员(其中两名位于一座建筑物内,另外两名正在路上巡逻)发现火车四分之三处的一辆载重卡车的牵引装置正在燃烧。他们估计火焰大约有 2 米高。火车行驶到隧洞内几公里处,在经过一个火警探测器时,触发了“未确认警报”。

21 时 51 分:轨道控制中心呼叫 7539 次火车驾驶员,通知他火车可能已经着火。他被告知继续穿行隧道,并且在出隧道到英国段后将火车开至紧急侧线,肯特郡消防队将在那里等待处理。

21 时 52 分:另一列火车(只有一个独立的火车头)进入隧道,在 7539 次火车后面行驶。行驶了几公里,驾驶员遇到浓烟,不得不放慢行驶速度。与此同时,一个烟雾探测器引发了“已确认警报”,轨道控制中心确定隧道内确实有烟雾。

轨道控制中心立即对“已确认警报”作出响应,开始准备应对隧道内的火灾,以防 7539 次火车不能驶出隧道。为此,控制中心采取以下措施:

①命令所有火车将速度减至 100 公里/小时;

②关闭泄压管道(PRD)的所有蝶阀;

③命令关闭英国段跨道和法国段跨道的滑门;

④开启服务隧道和英国段区间隧道内的照明设备;

⑤动员英法两边的工企消防队。两队同时从服务隧道的中点出发。

轨道控制中心(RCC)试图隔离两条区间隧道,但是没有完全成功。一条泄压管道(PRD)仍然没有关闭,并且法国段跨道的滑门没有关严。

7539 次火车通过法国段跨道后不久,火车安全系统就向驾驶员发出了“停止运行”的信息。一个警报显示,一节车厢的支撑环发生故障,千斤顶掉出了支顶位置。千斤顶的作用是在装载和卸载期间稳定火车,但当火车行驶时,千斤顶必须提升起来以减小火车脱轨的风险(如果轨道边有泥石之类的话)。

驾驶员按照欧洲隧道公司的标准程序对支撑环的故障进行了处理,即控制火车,使乘客车厢停在逃生跨道旁。

21 时 58 分:火车在隧道里停止下来。

驾驶员试图将前火车头和乘客车厢分离开来,然后驶出隧道,将大火和载重卡车车厢留在隧道里。但是,火车停止后几秒钟,牵引力供电电源断开了,火车再也无法行驶。后来发现,故障的原因在于牵引力电源系统中的一个焊料连接过热。

火车停下来后仍处于法国领域,距法国段入口约 19 公里,英国段入口约 32 公里,法国段跨道约 2 公里。火车共跨三个跨道:西跨道(CP4131)、中跨道(CP 4163)和东跨道(CP4201)。三个跨道分别接近乘客专用车厢、载有聚苯乙烯的载重卡车以及最后面的载重卡车。

大火发生在接近西跨道(CP4131)的后推车里一辆载重卡车上,可能是第七辆载重卡车(该车载有玉米片),也可能是第十辆载重卡车(该车载有卷筒纸)。大火距离前车头约 600 米,但由于火车停下来,向前流动的空气将浓烟带到前火车头并弥漫了前方隧道。

由于隧道内黑烟弥漫,驾驶员无法确认火车停在了哪个跨道。轨道控制中心(RCC)只知道他将乘客专用车厢停在了其中一个跨道(CP4101 或 CP4131)旁边，但不知道到底是哪个。

22时02分：英吉利海峡隧道的法国工企消防队的7名消防员进入服务隧道。轨道控制中心(RCC)随即展开行动，他们认为前火车头停在跨道4101旁边，于是便指示法国消防员赶往该跨道。

22时03分：英国工企消防队也进入服务隧道。

22时05分：加莱海峡大区(Pas de Calais)的应急服务中心得到警报和指示，要求赶往隧道事故现场进行指挥。法国指挥员一开始就要求运行辅助通风系统。

22时12分：轨道控制中心(RCC)开始启动辅助通风系统的风机，但是风机叶片角度为零，对隧道内的气流方向丝毫不起作用。空气继续朝前火车头流行，将浓烟带向乘客专用车厢。幸运的是，大火还在后面600米远处，没有巨大热量随空气流过来。

当法国工企消防队赶往跨道4101时，火车上空气质量越来越差，乘客们逐渐开始担心他们的安全。虽然驾驶员戴上了应急呼吸器，但他还是不能离开火车头；由于无线电系统失效，乘客专用车厢的乘务员也无法联系到驾驶员。乘客专用车厢里的人都看不到附近的跨道，因为隧道内浓烟太多。并且，浓烟正通过车体上的一些小孔慢慢地进入乘客专用车厢。

22时05分左右：乘客专用车厢的列车长打开了其中一扇门，看是否能够看到附近的跨道，但是他还是没有看到跨道，尽管跨道就在对面。另外，尽管车门只打开了一瞬间，但大量浓烟仍趁机而入。乘客和乘务员开始用布捂住脸呼吸，从烟雾层下面的地板平面呼吸空气。

在等待法国工企消防队到达现场期间，轨道控制中心(RCC)用了一些时间来安排撤离7539次火车后面一列独立火车头的驾驶员。该中心还重新装配了牵引电源，这样，火车头后面的列车就可以倒退出去。此外，一列开往法国的“欧洲之星”火车受命停在靠近7539次火车的北侧区间隧道里，必要的时候这列火车就可以用作救援火车。

22时21分：轨道控制中心(RCC)通过遥控打开了跨道4101(他们认为乘客专用车厢就在附近)和跨道4131(实际上乘客专用车厢在这个跨道)的滑门。来自服务隧道的新鲜空气开始通过跨道流入区间隧道。

当法国工企消防队到达跨道4101时，他们发现这个跨道已经打开，但却找不到火车。消防人员注意到，辅助通风系统似乎毫无作用，于是要求检查系统，看它是否在正常运转。控制中心随后意识到辅助通风系统的风机在转，但风机叶片角度为零。

22时22分：辅助通风系统最终配置正确并产生了气流。气流将浓烟从

7539 次火车上的人群中扇走。

当轨道控制中心(RCC)打开跨道 4131 的滑门时，新鲜空气从服务隧道里冲出，吹向乘客专用车厢。风清除了局部烟雾，车厢上的乘客立刻发现他们正好处在开启的跨道旁边。于是，乘客们顺次撤离到服务隧道中去。

当法国工企消防队沿着服务隧道朝东巡逻时，他们遇见了跨道 4131 附近的撤离人员。他们查看了车厢内是否还有没撤离的人，发现驾驶员并将他送到安全的地方。

22 时 35 分：他们关闭了跨道 4131 的防火门，集中帮助那些受影响最为严重的撤离人员。

22 时 30 分：英国方面的工企消防队也赶到了撤离现场，并协助法国工企消防队帮助撤离人员。

22 时 42 分～22 时 52 分：27 名仍能行走的伤员被送上等在北侧区间隧道的救援列车。

23 时 08 分：救援列车启程驶向法国，尽管在法国段跨道附近遇到浓浓的烟雾，但仍然安全地驶离了隧道。

其他 7 名撤离人员所受影响更为严重，他们仍然在服务隧道里等待。随后，他们通过配有救护车的服务隧道车辆被送往法国。

消防响应：

在确定火车上的所有撤离人员都安全以后，英法两国的工企消防队开始对火灾事故进行调查。一组消防员进入前火车头附近隧道并开始朝着法国段入口走去。走了大约 500 米，他们便接近了大火。然后又往回走，报告大火位置在下两个跨道之间(即 CP4163 和 CP4201 之间)。跨道 4131 已经被关闭，所有消防行动都向东进行，一直到离大火最近的两个跨道那里。随后，肯特郡(Kent)消防队在跨道 4201(火势下游)展开了消防行动；加莱海峡大区(Pas-de-Calais)消防队在跨道 4163(火势上游)开始了消防行动。由加莱海峡大区(Pas-de-Calais)消防队对消防行动进行综合控制。

在接下来的 5 个小时里，两国的消防队分别从两个跨道灭火。他们面戴呼吸器执行消防任务，但因从隧道电缆槽上跌落的电缆、玻璃纤维上摇摆的破布以及剥落的混凝土而受阻。消防员轮流执行任务，但只能在隧道里工作极短时间，随后又不得不返回服务隧道。

由于有几百名消防员在服务隧道里，这导致了严重的后勤问题，充足的 BA 装置、水和卫生设施难以从隧道两端供应。

消防行动开始以后，两个跨道处的供水严重缺乏。这主要是由于南侧区间隧道漏水。他们不得不将喷水枪的数量减少为两个，直到欧洲隧道公司的工程师重新配置阀门并将两个跨道处的漏水管道隔离后才又增加了喷水枪的数量。漏水管道隔离后，供水量就大大增加了。

1996年11月19日凌晨5时，官方正式宣布大火已被扑灭。大部分消防员于当日14时50分离开了现场，残余物直到第二天才冷却下来。

伤亡和损失：

此次事故没有造成人员死亡，仅造成了一些轻伤。所有轻伤都是因吸入烟气而造成的。法国工企消防队在现场采用了氧气疗法，这被证明是非常有效的。在多个医院进行观察后，最后一名(也是受影响最严重的)伤员在第二天(11月19日)晚上出院。

尽管消防人员都在极热和潮湿环境下工作，隧洞顶部随时都会掉下剥落的混凝土块，但他们在灭火行动中没有人员受重伤。

火灾发生的沿途50米长的隧洞，其衬砌厚度由正常的0.4米减小到了平均0.17米，最薄区域厚度仅为0.02米。虽然白泥灰岩没有剥落或崩塌的迹象，但预防起见，随后还是安装了拱架，用以支撑地面。

超过240米长的隧道(英国段70米，法国段170米)其混凝土受损程度已经到了第一箍钢筋，使得隧道衬砌的深度介于0.2～0.35米之间。这些地方按原位进行了修补，没有增加额外支撑。

混凝土砌块表面的损坏非常明显，损坏的长度约190米。

在大火附近区域，所有服务设施都被烧毁，包括高低压电缆、通信设施、照明系统、牵引盒、接线盒。烧毁长度超过800米。

事故过后，共有500米轨道、800米悬链、800米制冷管、1 500米以上信号设备需要更换。总共有4个逃生跨道和5个泄压管道需要重新安装防火门和防火风闸。

列车的损坏主要集中在车体的后半部分。前火车头、乘客专用车厢和前推车(包括载有危险品的卡车)只有轻微损伤，在彻底清洗和小修后即可重新投入使用。后推车因高温而严重损坏，11节车厢、后火车头以及车厢里的载重卡车均被烧毁。

事件结果：

对此次事件一共进行了三次独立调查。第一次是法国对火灾原因执行的司法调查；第二次是欧洲隧道公司的内部调查；第三次是英吉利海峡海底隧道安全监察部(CTSA)执行的调查。其中，英吉利海峡海底隧道安全监察部(CTSA)是由来自英法两国铁路安全机构、消防队和政府部门人员共同组成的一个机构。

大火造成的直接后果是所有列车服务全部停止。四类列车服务中有三类在事故发生两个月后得以恢复。在隧道内火灾事故现场执行整修工作意味着当列车服务重新启用时，两条跨路线桥之间仅能使用北侧隧道单线运行。整修工作于 1997 年 5 月完工。此后，运送载重卡车的区间列车服务得以重新启动。

此次火灾事故表明欧洲隧道公司的控制程序存在明显弱点。轨道控制中心(RCC)执行了大量的行动，但其中某些行动并未完全得以完成。英吉利海峡海底隧道安全监察部(CTSA)的批评是最为尖锐的，因为这在欧洲隧道公司当年对控制中心进行内部评估时就已经发现了。此后增加了一个团队永久性值守(其中一名人员负责管理该团队)。另外，通风系统的操作程序也简单化了。

欧洲隧道公司最终不得不放弃试图让事故列车开出隧道的决定，最后也放弃了分离火车头和乘客专用车厢的努力。今后，如果列车发生火灾，会立即执行"控制停车"，所有乘客将按列车长的指示撤往服务隧道。除此之外，所有载重卡车车厢都已配备了水雾灭火系统。同时有所增加列车的长度，为载重卡车车厢和乘客专用车厢提供了更多空间。

欧洲隧道公司和紧急服务机构之间的联络得以彻底整改。此外，英法两国的消防队发起了联合演习和人才交流，这样双方都能熟悉彼此的操作程序。

另外还有诸多细节上的改变，这对今后类似事件的处理进度将起到非常重大的改善作用。跨道指示标牌的发光标准已得以改进；列车乘务人员均配备了功效强大的手电筒；撤离人员的责任也从列车驾驶员转移到了列车长身上；更多列车乘务人员接受了急救培训。

曼彻斯特大学(英国)结构消防工程小组对此次事件的分析见表 7-6。

表 7-6　英吉利海峡海底隧道火灾事故分析

地　　点	法国加莱海峡大区(Pas de Calais)和英国肯特郡(Kent)之间
火灾事件	1996 年 11 月 18 日。 开往英国的一列货运火车上的一辆卡车着火，在英吉利海峡海底隧道内蔓延为熊熊大火。此时火车距离法国端 19 公里。大火严重损坏了混凝土衬砌和隧道设施，但没有造成人员死亡。 大火持续燃烧时间：超过 7 小时
火灾损失	隧道衬砌大面积剥落，隧道设施大面积损坏，损坏长度超过 480 米
建造类型	高强度钢筋混凝土或铸铁块衬砌
耐火性能	无防火系统；无喷水装置
功　　能	铁路隧道
尺　　寸	区间隧道内径：7.6 米 服务隧道内径：4.8 米

(1)事故概况分析

英吉利海峡海底隧道也称海底隧道或欧洲隧道，是位于英吉利海峡底部的铁路隧道，它连接了法国加莱海峡大区的科勒斯(Coquelles)和英国肯特郡的切瑞顿(Cheriton)。隧道总长度约 50 公里，其中 37 公里位于英吉利海峡底部(图 7-8)。

隧道主要建造在海床下约 40 米处的白泥灰岩层中。白泥灰岩的黏土含量很高，相对不易透水，为修建海底隧道提供了理想条件。

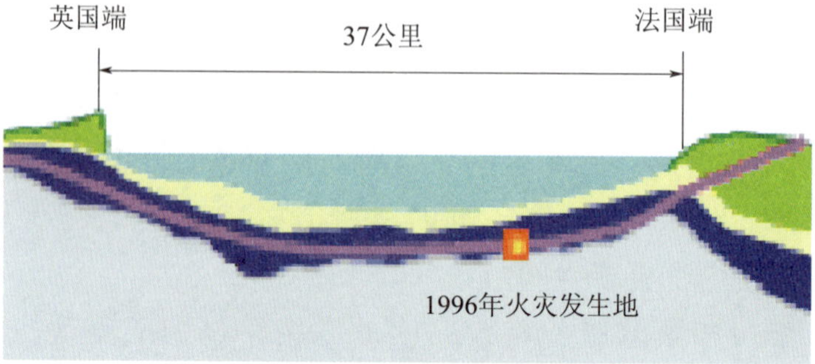

图 7-8　英吉利海峡海底隧道

英吉利海峡海底隧道由三条独立隧道组成。南北侧的区间隧道直径为 7.6 米，相距 30 米，各包括一条铁路线路。中间的服务隧道直径 4.8 米，具有维护和应急的作用。区间隧道和服务隧道之间通过跨道相连。跨道间距为 375 米。两条区间隧道间还通过直径为 2 米的活塞泄压管道相连，通过通行列车的"活塞效应"平衡气压。活塞泄压管道间距为 250 米(图 7-9)。

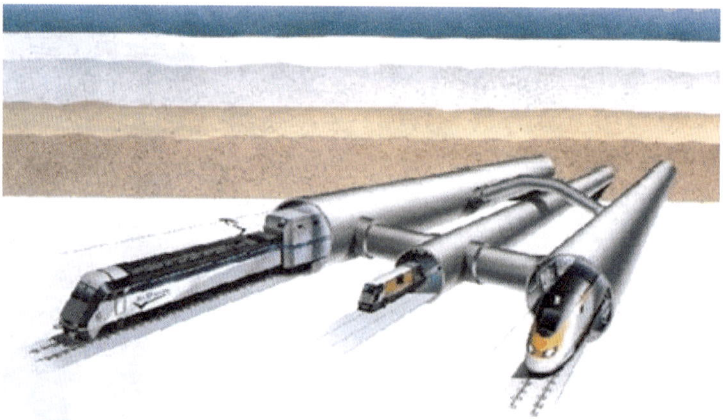

图 7-9　英吉利海峡海底隧道剖面图

隧道大部分用宽度为 1.5 米的预制高强度钢筋混凝土衬圈进行衬砌，衬砌厚度范围介于 400 毫米和 800 毫米之间，这取决于具体的荷载条件。不适用混凝土衬砌的地方则使用铸铁块衬砌。

值得注意的是，为了适应较差的不透水土壤条件，法国段隧道使用了不透水、锚固的、加衬垫的分段式混凝土衬砌。而英吉利海峡海底隧道则使用了延伸型区段混凝土衬砌，浇铸了水泥孔以控制水的进入。

(2)防火系统分析

1996 年火灾发生之时英吉利海峡隧道的防火系统显示如表 7-7 所示。

表 7-7 英吉利海峡海底隧道防火系统分析

防火系统	1996 年发生火灾时的情况
混凝土的防火	无
防火分区	1. 服务隧道入口的气闸； 2. 海底隧道各跨道的出口均设有防火门，防火门平时是关闭的； 3. 活塞泄压管道均设有调节门，调节门在正常运行期间是开启的； 4. 水下跨道均设有防火门，防火门将两条区间隧道内的轨道隔开
火灾探测系统	每条区间隧道的火灾探测系统由 33 个探测站组成。各探测站包括： 1. 红外线和紫外线火焰探测器； 2. 光学和离子烟雾探测器； 3. 一氧化碳探测器； 4. 隧道周围的吸气管； 5. 将气体导向分析装置； 6. 当一个离子或光学探测器被激活后，就会触发“未确认警报”； 7. 当一个火焰探测器或两国离子及光学探测器被激活后，就会触发“已确认警报”； 8. 这两种警报等级用于减少错误警报
水管系统	1. 服务隧道沿途设置了直径为 250 毫米的湿式水管； 2. 两条区间隧道沿途均设置了直径为 100 毫米的湿式水管； 3. 所有湿式水管在跨道处相连接，在区间隧道内每隔 125 米设置一个消防龙头； 4. 总能力为 4 000 立方米/小时
通风系统	1. 服务隧道中的气压比区间隧道中的气压要高，这样可以防止烟气进入服务隧道，并在跨道滑门的开口处创造“泡沫效应”； 2. 辅助通风系统的作用在于清除隧道内的烟气，方便应急行动
应急小组	一线应急小组(FLOR)驻守在服务隧道入口附近的应急中心； 二线应急小组(SLOR)是肯特郡消防队和加莱海峡大区的消防队和医疗队

(3)事故过程分析

1996 年 11 月 18 日，从法国开往英国的 7539 次载重车辆区间列车上的一辆卡车着火，火车被迫停在距法国段入口 19 公里处的南侧区间隧道中。大火释放出大量的浓烟。浓烟很快就包围了乘客专用车厢和前火车头，导致 31 名乘客、2 名乘务人员和火车驾驶员不能立即撤离。直到 23 分钟后，这些人员才得以开始撤离。

原计划将着火的列车开出隧道，但列车开动引起空气流动使得火势发展更为迅猛。火车停止以后，火势开始加剧。开始的时候，由于“活塞效应”，大火朝着前火车头发展。辅助通风系统启用以后，大火又向后火车头发展。

火灾的发展情况简要介绍如表 7-8 所示。

表 7-8 英吉利海峡海底隧道事故过程分析

时　间	火灾的发展
21 时 48 分 (法国时间)	列车进入南侧区间隧道； 一些保安人员发现列车上的一辆卡车燃烧着，火苗有 1～2 米高；他们向法国终端的“终端控制中心”汇报了此事
21 时 49 分	“终端控制中心”通知“轨道控制中心”； 隧道的火灾探测系统发出第一次“未确认警报”
21 时 50 分～ 21 时 52 分	又发出四次“未确认警报”； “轨道控制中心”通知列车驾驶员列车可能已经着火了，列车在英国终端应转向应急侧线； 列车上的火警系统向驾驶员发出警报：后火车头着火
21 时 53 分	列车和隧道的火灾探测系统均确定后火车头着火了； 列车已经在隧道里行驶了 10 公里
21 时 56 分	法国的由八名消防员组成的一线应急小组(FLOR)离开法国应急中心
21 时 58 分	事故列车在跨道 PK 4131 旁边停下来
22 时 01 分	驾驶员被困在驾驶室，乘客也因浓烟不能撤出
22 时 02 分	法国的一线应急小组(FLOR)进入服务隧道。1 分钟以后，英国的一线应急小组(FLOR)也进入了服务隧道
22 时 22 分	辅助通风系统得以重新配置，开始将浓烟沿南侧区间隧道向法国方向抽送； 列车上的乘客被撤离
22 时 28 分	法国的一线应急小组(FLOR)到达跨道 4131，见到已撤出来的乘客； 随后火车驾驶员被救出驾驶室
22 时 53 分	英国的一线应急小组(FLOR)进入南侧区间隧道查看大火的准确位置和燃烧范围； 发现隧道里的设备已被损坏，列车后推车的五节车厢已经着火
23 时 39 分	确定大火位置在跨道滑门 4163 和 4201 之间； 在接下来的 5 小时中，英法两国的消防员联合行动，一起灭火
05 时 00 分	大火的中心部分被扑灭。清早，其他小火也被扑灭； 继续处理冒烟的残渣，一直到 11 月 20 日凌晨 3 点

大火给 480 米的隧洞结构带来了相当大的损失，如表 7-9 所示。

表 7-9　英吉利海峡海底隧道损失情况分析

损坏区域	长　度	损坏延伸到混凝土衬砌部分
极度损坏区域	PK 4186 和 PK 4191 之间 50 米	很多地方的衬砌厚度减少到 17 厘米； 一些地方，有 40 厘米厚的混凝土剥落，最后只剩下 51 毫米混凝土，从而使所有钢筋都暴露出来； 混凝土浆和岩石没有损坏； 整段隧洞都被加固进行重建
严重损坏区域	PK 4180 和 PK 4209 之间 290 米	很多地方混凝土剥落的深度都介于 5～20 厘米，第一层钢筋暴露出来了； 衬砌得以修复，但没有置换钢筋
大量损坏区域	PK 4172 和 PK 4220 之间 480 米	一些地方的混凝土表面受到损坏，但钢筋没有暴露出来； 衬砌得以修复，但没有置换钢筋

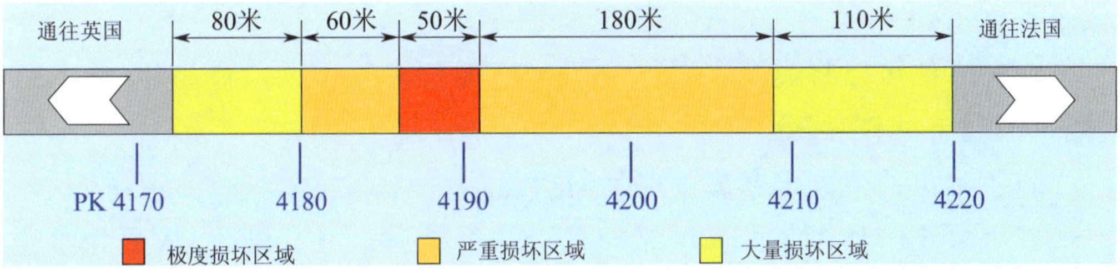

除混凝土衬砌以外，大火附近的跨道和活塞泄压管道、走道和混凝土软枕均未受到很大损坏。此外，很长一段距离的隧道设备因高温和浓烟而受到严重损坏，包括：

①500 多米铁轨和支撑轨道积木；

②800 多米牵引力悬链；

③几公里电源和光线通信电缆；

④跨道和活塞泄压管道的一些照明系统、火灾探测系统、信号系统和机电设备。

大火对货运列车的前推车没有多大影响，但后推车受到严重损坏。10 辆载重卡车及其货物以及后装载车厢全部被烧毁。3 节车厢和后火车头也被严重损坏。

1996 年火灾事件突出了一个事实：高强度混凝土在高温下会爆炸剥落，这同样会带来灾难性后果。大火期间，大量混凝土暴露于大火之中，最终从隧洞顶部剥落。这样，走道和载重卡车装载车厢顶部就出现很多细小的混凝土颗粒。

炙热的混凝土渣不断掉落，危及执行营救和消防任务的应急人员的人身安全。

最终，载重卡车装载车厢顶部因混凝土残渣过重而崩落到地面形成一个“V”字形，这个形状表明了混凝土剥落的范围。幸运的是，混凝土衬砌的大面积剥落并没有破坏隧道的稳定性。

以往的试验研究表明，水分、强度和应力是影响高温下混凝土剥落的主要因素。同正常强度的混凝土相比，经过高温加热的高强度混凝土更容易发生爆炸性剥落。这主要有以下几个原因：

①高强度混凝土的低透水性保留了混凝土中的水分，从而导致水分含量较高；

②高密度的水泥浆阻止了受热水分因高温而散发，从而导致较高的空隙压力；

③相对于低强度混凝土而言，高强度混凝土通常能够承受更大的压力；

通常情况下，空隙压力、混凝土暴露区域的压缩力和内裂三者具备时才会产生爆炸性剥落。

有两种方法可以将隧道内混凝土衬砌大面积剥落的风险最小化(更多信息请参看“混凝土材料”部分)：

①在不耐火的混凝土暴露面增加防火涂层；

②在混凝土中加入聚丙烯纤维。聚丙烯纤维遇火就会熔化，从而为水蒸气提供散发的路径。

重要的是，在设计隧道防火系统时应充分考虑防火材料的具体特性，这样才能保护隧道的完整性，特别对于那些建造于较差土地状况下的隧道。

附录 1

《中华人民共和国突发事件应对法》

（2007 年 8 月 30 日第十届全国人民代表大会常务委员会第二十九次会议通过）

第一章　总　　则

第一条　为了预防和减少突发事件的发生，控制、减轻和消除突发事件引起的严重社会危害，规范突发事件应对活动，保护人民生命财产安全，维护国家安全、公共安全、环境安全和社会秩序，制定本法。

第二条　突发事件的预防与应急准备、监测与预警、应急处置与救援、事后恢复与重建等应对活动，适用本法。

第三条　本法所称突发事件，是指突然发生，造成或者可能造成严重社会危害，需要采取应急处置措施予以应对的自然灾害、事故灾难、公共卫生事件和社会安全事件。

按照社会危害程度、影响范围等因素，自然灾害、事故灾难、公共卫生事件分为特别重大、重大、较大和一般四级。法律、行政法规或者国务院另有规定的，从其规定。

突发事件的分级标准由国务院或者国务院确定的部门制定。

第四条　国家建立统一领导、综合协调、分类管理、分级负责、属地管理为主的应急管理体制。

第五条　突发事件应对工作实行预防为主、预防与应急相结合的原则。国家建立重大突发事件风险评估体系，对可能发生的突发事件进行综合性评估，减少重大突发事件的发生，最大限度地减轻重大突发事件的影响。

第六条　国家建立有效的社会动员机制，增强全民的公共安全和防范风险的意识，提高全社会的避险救助能力。

第七条　县级人民政府对本行政区域内突发事件的应对工作负责；涉及两个以上行政区域的，由有关行政区域共同的上一级人民政府负责，或者由各有关行政区域的上一级人民政府共同负责。

突发事件发生后，发生地县级人民政府应当立即采取措施控制事态发展，组织开展应急救援和处置工作，并立即向上一级人民政府报告，必要时可以越级上报。

突发事件发生地县级人民政府不能消除或者不能有效控制突发事件引起的严重社会危害的，应当及时向上级人民政府报告。上级人民政府应当及时采取措施，统一领导应急处置工作。

法律、行政法规规定由国务院有关部门对突发事件的应对工作负责的，从其规定；地方人民政府应当积极配合并提供必要的支持。

第八条 国务院在总理领导下研究、决定和部署特别重大突发事件的应对工作；根据实际需要，设立国家突发事件应急指挥机构，负责突发事件应对工作；必要时，国务院可以派出工作组指导有关工作。

县级以上地方各级人民政府设立由本级人民政府主要负责人、相关部门负责人、驻当地中国人民解放军和中国人民武装警察部队有关负责人组成的突发事件应急指挥机构，统一领导、协调本级人民政府各有关部门和下级人民政府开展突发事件应对工作；根据实际需要，设立相关类别突发事件应急指挥机构，组织、协调、指挥突发事件应对工作。

上级人民政府主管部门应当在各自职责范围内，指导、协助下级人民政府及其相应部门做好有关突发事件的应对工作。

第九条 国务院和县级以上地方各级人民政府是突发事件应对工作的行政领导机关，其办事机构及具体职责由国务院规定。

第十条 有关人民政府及其部门作出的应对突发事件的决定、命令，应当及时公布。

第十一条 有关人民政府及其部门采取的应对突发事件的措施，应当与突发事件可能造成的社会危害的性质、程度和范围相适应；有多种措施可供选择的，应当选择有利于最大程度地保护公民、法人和其他组织权益的措施。

公民、法人和其他组织有义务参与突发事件应对工作。

第十二条 有关人民政府及其部门为应对突发事件，可以征用单位和个人的财产。被征用的财产在使用完毕或者突发事件应急处置工作结束后，应当及时返还。财产被征用或者征用后毁损、灭失的，应当给予补偿。

第十三条 因采取突发事件应对措施，诉讼、行政复议、仲裁活动不能正常进行的，适用有关时效中止和程序中止的规定，但法律另有规定的除外。

第十四条 中国人民解放军、中国人民武装警察部队和民兵组织依照本法和其他有关法律、行政法规、军事法规的规定以及国务院、中央军事委员会的命令，参加突发事件的应急救援和处置工作。

第十五条 中华人民共和国政府在突发事件的预防、监测与预警、应急处置与救援、事后恢复与重建等方面，同外国政府和有关国际组织开展合作与交流。

第十六条 县级以上人民政府作出应对突发事件的决定、命令，应当报本级人民代表大会常务委员会备案；突发事件应急处置工作结束后，应当向本级人民代表大会常务委员会作出专项工作报告。

第二章 预防与应急准备

第十七条 国家建立健全突发事件应急预案体系。

国务院制定国家突发事件总体应急预案，组织制定国家突发事件专项应急预案；国务院有关部门根据各自的职责和国务院相关应急预案，制定国家突发事件部门应急预案。

地方各级人民政府和县级以上地方各级人民政府有关部门根据有关法律、法规、规章、上级人民政府及其有关部门的应急预案以及本地区的实际情况，制定相应的突发事件应急预案。

应急预案制定机关应当根据实际需要和情势变化，适时修订应急预案。应急预案的制定、修订程序由国务院规定。

第十八条 应急预案应当根据本法和其他有关法律、法规的规定，针对突发事件的性质、特点和可能造成的社会危害，具体规定突发事件应急管理工作的组织指挥体系与职责和突发事件的预防与预警机制、处置程序、应急保障措施以及事后恢复与重建措施等内容。

第十九条 城乡规划应当符合预防、处置突发事件的需要，统筹安排应对突发事件所必需的设备和基础设施建设，合理确定应急避难场所。

第二十条 县级人民政府应当对本行政区域内容易引发自然灾害、事故灾难和公共卫生事件的危险源、危险区域进行调查、登记、风险评估，定期进行检查、监控，并责令有关单位采取安全防范措施。

省级和设区的市级人民政府应当对本行政区域内容易引发特别重大、重大突发事件的危险源、危险区域进行调查、登记、风险评估，组织进行检查、监控，并责令有关单位采取安全防范措施。

县级以上地方各级人民政府按照本法规定登记的危险源、危险区域，应当按照国家规定及时向社会公布。

第二十一条 县级人民政府及其有关部门、乡级人民政府、街道办事处、居民委员会、村民委员会应当及时调解处理可能引发社会安全事件的矛盾纠纷。

第二十二条 所有单位应当建立健全安全管理制度，定期检查本单位各项安全防范措施的落实情况，及时消除事故隐患；掌握并及时处理本单位存在的可能引发社会安全事件的问题，防止矛盾激化和事态扩大；对本单位可能发生的突发事件和采取安全防范措施的情况，应当按照规定及时向所在地人民政府或者人民政府有关部门报告。

第二十三条　矿山、建筑施工单位和易燃易爆物品、危险化学品、放射性物品等危险物品的生产、经营、储运、使用单位，应当制定具体应急预案，并对生产经营场所、有危险物品的建筑物、构筑物及周边环境开展隐患排查，及时采取措施消除隐患，防止发生突发事件。

第二十四条　公共交通工具、公共场所和其他人员密集场所的经营单位或者管理单位应当制定具体应急预案，为交通工具和有关场所配备报警装置和必要的应急救援设备、设施，注明其使用方法，并显著标明安全撤离的通道、路线，保证安全通道、出口的畅通。

有关单位应当定期检测、维护其报警装置和应急救援设备、设施，使其处于良好状态，确保正常使用。

第二十五条　县级以上人民政府应当建立健全突发事件应急管理培训制度，对人民政府及其有关部门负有处置突发事件职责的工作人员定期进行培训。

第二十六条　县级以上人民政府应当整合应急资源，建立或者确定综合性应急救援队伍。人民政府有关部门可以根据实际需要设立专业应急救援队伍。

县级以上人民政府及其有关部门可以建立由成年志愿者组成的应急救援队伍。单位应当建立由本单位职工组成的专职或者兼职应急救援队伍。

县级以上人民政府应当加强专业应急救援队伍与非专业应急救援队伍的合作，联合培训、联合演练，提高合成应急、协同应急的能力。

第二十七条　国务院有关部门、县级以上地方各级人民政府及其有关部门、有关单位应当为专业应急救援人员购买人身意外伤害保险，配备必要的防护装备和器材，减少应急救援人员的人身风险。

第二十八条　中国人民解放军、中国人民武装警察部队和民兵组织应当有计划地组织开展应急救援的专门训练。

第二十九条　县级人民政府及其有关部门、乡级人民政府、街道办事处应当组织开展应急知识的宣传普及活动和必要的应急演练。

居民委员会、村民委员会、企业事业单位应当根据所在地人民政府的要求，结合各自的实际情况，开展有关突发事件应急知识的宣传普及活动和必要的应急演练。

新闻媒体应当无偿开展突发事件预防与应急、自救与互救知识的公益宣传。

第三十条　各级各类学校应当把应急知识教育纳入教学内容，对学生进行应急知识教育，培养学生的安全意识和自救与互救能力。

教育主管部门应当对学校开展应急知识教育进行指导和监督。

第三十一条　国务院和县级以上地方各级人民政府应当采取财政措施，保障突发事件应对工作所需经费。

第三十二条 国家建立健全应急物资储备保障制度，完善重要应急物资的监管、生产、储备、调拨和紧急配送体系。

设区的市级以上人民政府和突发事件易发、多发地区的县级人民政府应当建立应急救援物资、生活必需品和应急处置装备的储备制度。

县级以上地方各级人民政府应当根据本地区的实际情况，与有关企业签订协议，保障应急救援物资、生活必需品和应急处置装备的生产、供给。

第三十三条 国家建立健全应急通信保障体系，完善公用通信网，建立有线与无线相结合、基础电信网络与机动通信系统相配套的应急通信系统，确保突发事件应对工作的通信畅通。

第三十四条 国家鼓励公民、法人和其他组织为人民政府应对突发事件工作提供物资、资金、技术支持和捐赠。

第三十五条 国家发展保险事业，建立国家财政支持的巨灾风险保险体系，并鼓励单位和公民参加保险。

第三十六条 国家鼓励、扶持具备相应条件的教学科研机构培养应急管理专门人才，鼓励、扶持教学科研机构和有关企业研究开发用于突发事件预防、监测、预警、应急处置与救援的新技术、新设备和新工具。

第三章 监测与预警

第三十七条 国务院建立全国统一的突发事件信息系统。

县级以上地方各级人民政府应当建立或者确定本地区统一的突发事件信息系统，汇集、储存、分析、传输有关突发事件的信息，并与上级人民政府及其有关部门、下级人民政府及其有关部门、专业机构和监测网点的突发事件信息系统实现互联互通，加强跨部门、跨地区的信息交流与情报合作。

第三十八条 县级以上人民政府及其有关部门、专业机构应当通过多种途径收集突发事件信息。

县级人民政府应当在居民委员会、村民委员会和有关单位建立专职或者兼职信息报告员制度。

获悉突发事件信息的公民、法人或者其他组织，应当立即向所在地人民政府、有关主管部门或者指定的专业机构报告。

第三十九条 地方各级人民政府应当按照国家有关规定向上级人民政府报送突发事件信息。县级以上人民政府有关主管部门应当向本级人民政府相关部门通报突发事件信息。专业机构、监测网点和信息报告员应当及时向所在地人民政府及其有关主管部门报告突发事件信息。

有关单位和人员报送、报告突发事件信息，应当做到及时、客观、真实，不得迟报、谎报、瞒报、漏报。

第四十条 县级以上地方各级人民政府应当及时汇总分析突发事件隐患和预警信息，必要时组织相关部门、专业技术人员、专家学者进行会商，对发生突发事件的可能性及其可能造成的影响进行评估；认为可能发生重大或者特别重大突发事件的，应当立即向上级人民政府报告，并向上级人民政府有关部门、当地驻军和可能受到危害的毗邻或者相关地区的人民政府通报。

第四十一条 国家建立健全突发事件监测制度。

县级以上人民政府及其有关部门应当根据自然灾害、事故灾难和公共卫生事件的种类和特点，建立健全基础信息数据库，完善监测网络，划分监测区域，确定监测点，明确监测项目，提供必要的设备、设施，配备专职或者兼职人员，对可能发生的突发事件进行监测。

第四十二条 国家建立健全突发事件预警制度。

可以预警的自然灾害、事故灾难和公共卫生事件的预警级别，按照突发事件发生的紧急程度、发展势态和可能造成的危害程度分为一级、二级、三级和四级，分别用红色、橙色、黄色和蓝色标示，一级为最高级别。

预警级别的划分标准由国务院或者国务院确定的部门制定。

第四十三条 可以预警的自然灾害、事故灾难或者公共卫生事件即将发生或者发生的可能性增大时，县级以上地方各级人民政府应当根据有关法律、行政法规和国务院规定的权限和程序，发布相应级别的警报，决定并宣布有关地区进入预警期，同时向上一级人民政府报告，必要时可以越级上报，并向当地驻军和可能受到危害的毗邻或者相关地区的人民政府通报。

第四十四条 发布三级、四级警报，宣布进入预警期后，县级以上地方各级人民政府应当根据即将发生的突发事件的特点和可能造成的危害，采取下列措施：

（一）启动应急预案；

（二）责令有关部门、专业机构、监测网点和负有特定职责的人员及时收集、报告有关信息，向社会公布反映突发事件信息的渠道，加强对突发事件发生、发展情况的监测、预报和预警工作；

（三）组织有关部门和机构、专业技术人员、有关专家学者，随时对突发事件信息进行分析评估，预测发生突发事件可能性的大小、影响范围和强度以及可能发生的突发事件的级别；

（四）定时向社会发布与公众有关的突发事件预测信息和分析评估结果，并对相关信息的报道工作进行管理；

（五）及时按照有关规定向社会发布可能受到突发事件危害的警告，宣传避免、减轻危害的常识，公布咨询电话。

第四十五条 发布一级、二级警报，宣布进入预警期后，县级以上地方各级人民政府除采取本法第四十四条规定的措施外，还应当针对即将发生的突发事件的特点和可能造成的危害，采取下列一项或者多项措施：

（一）责令应急救援队伍、负有特定职责的人员进入待命状态，并动员后备人员做好参加应急救援和处置工作的准备；

（二）调集应急救援所需物资、设备、工具，准备应急设施和避难场所，并确保其处于良好状态、随时可以投入正常使用；

（三）加强对重点单位、重要部位和重要基础设施的安全保卫，维护社会治安秩序；

（四）采取必要措施，确保交通、通信、供水、排水、供电、供气、供热等公共设施的安全和正常运行；

（五）及时向社会发布有关采取特定措施避免或者减轻危害的建议、劝告；

（六）转移、疏散或者撤离易受突发事件危害的人员并予以妥善安置，转移重要财产；

（七）关闭或者限制使用易受突发事件危害的场所，控制或者限制容易导致危害扩大的公共场所的活动；

（八）法律、法规、规章规定的其他必要的防范性、保护性措施。

第四十六条 对即将发生或者已经发生的社会安全事件，县级以上地方各级人民政府及其有关主管部门应当按照规定向上一级人民政府及其有关主管部门报告，必要时可以越级上报。

第四十七条 发布突发事件警报的人民政府应当根据事态的发展，按照有关规定适时调整预警级别并重新发布。

有事实证明不可能发生突发事件或者危险已经解除的，发布警报的人民政府应当立即宣布解除警报，终止预警期，并解除已经采取的有关措施。

第四章 应急处置与救援

第四十八条 突发事件发生后，履行统一领导职责或者组织处置突发事件的人民政府应当针对其性质、特点和危害程度，立即组织有关部门，调动应急救援队伍和社会力量，依照本章的规定和有关法律、法规、规章的规定采取应急处置措施。

第四十九条 自然灾害、事故灾难或者公共卫生事件发生后，履行统一领导职责的人民政府可以采取下列一项或者多项应急处置措施：

（一）组织营救和救治受害人员，疏散、撤离并妥善安置受到威胁的人员以及采取其他救助措施；

（二）迅速控制危险源，标明危险区域，封锁危险场所，划定警戒区，实行交通管制以及其他控制措施；

（三）立即抢修被损坏的交通、通信、供水、排水、供电、供气、供热等公共设施，向受到危害的人员提供避难场所和生活必需品，实施医疗救护和卫生防疫以及其他保障措施；

（四）禁止或者限制使用有关设备、设施，关闭或者限制使用有关场所，中止人员密集的活动或者可能导致危害扩大的生产经营活动以及采取其他保护措施；

（五）启用本级人民政府设置的财政预备费和储备的应急救援物资，必要时调用其他急需物资、设备、设施、工具；

（六）组织公民参加应急救援和处置工作，要求具有特定专长的人员提供服务；

（七）保障食品、饮用水、燃料等基本生活必需品的供应；

（八）依法从严惩处囤积居奇、哄抬物价、制假售假等扰乱市场秩序的行为，稳定市场价格，维护市场秩序；

（九）依法从严惩处哄抢财物、干扰破坏应急处置工作等扰乱社会秩序的行为，维护社会治安；

（十）采取防止发生次生、衍生事件的必要措施。

第五十条　社会安全事件发生后，组织处置工作的人民政府应当立即组织有关部门并由公安机关针对事件的性质和特点，依照有关法律、行政法规和国家其他有关规定，采取下列一项或者多项应急处置措施：

（一）强制隔离使用器械相互对抗或者以暴力行为参与冲突的当事人，妥善解决现场纠纷和争端，控制事态发展；

（二）对特定区域内的建筑物、交通工具、设备、设施以及燃料、燃气、电力、水的供应进行控制；

（三）封锁有关场所、道路，查验现场人员的身份证件，限制有关公共场所内的活动；

（四）加强对易受冲击的核心机关和单位的警卫，在国家机关、军事机关、国家通讯社、广播电台、电视台、外国驻华使领馆等单位附近设置临时警戒线；

（五）法律、行政法规和国务院规定的其他必要措施。

严重危害社会治安秩序的事件发生时，公安机关应当立即依法出动警力，根据现场情况依法采取相应的强制性措施，尽快使社会秩序恢复正常。

第五十一条　发生突发事件，严重影响国民经济正常运行时，国务院或者国务院授权的有关主管部门可以采取保障、控制等必要的应急措施，保障人民群众的基本生活需要，最大限度地减轻突发事件的影响。

第五十二条 履行统一领导职责或者组织处置突发事件的人民政府，必要时可以向单位和个人征用应急救援所需设备、设施、场地、交通工具和其他物资，请求其他地方人民政府提供人力、物力、财力或者技术支援，要求生产、供应生活必需品和应急救援物资的企业组织生产、保证供给，要求提供医疗、交通等公共服务的组织提供相应的服务。

履行统一领导职责或者组织处置突发事件的人民政府，应当组织协调运输经营单位，优先运送处置突发事件所需物资、设备、工具、应急救援人员和受到突发事件危害的人员。

第五十三条 履行统一领导职责或者组织处置突发事件的人民政府，应当按照有关规定统一、准确、及时发布有关突发事件事态发展和应急处置工作的信息。

第五十四条 任何单位和个人不得编造、传播有关突发事件事态发展或者应急处置工作的虚假信息。

第五十五条 突发事件发生地的居民委员会、村民委员会和其他组织应当按照当地人民政府的决定、命令，进行宣传动员，组织群众开展自救和互救，协助维护社会秩序。

第五十六条 受到自然灾害危害或者发生事故灾难、公共卫生事件的单位，应当立即组织本单位应急救援队伍和工作人员营救受害人员，疏散、撤离、安置受到威胁的人员，控制危险源，标明危险区域，封锁危险场所，并采取其他防止危害扩大的必要措施，同时向所在地县级人民政府报告；对因本单位的问题引发的或者主体是本单位人员的社会安全事件，有关单位应当按照规定上报情况，并迅速派出负责人赶赴现场开展劝解、疏导工作。

突发事件发生地的其他单位应当服从人民政府发布的决定、命令，配合人民政府采取的应急处置措施，做好本单位的应急救援工作，并积极组织人员参加所在地的应急救援和处置工作。

第五十七条 突发事件发生地的公民应当服从人民政府、居民委员会、村民委员会或者所属单位的指挥和安排，配合人民政府采取的应急处置措施，积极参加应急救援工作，协助维护社会秩序。

第五章 事后恢复与重建

第五十八条 突发事件的威胁和危害得到控制或者消除后，履行统一领导职责或者组织处置突发事件的人民政府应当停止执行依照本法规定采取的应急处置措施，同时采取或者继续实施必要措施，防止发生自然灾害、事故灾难、公共卫生事件的次生、衍生事件或者重新引发社会安全事件。

第五十九条 突发事件应急处置工作结束后，履行统一领导职责的人民政府应当立即组织对突发事件造成的损失进行评估，组织受影响地区尽快恢复生产、生活、工作和社会秩序，制定恢复重建计划，并向上一级人民政府报告。

受突发事件影响地区的人民政府应当及时组织和协调公安、交通、铁路、民航、邮电、建设等有关部门恢复社会治安秩序，尽快修复被损坏的交通、通信、供水、排水、供电、供气、供热等公共设施。

第六十条 受突发事件影响地区的人民政府开展恢复重建工作需要上一级人民政府支持的，可以向上一级人民政府提出请求。上一级人民政府应当根据受影响地区遭受的损失和实际情况，提供资金、物资支持和技术指导，组织其他地区提供资金、物资和人力支援。

第六十一条 国务院根据受突发事件影响地区遭受损失的情况，制定扶持该地区有关行业发展的优惠政策。

受突发事件影响地区的人民政府应当根据本地区遭受损失的情况，制定救助、补偿、抚慰、抚恤、安置等善后工作计划并组织实施，妥善解决因处置突发事件引发的矛盾和纠纷。

公民参加应急救援工作或者协助维护社会秩序期间，其在本单位的工资待遇和福利不变；表现突出、成绩显著的，由县级以上人民政府给予表彰或者奖励。

县级以上人民政府对在应急救援工作中伤亡的人员依法给予抚恤。

第六十二条 履行统一领导职责的人民政府应当及时查明突发事件的发生经过和原因，总结突发事件应急处置工作的经验教训，制定改进措施，并向上一级人民政府提出报告。

第六章 法律责任

第六十三条 地方各级人民政府和县级以上各级人民政府有关部门违反本法规定，不履行法定职责的，由其上级行政机关或者监察机关责令改正；有下列情形之一的，根据情节对直接负责的主管人员和其他直接责任人员依法给予处分：

（一）未按规定采取预防措施，导致发生突发事件，或者未采取必要的防范措施，导致发生次生、衍生事件的；

（二）迟报、谎报、瞒报、漏报有关突发事件的信息，或者通报、报送、公布虚假信息，造成后果的；

（三）未按规定及时发布突发事件警报、采取预警期的措施，导致损害发生的；

（四）未按规定及时采取措施处置突发事件或者处置不当，造成后果的；

（五）不服从上级人民政府对突发事件应急处置工作的统一领导、指挥和协调的；

（六）未及时组织开展生产自救、恢复重建等善后工作的；

（七）截留、挪用、私分或者变相私分应急救援资金、物资的；

（八）不及时归还征用的单位和个人的财产，或者对被征用财产的单位和个人不按规定给予补偿的。

第六十四条 有关单位有下列情形之一的，由所在地履行统一领导职责的人民政府责令停产停业，暂扣或者吊销许可证或者营业执照，并处五万元以上二十万元以下的罚款；构成违反治安管理行为的，由公安机关依法给予处罚：

（一）未按规定采取预防措施，导致发生严重突发事件的；

（二）未及时消除已发现的可能引发突发事件的隐患，导致发生严重突发事件的；

（三）未做好应急设备、设施日常维护、检测工作，导致发生严重突发事件或者突发事件危害扩大的；

（四）突发事件发生后，不及时组织开展应急救援工作，造成严重后果的。

前款规定的行为，其他法律、行政法规规定由人民政府有关部门依法决定处罚的，从其规定。

第六十五条 违反本法规定，编造并传播有关突发事件事态发展或者应急处置工作的虚假信息，或者明知是有关突发事件事态发展或者应急处置工作的虚假信息而进行传播的，责令改正，给予警告；造成严重后果的，依法暂停其业务活动或者吊销其执业许可证；负有直接责任的人员是国家工作人员的，还应当对其依法给予处分；构成违反治安管理行为的，由公安机关依法给予处罚。

第六十六条 单位或者个人违反本法规定，不服从所在地人民政府及其有关部门发布的决定、命令或者不配合其依法采取的措施，构成违反治安管理行为的，由公安机关依法给予处罚。

第六十七条 单位或者个人违反本法规定，导致突发事件发生或者危害扩大，给他人人身、财产造成损害的，应当依法承担民事责任。

第六十八条 违反本法规定，构成犯罪的，依法追究刑事责任。

第七章 附 则

第六十九条 发生特别重大突发事件，对人民生命财产安全、国家安全、公共安全、环境安全或者社会秩序构成重大威胁，采取本法和其他有关法律、法规、规章规定的应急处置措施不能消除或者有效控制、减轻其严重社会危害，需要进入紧急状态的，由全国人民代表大会常务委员会或者国务院依照宪法和其他有关法律规定的权限和程序决定。

紧急状态期间采取的非常措施，依照有关法律规定执行或者由全国人民代表大会常务委员会另行规定。

第七十条 本法自 2007 年 11 月 1 日起施行。

附录 2

《铁路交通事故应急救援和调查处理条例》

第一章　总　　则

第一条　为了加强铁路交通事故的应急救援工作，规范铁路交通事故调查处理，减少人员伤亡和财产损失，保障铁路运输安全和畅通，根据《中华人民共和国铁路法》和其他有关法律的规定，制定本条例。

第二条　铁路机车车辆在运行过程中与行人、机动车、非机动车、牲畜及其他障碍物相撞，或者铁路机车车辆发生冲突、脱轨、火灾、爆炸等影响铁路正常行车的铁路交通事故（以下简称事故）的应急救援和调查处理，适用本条例。

第三条　国务院铁路主管部门应当加强铁路运输安全监督管理，建立健全事故应急救援和调查处理的各项制度，按照国家规定的权限和程序，负责组织、指挥、协调事故的应急救援和调查处理工作。

第四条　铁路管理机构应当加强日常的铁路运输安全监督检查，指导、督促铁路运输企业落实事故应急救援的各项规定，按照规定的权限和程序，组织、参与、协调本辖区内事故的应急救援和调查处理工作。

第五条　国务院其他有关部门和有关地方人民政府应当按照各自的职责和分工，组织、参与事故的应急救援和调查处理工作。

第六条　铁路运输企业和其他有关单位、个人应当遵守铁路运输安全管理的各项规定，防止和避免事故的发生。

事故发生后，铁路运输企业和其他有关单位应当及时、准确地报告事故情况，积极开展应急救援工作，减少人员伤亡和财产损失，尽快恢复铁路正常行车。

第七条　任何单位和个人不得干扰、阻碍事故应急救援、铁路线路开通、列车运行和事故调查处理。

第二章　事故等级

第八条　根据事故造成的人员伤亡、直接经济损失、列车脱轨辆数、中断铁路行车时间等情形，事故等级分为特别重大事故、重大事故、较大事故和一般事故。

第九条 有下列情形之一的，为特别重大事故：

(一)造成30人以上死亡，或者100人以上重伤(包括急性工业中毒，下同)，或者1亿元以上直接经济损失的；

(二)繁忙干线客运列车脱轨18辆以上并中断铁路行车48小时以上的；

(三)繁忙干线货运列车脱轨60辆以上并中断铁路行车48小时以上的。

第十条 有下列情形之一的，为重大事故：

(一)造成10人以上30人以下死亡，或者50人以上100人以下重伤，或者5 000万元以上1亿元以下直接经济损失的；

(二)客运列车脱轨18辆以上的；

(三)货运列车脱轨60辆以上的；

(四)客运列车脱轨2辆以上18辆以下，并中断繁忙干线铁路行车24小时以上或者中断其他线路铁路行车48小时以上的；

(五)货运列车脱轨6辆以上60辆以下，并中断繁忙干线铁路行车24小时以上或者中断其他线路铁路行车48小时以上的。

第十一条 有下列情形之一的，为较大事故：

(一)造成3人以上10人以下死亡，或者10人以上50人以下重伤，或者1 000万元以上5 000万元以下直接经济损失的；

(二)客运列车脱轨2辆以上18辆以下的；

(三)货运列车脱轨6辆以上60辆以下的；

(四)中断繁忙干线铁路行车6小时以上的；

(五)中断其他线路铁路行车10小时以上的。

第十二条 造成3人以下死亡，或者10人以下重伤，或者1 000万元以下直接经济损失的，为一般事故。

除前款规定外，国务院铁路主管部门可以对一般事故的其他情形作出补充规定。

第十三条 本章所称的“以上”包括本数，所称的“以下”不包括本数。

第三章 事故报告

第十四条 事故发生后，事故现场的铁路运输企业工作人员或者其他人员应当立即报告邻近铁路车站、列车调度员或者公安机关。有关单位和人员接到报告后，应当立即将事故情况报告事故发生地铁路管理机构。

第十五条 铁路管理机构接到事故报告，应当尽快核实有关情况，并立即报告国务院铁路主管部门；对特别重大事故、重大事故，国务院铁路主管部门应当立即报告国务院并通报国家安全生产监督管理等有关部门。

发生特别重大事故、重大事故、较大事故或者有人员伤亡的一般事故，铁路管理机构还应当通报事故发生地县级以上地方人民政府及其安全生产监督管理部门。

第十六条 事故报告应当包括下列内容：

(一)事故发生的时间、地点、区间(线名、公里、米)、事故相关单位和人员；

(二)发生事故的列车种类、车次、部位、计长、机车型号、牵引辆数、吨数；

(三)承运旅客人数或者货物品名、装载情况；

(四)人员伤亡情况，机车车辆、线路设施、道路车辆的损坏情况，对铁路行车的影响情况；

(五)事故原因的初步判断；

(六)事故发生后采取的措施及事故控制情况；

(七)具体救援请求。

事故报告后出现新情况的，应当及时补报。

第十七条 国务院铁路主管部门、铁路管理机构和铁路运输企业应当向社会公布事故报告值班电话，受理事故报告和举报。

第四章 事故应急救援

第十八条 事故发生后，列车司机或者运转车长应当立即停车，采取紧急处置措施；对无法处置的，应当立即报告邻近铁路车站、列车调度员进行处置。

为保障铁路旅客安全或者因特殊运输需要不宜停车的，可以不停车；但是，列车司机或者运转车长应当立即将事故情况报告邻近铁路车站、列车调度员，接到报告的邻近铁路车站、列车调度员应当立即进行处置。

第十九条 事故造成中断铁路行车的，铁路运输企业应当立即组织抢修，尽快恢复铁路正常行车；必要时，铁路运输调度指挥部门应当调整运输径路，减少事故影响。

第二十条 事故发生后，国务院铁路主管部门、铁路管理机构、事故发生地县级以上地方人民政府或者铁路运输企业应当根据事故等级启动相应的应急预案；必要时，成立现场应急救援机构。

第二十一条 现场应急救援机构根据事故应急救援工作的实际需要，可以借用有关单位和个人的设施、设备和其他物资。借用单位使用完毕应当及时归还，并支付适当费用；造成损失的，应当赔偿。

有关单位和个人应当积极支持、配合救援工作。

第二十二条 事故造成重大人员伤亡或者需要紧急转移、安置铁路旅客和沿线居民的，事故发生地县级以上地方人民政府应当及时组织开展救治和转移、安置工作。

第二十三条 国务院铁路主管部门、铁路管理机构或者事故发生地县级以上地方人民政府根据事故救援的实际需要，可以请求当地驻军、武装警察部队参与事故救援。

第二十四条 有关单位和个人应当妥善保护事故现场以及相关证据，并在事故调查组成立后将相关证据移交事故调查组。因事故救援、尽快恢复铁路正常行车需要改变事故现场的，应当做出标记、绘制现场示意图、制作现场视听资料，并做出书面记录。

任何单位和个人不得破坏事故现场，不得伪造、隐匿或者毁灭相关证据。

第二十五条 事故中死亡人员的尸体经法定机构鉴定后，应当及时通知死者家属认领；无法查找死者家属的，按照国家有关规定处理。

第五章 事故调查处理

第二十六条 特别重大事故由国务院或者国务院授权的部门组织事故调查组进行调查。

重大事故由国务院铁路主管部门组织事故调查组进行调查。

较大事故和一般事故由事故发生地铁路管理机构组织事故调查组进行调查；国务院铁路主管部门认为必要时，可以组织事故调查组对较大事故和一般事故进行调查。

根据事故的具体情况，事故调查组由有关人民政府、公安机关、安全生产监督管理部门、监察机关等单位派人组成，并应当邀请人民检察院派人参加。事故调查组认为必要时，可以聘请有关专家参与事故调查。

第二十七条 事故调查组应当按照国家有关规定开展事故调查，并在下列调查期限内向组织事故调查组的机关或者铁路管理机构提交事故调查报告：

（一）特别重大事故的调查期限为60日；

（二）重大事故的调查期限为30日；

（三）较大事故的调查期限为20日；

（四）一般事故的调查期限为10日。

事故调查期限自事故发生之日起计算。

第二十八条 事故调查处理，需要委托有关机构进行技术鉴定或者对铁路设备、设施及其他财产损失状况以及中断铁路行车造成的直接经济损失进行评估的，事故调查组应当委托具有国家规定资质的机构进行技术鉴定或者评估。技术鉴定或者评估所需时间不计入事故调查期限。

第二十九条 事故调查报告形成后，报经组织事故调查组的机关或者铁路管理机构同意，事故调查组工作即告结束。组织事故调查组的机关或者铁路管理机构应当自事故调查组工作结束之日起 15 日内，根据事故调查报告，制作事故认定书。

事故认定书是事故赔偿、事故处理以及事故责任追究的依据。

第三十条 事故责任单位和有关人员应当认真吸取事故教训，落实防范和整改措施，防止事故再次发生。

国务院铁路主管部门、铁路管理机构以及其他有关行政机关应当对事故责任单位和有关人员落实防范和整改措施的情况进行监督检查。

第三十一条 事故的处理情况，除依法应当保密的外，应当由组织事故调查组的机关或者铁路管理机构向社会公布。

第六章 事故赔偿

第三十二条 事故造成人身伤亡的，铁路运输企业应当承担赔偿责任；但是人身伤亡是不可抗力或者受害人自身原因造成的，铁路运输企业不承担赔偿责任。

违章通过平交道口或者人行过道，或者在铁路线路上行走、坐卧造成的人身伤亡，属于受害人自身的原因造成的人身伤亡。

第三十三条 事故造成铁路旅客人身伤亡和自带行李损失的，铁路运输企业对每名铁路旅客人身伤亡的赔偿责任限额为人民币 15 万元，对每名铁路旅客自带行李损失的赔偿责任限额为人民币 2 000 元。

铁路运输企业与铁路旅客可以书面约定高于前款规定的赔偿责任限额。

第三十四条 事故造成铁路运输企业承运的货物、包裹、行李损失的，铁路运输企业应当依照《中华人民共和国铁路法》的规定承担赔偿责任。

第三十五条 除本条例第三十三条、第三十四条的规定外，事故造成其他人身伤亡或者财产损失的，依照国家有关法律、行政法规的规定赔偿。

第三十六条 事故当事人对事故损害赔偿有争议的，可以通过协商解决，或者请求组织事故调查组的机关或者铁路管理机构组织调解，也可以直接向人民法院提起民事诉讼。

第七章 法律责任

第三十七条 铁路运输企业及其职工违反法律、行政法规的规定，造成事故的，由国务院铁路主管部门或者铁路管理机构依法追究行政责任。

第三十八条 违反本条例的规定，铁路运输企业及其职工不立即组织救援，或者迟报、漏报、瞒报、谎报事故的，对单位，由国务院铁路主管部门或者铁路管理机构处 10 万元以上 50 万元以下的罚款;对个人,由国务院铁路主管部门或者铁路管理机构处 4 000 元以上 2 万元以下的罚款;属于国家工作人员的,依法给予处分;构成犯罪的,依法追究刑事责任。

第三十九条 违反本条例的规定,国务院铁路主管部门、铁路管理机构以及其他行政机关未立即启动应急预案,或者迟报、漏报、瞒报、谎报事故的,对直接负责的主管人员和其他直接责任人员依法给予处分;构成犯罪的,依法追究刑事责任。

第四十条 违反本条例的规定,干扰、阻碍事故救援、铁路线路开通、列车运行和事故调查处理的,对单位,由国务院铁路主管部门或者铁路管理机构处 4 万元以上 20 万元以下的罚款;对个人,由国务院铁路主管部门或者铁路管理机构处 2 000 元以上 1 万元以下的罚款;情节严重的,对单位,由国务院铁路主管部门或者铁路管理机构处 20 万元以上 100 万元以下的罚款;对个人,由国务院铁路主管部门或者铁路管理机构处 1 万元以上 5 万元以下的罚款;属于国家工作人员的,依法给予处分;构成违反治安管理行为的,由公安机关依法给予治安管理处罚;构成犯罪的,依法追究刑事责任。

第八章　附　　则

第四十一条 本条例于 2007 年 9 月 1 日起施行。1979 年 7 月 16 日国务院批准发布的《火车与其他车辆碰撞和铁路路外人员伤亡事故处理暂行规定》和 1994 年 8 月 13 日国务院批准发布的《铁路旅客运输损害赔偿规定》同时废止。

附录 3

《铁路交通事故应急救援规则》

第一章 总 则

第一条 为了规范和加强铁路交通事故(以下简称事故)的应急救援工作,最大限度地减少人员伤亡和财产损失,尽快恢复铁路运输秩序,依据《铁路交通事故应急救援和调查处理条例》(国务院令第 501 号)及国家有关规定,制定本规则。

第二条 国家铁路、合资铁路、地方铁路、专用铁路和铁路专用线发生事故,造成人员伤亡、财产损失、中断行车及其他影响铁路正常行车,需要实施应急救援的,适用本规则。

第三条 事故应急救援工作应当遵循"以人为本、逐级负责、应急有备、处置高效"的原则。

第四条 铁道部成立事故应急救援领导小组并设工作机构,建立健全工作制度,制定和完善事故应急救援预案,按照国家规定的权限和程序,组织、指挥、协调事故应急救援工作。

各铁路安全监督管理办公室(以下简称安全监管办)应当指导、督促铁路运输企业落实事故应急救援的各项规定,依法组织、指挥、协调本辖区内的事故应急救援工作。

第五条 铁路运输企业应当相应成立事故应急救援领导小组并设工作机构,建立健全工作制度,制定和完善事故应急救援预案,加强救援队、救援列车的建设,负责事故应急救援的人员培训、装备配置、物资储备、预案演练等基础工作,积极开展事故应急救援。

第六条 公安机关应当参与事故应急救援,负责保护事故现场,维护现场治安秩序,进行现场勘察和调查取证,依法查处违法犯罪嫌疑人,协助抢救遇险人员。

第七条 事故应急救援工作必要时,由铁道部、安全监管办协调请求国务院其他有关部门、有关地方人民政府、当地驻军、武装警察部队给予支持帮助。

第二章 救援报告

第八条 事故应急救援实行逐级报告制度。铁道部、安全监管办和铁路运输企业应当明确报告程序、方式和时限，公布接受报告的各级事故应急救援部门及电话。事故发生后，有关单位、部门应当按规定程序向上级单位和部门报告。

第九条 事故发生后，现场铁路工作人员或者其他有关人员应当立即向邻近铁路车站、列车调度员、公安机关或者相关单位负责人报告。接到报告的单位、部门应当根据需要立即通知救援队和救援列车。

遇有人员伤亡或者发生火灾、爆炸、危险货物泄漏等事故时，接到报告的单位、部门应当根据需要采取防护措施，并立即通知当地急救、医疗卫生部门或者公安消防、环境保护等部门。

第十条 铁路运输企业列车调度员接到事故报告后，应当立即按规定程序报告本企业负责人，并向本区域的安全监管办和铁道部列车调度员报告。

第十一条 铁道部列车调度员接到事故报告后，应当立即按规定程序上报。

发生特别重大事故时，铁道部应当立即向国务院报告。

第十二条 救援报告的主要内容：

(一)事故发生的时间、地点(站名)、区间(线名、公里、米)、线路条件、事故相关单位和人员。

(二)发生事故的列车种类、车次、机车型号、部位、牵引辆数、吨数、计长及运行速度。

(三)旅客人数，伤亡人数、性别、年龄以及救助情况，是否涉及境外人员伤亡。

(四)货物品名、装载情况，易燃、易爆等危险货物情况。

(五)机车车辆脱轨数量及型号、线路设备损坏程度等情况。

(六)对铁路行车的影响情况。

(七)事故原因的初步判断，事故发生后采取的措施及事故控制情况。

(八)需要应急救援的其他事项。

第十三条 事故应急救援过程中，人员伤亡、脱轨辆数、设备损坏等情况发生变化时，应及时补报。

第十四条 事故应急救援情况需要向社会通报时，由铁道部、安全监管办的宣传部门统一负责。

第三章 紧急处置

第十五条 事故发生后，列车司机或者运转车长等现场铁路工作人员应当立即采取停车措施，并按规定对列车进行安全防护。遇有人员伤亡时，应当向邻近车站或者列车调度员请求施救，并将伤亡人员移出线路、做好标记，有能力的应当对伤员进行紧急施救。

为保障铁路旅客安全或者因特殊运输需要不宜停车的，可以不停车。但是，列车司机或者运转车长等现场铁路工作人员应当立即将事故情况报告邻近车站、列车调度员，接到报告的邻近车站、列车调度员应当立即组织处置。

第十六条 客运列车发生事故造成车内人员伤亡或者危及人员安全时，列车长应当立即组织车上人员进行紧急施救，稳定人员情绪，维护现场秩序，并向邻近车站或者列车调度员请求施救。

第十七条 救援队接到事故救援通知后，救援队长应当召集救援队员以最快速度赶赴事故现场。到达事故现场后，应当立即组织紧急抢救伤员，利用既有设备起复脱轨的机车车辆，清除各种障碍，搭设必要的设备设施，为进一步实施救援创造条件。

第十八条 发生列车火灾、爆炸、危险货物泄漏等事故时，现场铁路工作人员应当尽快组织疏散现场人员并采取必要的防护措施。

第十九条 事故发生后影响本线或者邻线行车安全时，现场铁路工作人员应当立即按规定采取紧急防护措施。

第四章 救援响应

第二十条 接到事故救援报告后，应当根据事故严重程度和影响范围，按特别重大、重大、较大、一般四个等级由相应单位、部门作出应急救援响应，启动应急预案。

第二十一条 特别重大事故的应急救援，由铁道部报请国务院启动，或者由国务院授权的部门启动。铁道部在国务院事故应急救援领导小组的领导下开展工作，开通与国务院有关部门、事发地省级事故应急救援指挥机构以及现场事故救援指挥部的应急通信系统，征求有关专家建议以及国务院有关部门意见提出事故应急救援方案，经国务院事故应急救援领导小组确定后组织实施，并派出专家和有关人员赶赴现场参加救援。

第二十二条 重大事故的应急救援，由铁道部启动。铁道部事故应急救援工作机构应当组建现场事故应急救援指挥部（以下简称现场指挥部），并根据事故具体情况设立医疗救护、事故起复、后勤保障、应急调度、治安保卫、善后处理等工作组，开通与事发地铁路运输企业和现场指挥部的应急通信系统，咨询有关专家，确定事故应急救援具体实施方案，立即派出有关人员赶赴现场，调集各种应急救援资源，组织指挥应急救援工作。必要时，协调请求事发地人民政府、当地驻军、武装警察部队提供支援。遇有超出本级应急救援处置能力时，及时向国务院报告。

第二十三条 较大事故、一般事故的应急救援，由安全监管办启动或者督促铁路运输企业事故应急救援工作机构启动，组织成立现场指挥部，并根据事故具体情况设立医疗救护、事故起复、后勤保障、应急调度、治安保卫、善后处理等工作组，开通与现场指挥部的应急通信系统，咨询有关专家，确定事故应急救援具体实施方案。有关负责人和专业人员应当立即赶赴现场，调集各种应急救援资源，组织指挥应急救援工作。必要时，由安全监管办协调事发地人民政府、当地驻军、武装警察部队提供支援。遇有超出本级应急救援处置能力时，及时向铁道部报告。

第五章　现场救援

第二十四条　现场救援工作实行总指挥负责制，按照事故应急救援响应等级，由相应负责人担任总指挥，或者视情况由上级事故应急救援工作机构指定人员担任临时总指挥，统一指挥现场救援工作。各工作组及参加事故应急救援的单位、部门应当确定负责人。救援列车进行起复作业时，由救援列车负责人或者指定人员单一指挥。

现场总指挥以及参加事故应急救援的各工作组负责人、各单位和部门负责人、作业人员应当区别佩戴明显标志。

第二十五条　现场指挥部应当在全面了解人员伤亡以及机车车辆、线路、接触网、通信信号等行车设备损坏、地形环境等情况后，确定人员施救、现场保护、调查配合、货物处置、救援保障、起复救援、设备抢修等应急救援方案，并迅速组织实施。

在实施救援过程中，各单位、部门应当严格执行作业规范和标准，防止衍生事故。

第二十六条　事故发生后，运输调度部门应当根据需要及时发布各类救援调度命令。重点安排救援列车出动和救援物资运输。需要其他铁路运输企业出动救援列车时，由铁道部发布调度命令。

造成列车大量晚点时，应当尽快采取措施恢复行车秩序。预计不能在短时间内恢复行车时，应当尽量将客运列车安排停靠在较大车站，并组织向站车滞留旅客提供必要的食品、饮用水等服务。

第二十七条　事故造成人员伤亡时，现场指挥部应当立即组织协调对现场伤员进行救治，紧急调集有关药品器械，迅速将伤员转移至安全地带或者转移救治，采取必要的卫生防疫措施。

遇有重大人员伤亡或者需要大规模紧急转移、安置铁路旅客和沿线居民的，应当及时通知事发地人民政府组织开展救治和转移、安置工作，必要时可以由铁道部或者安全监管办进行协调。

第二十八条　现场指挥部应当根据需要迅速调集装备设施、物资材料、交通工具、食宿用品、药品器械等救援物资。铁路运输企业各单位、部门必须无条件支持配合,不得以各种理由推诿拒绝,延误救援工作。

物资调用超出铁路运输企业自身能力时,可以向有关单位、部门或者个人借用。

第二十九条 事故涉及货运列车时,货运部门应当迅速了解事故货车及相关货车的货物装载情况,组织调集装卸人员和机具清理事故货车及相关货车装载的货物,处置事故列车挂运的危险、鲜活易腐等货物,编制货运记录。

第三十条 事故应急救援需要出动救援列车时,救援列车应当在接到出动命令后30分钟内出动,到达事故现场后,救援列车负责人应当迅速确定具体的起复作业方案,经现场总指挥批准后立即开展起复作业。救援列车在桥梁或坡道等特殊地段作业时,应当连挂机车。两列及以上救援列车分头作业时的指挥,由现场总指挥协调分工后各自负责。两列及以上救援列车在同一个作业面集中作业或者联动作业时,由负责本区段救援任务的救援列车或者由现场总指挥指定人员负责指挥。救援列车在电气化区段实施救援作业时,应当在确认接触网工区接到停电命令并做好接地防护后方准进行。起复动车组、新型机车车辆等,应当使用专用吊索具。

第三十一条 事故应急救援需要通信保障时,通信部门应当在接到通知后根据需要立即启用"117"应急通信人工话务台,组织开通应急通信系统。事故发生在站内,应当在30分钟内开通电话、1小时内开通图像传输设备。事故发生在区间,应当在1小时内开通电话、2小时内开通图像传输设备。并指定专人值守,保证事故现场音频、视频和数据信息的实时传输,任何人不得干扰、阻碍事故信息采集和传输。

第三十二条 事故造成铁路设备设施损坏时,有关专业部门应当立即组织抢修,根据实际情况及时切断事故现场电源,拆除、拨移和恢复接触网,及时架设所需照明,调集足够的救援队伍、材料和机具,积极组织抢修损坏的线路、通信信号等行车设备设施,协助事故机车车辆的起复。对可以运行的受损机车车辆进行检查确认,符合挂运条件的方准移动,必要时派人护送。起复作业完毕后,应当迅速做好开通线路的各项准备。

第三十三条 事故遇有装载危险货物车辆时,现场指挥部应当在采取确保人身安全和作业安全措施后,方可开展救援。危险货物车辆需卸车、移动或者起复时,应当在专业人员指导下作业,及时清除有害残留物或者将其控制在安全范围内。必要时,由安全监管办协调环保监测部门及时检测有害物质的危害程度,采取防控措施。

第三十四条 公安机关应当组织解救和疏散遇险人员,设置现场警戒区域,阻止未经批准人员进入现场，指定专人进行现场勘查取证，必要时实施现场交通管制，负责事故现场旅客、货物及沿线滞留列车的安全保卫工作。

第三十五条 事故应急救援过程中，有关单位和个人应当妥善保护事故现场以及相关证据，并及时移交事故调查组。因应急救援需要改变事故现场时，应当做出标记、绘制现场示意图、制作现场视听资料，并做出书面记录。任何单位和个人不得破坏事故现场，不得伪造、隐匿或者毁灭相关证据。

第三十六条 事故救援完毕后，现场指挥部应当组织救援人员对现场进行全面检查清理，进一步确认无伤亡人员遗留，拆除、回收、移送救援设备设施，清除障碍物，确认具备开通条件后，立即通知有关人员按规定办理手续，由列车调度员发布调度命令开通线路，尽快恢复正常行车。

第六章 善后处理

第三十七条 事故善后处理工作组应当依法进行事故的善后处理，组织妥善做好现场遇险滞留人员食宿、转移和旅客改签、退票等服务工作，以及伤亡人员亲属的通知、接待以及抚恤丧葬、经济补偿等处置工作。负责收取伤亡人员医疗档案资料，核定救治费用。

第三十八条 对事故造成的伤亡人员，现场指挥部应当在积极组织施救的同时，负责协调落实伤亡人员的救治、丧葬等临时费用，待事故责任认定后，由事故责任方承担。

第三十九条 事故造成人员死亡的，应当由急救、医疗卫生部门或者法医出具死亡证明，尸体由其家属或者铁路运输企业存放于殡葬服务单位，或者存放于有条件的急救、医疗卫生部门。尸体检验完成后，由事故善后处理工作组通知死者家属在 10 日内办理丧葬事宜。对未知名尸体，由法医检验后填写《未知名尸体信息登记表》。经核查无法确认死者身份的，经事故善后处理工作组负责人批准，刊登认尸启事，刊登后 10 日无人认领的，由县级或者相当于县级以上的公安机关批准处理尸体。

第四十条 事故造成境外来华人员死亡的，事故善后处理工作组应当通知死者亲属或者所属国家驻华使(领)馆，尸体处置事宜按照我国有关规定办理。

第四十一条 对事故现场遗留的财物，事故善后处理工作组或者公安部门应当进行清点、登记并妥善保管。

第四十二条 对事故造成的人员伤亡、财产损失以及事故应急救援费用等应当进行统计。借用有关单位和个人的设备设施和其他物资，使用完毕后应当及时归还并适当支付费用，丢失或者损坏的应当合理赔偿。

第四十三条 对事故造成的人员伤亡和财产损失，按照国家有关法律、法规和《铁路交通事故应急救援和调查处理条例》有关规定给予赔偿。

事故当事人对损害赔偿有争议时，可以协商解决，或者请求组织事故调查组的机构进行调解，也可以直接提起民事诉讼。

第四十四条 属于肇事方责任给铁路运输企业造成损失的，应当按照事故认定书由肇事方赔偿。

第四十五条 因设备质量或者施工质量造成事故损失的，铁路运输企业有权依据事故认定书向有关责任方追偿损失。

第四十六条 事故应急救援工作结束后，现场指挥部应当对事故应急救援工作进行总结，于5日内形成书面报告，并附事故应急救援有关证据材料，按事故等级报铁道部事故应急救援领导小组或者安全监管办备案。由铁道部事故应急救援领导小组或者安全监管办组织进行全面总结分析，对事故应急救援的组织工作进行评价认定，总结经验教训，制定整改措施，修改完善应急预案及有关制度办法。

第七章 罚　　则

第四十七条 铁路运输企业及其职工违反本规则规定，不立即组织事故应急救援或者迟报、漏报、瞒报、谎报事故等延误救援的，由铁道部或者安全监管办对责任单位处10万元以上50万元以下的罚款，对责任人处4 000元以上2万元以下的罚款。

第四十八条 铁道部、安全监管办等国家工作人员以及其他人员违反本规则规定，未立即启动应急预案或者迟报、漏报、瞒报、谎报事故等延误救援的，对主管负责人和其他直接责任人依法给予行政处分。涉嫌犯罪的，依照有关规定移送司法机关处理。

第四十九条 违反本规则规定，干扰、阻碍事故应急救援的，由铁道部或者安全监管办对责任单位处4万元以上20万元以下的罚款，对责任人处2 000元以上1万元以下的罚款。情节严重的，对责任单位处20万元以上100万元以下的罚款，对责任人处1万元以上5万元以下的罚款。属于国家工作人员的，依法给予行政处分。违反治安管理规定的，由公安机关依法给予治安管理处罚。涉嫌犯罪的，依照有关规定移送司法机关处理。

第八章 附　　则

第五十条 本规则由铁道部负责解释。

第五十一条 本规则自2007年9月1日起施行，铁道部原发《铁路行车事故救援规则》(铁运〔1999〕118号)同时废止。

主要参考文献

[1] 计雷,池宏等.突发事件应急管理[M].北京:高等教育出版社,2005.

[2] 中华人民共和国国务院.国家突发公共事件总体应急预案[M].北京:中国法制出版社,2006.

[3] HOETMER G J. Emergency management: principles and practice for local government [M]. Washington DC:International City Management Association, 1991.

[4] 王军.突发事件应急管理读本[M].北京:中共中央党校出版社,2009.

[5] SHEU J B. An emergency logistics distribution approach for quick response to urgentrelief demand in disasters [J] . Transportation Research Part E, 2007, 43 (6):687－709.

[6] 国家处置铁路交通事故应急预案.[Z].北京:2009.

[7] 陈安.应急管理的机理体系[J].安全,2007(6).

[8] 陈安.我国应急管理的进展与趋势[J].安全,2007(3).

[9] 魏栓成.我国企业突发危机的原因与对策[J].企业活力,2003(12).

[10] 曹杰,杨晓光等.突发公共事件应急管理研究中的重要科学问题[J].公共管理学报,2007,4(2).

[11] 刘仍奎,程晓卿,孙全欣. 铁路事故救援救援系统的构建研究[J]. 中国安全科学学报,2004,14(11): 43－47.

[12] WYBO J L. Mastering risks of damage and risks of crisis:the role of organizational learning[J]. International Jour-nal of Emergency Management,2004, 2(1/2) :22-34.

[13] 祁明亮,池宏,赵红,孙颖. 突发公共事件应急管理研究现状与展望[J].公共管理与公共政策,2006,18(4): 35－45.

[14] DAVID A M. Searching for a holistic paradigm and policy guide:a proposal for the future of emergency manage-ment[J] . International Journal of Emergency Management, 2003, 1 (3) :298-308 .

[15] 沈荣华.国外防灾救灾应急管理体制[M].北京:中国社会出版社,2008.

[16] 国务院办公厅应急管理赴德国培训团.德国应急管理纵览[J].中国行政管理,2005(9),73－76.

[17] 朱祥,王胜利. 我国应急管理体系发展路径展望——以美、德为参照对象[J]. 绍兴文理学院学报(社科版),2008,(5) .

[18] 邵瑜.德国的危机预防信息系统[J].信息化建设,2005(8).

[19] 刘敏.德国铁路考察报告[J].铁道运输与经济,2001(12):40－42.

[20] 佚名. 救援队伍遍布德国铁路[N]. 人民铁道报,2007—5—10(6).
[21] 俄罗斯日本应急管理考察报告[J]. 中国应急管理
[22] 吴强. 日本高速铁路考察报告[J]. 铁道经济研究,2006(2):19—24.
[23] 中国铁路赴日本韩国考察组. 日本韩国铁路考察报告[J]. 铁道经济研究,2002(4)2—8.
[24] 佚名. 日本高速铁路防灾安全监控系统简介[J]. 中国铁流网 2007.
[25] 林仲洪. 瑞典和法国高速铁路经营与管理考察报告[J]. 铁道经济研究,2007(1):38—45.
[26] 杨素芳,徐方. 美国应急管理体制及对我国应急管理工作的启示[J]. 中国西部科技,2008.
[27] 英国应急管理考察报告[J]. 中国应急管理 . 2007(1).
[28] 张强. 浅谈我国公共安全保障机制的建设问题[J]. 国际技术经济研究,2004(4).
[29] 缪成,许维胜,吴启迪. 大规模应急救援物资运输模型的构建与求解[J]. 系统工程,2006,24(11): 6—11.
[30] 佘廉,李睿,李红九. 铁路交通灾害预警管理[M]. 河北:河北科学技术出版社,2004.
[31] 国务院办公厅《国务院有关部门和单位制定和修订突发公共事件应急预案框架指南》.[Z]. 北京 . 2004.
[32] 刘功智,刘铁民. 重大事故应急预案编制指南[J]. 劳动保护, 2004,(04).
[33]《应急救援系列丛书》编委会. 企业、政府应急预案编制实务[M]. 北京:中国石化出版社,2008.
[34] 李建华. 火灾事故应急预案编制与应用手册[M]. 北京:中国劳动社会保障出版社,2008.
[35] 罗云. 建设工程应急预案编制与范例[M]. 北京:中国建筑工业出版社,2006.
[36] 刘铁民. 应急体系建设和应急预案编制[M]. 北京:企业管理出版社,2004.
[37] 郎佩娟,王传宏. 论我国政府突发公共事件管理机构[J]. 中国行政管理, 2007,(11).
[38] 莫于川. 公共危机管理与应急法制建设[J]. 临沂师范学院学报,2005(01).
[39] DOWD. measuring market risk[M]. JOHN WILEY
[40] 余建星. 工程风险评估与控制[M]. 北京:建筑工业出版社,2009.
[41] 胡召华 . 基于风险的铁路突发事件应急能力评价研究[D]. 北京:中国铁道科学研究院,2009.
[42] 吴宗之,黄典剑. 基于模糊集值理论的城市应急避难所应急适应能力评价方法研究[J]. 安全与环境学报,2005,5(6):100—103.
[43] 陈序. 铁路应急能力评价及对策研究[D]. 北京:北京交通大学,2008
[44] 周光辉,汪智,王富章. 2008 年北京奥运会期间铁路突发公共事件风险评估研究[J],中国铁路,2008(2).
[45] 牛宏睿 . 铁路应急资源优化调度问题的研究及系统实现[D]. 北京:中国铁道科学研究院,2009.
[46] BARBAROSOGLU G, OZDAMAR L, CEVIK A. An interactive approach for hierarchical analysis of helicopter logistics in disaster relief operations [J]. Eur. J. O-

per. Res,2002[J],140(1):118－133.

[47] Trevor Hale and Christopher R. Moberg. Improving supply chain disaster preparedness decision process for secure site location[J]. International Journal of Physical Distribution&Logistics Management, 2005(5):195－207.

[48] LIST G F. Routing and emergency-response-team siting for high-level radioactive waste shipments[J]. IEEE Transaction on Engineering Management, 1998, 45(2): 141－152.

[49] 何建敏，刘春林，盛昭瀚. 多出救点应急系统最优方案的选取[J]. 管理工程学报，2000，(1):13－17.

[50] 何建敏，刘春林，曹杰，等. 应急管理与应急系统——选址、调度与算法[M]. 北京：科学出版社，2005.

[51] ZIMMERMANN H J. Fuzzy sets theory and mathematical application. Jones A et al Fuzzy sets theory and applications[C]. [s. l.]:[s. n.],1986:99－114.

[52] 陆海洲，王富章，王英杰，等. 铁路应急平台框架体系研究[J]. 中国铁路，2007，(06):41－44.

[53] 铁道部信息办.《铁路信息化专项规划——铁路计算机网络与信息安全平台》[Z]. 北京:2005.

[54] 李平，王富章，王英杰. 铁路应急平台的信息共享需求及实现机制研究[C]铁道学会. 2007 年年会论文集. [s. l.]:[s. n.],2007.

[55] 朱力. 韩勇. 乔晓征. 我国重大突发事件解析[M]. 南京:南京大学出版社.